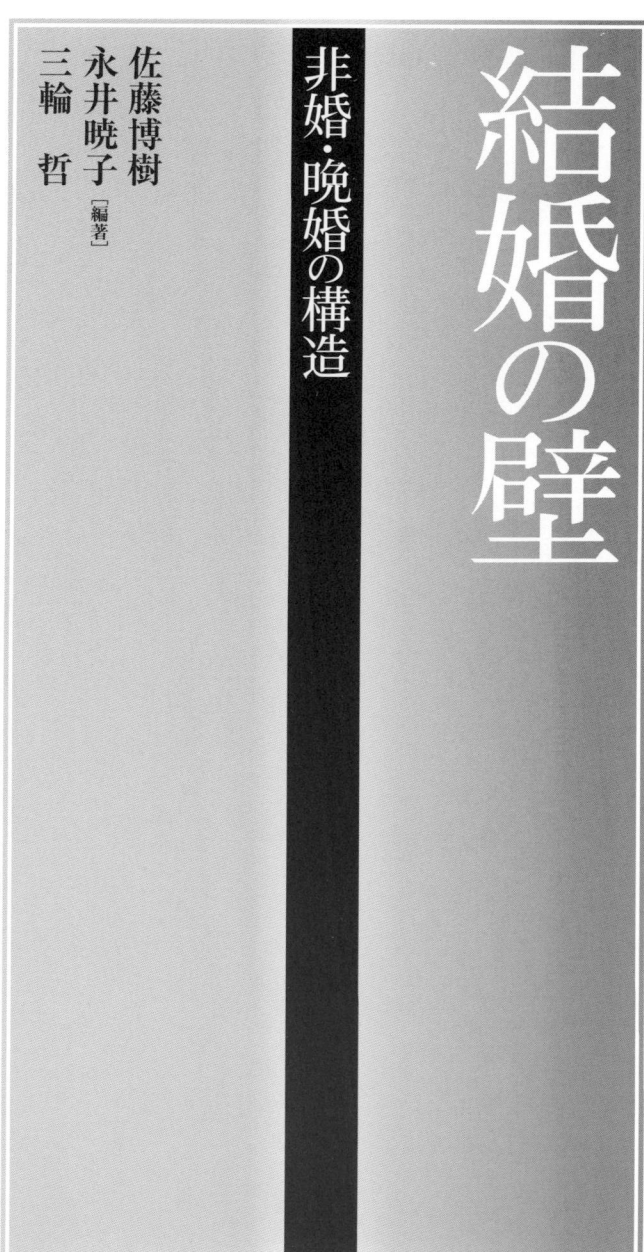

結婚の壁

非婚・晩婚の構造

佐藤博樹
永井暁子
三輪 哲
［編著］

勁草書房

はじめに

佐藤博樹・永井暁子・三輪　哲

　本書は，東京大学社会科学研究所の社会調査・データアーカイブ研究センターの2次分析研究会（2006年4月から2010年3月）の研究成果をとりまとめたものである．

　2次分析研究会では，「家族形成に関する実証研究」をテーマとして，少子化の原因とされている非婚化・晩婚化など婚姻行動や家族形成に関して様々な角度から研究を行ってきた．具体的には，①結婚を希望していてもパートナーと出会うことや結婚することを難しくしている結婚へ至る「壁」の存在，つまり未婚化を促進させている要因はどこにあるのか，②結婚の「壁」は，結婚を希望する個人の側にあるのか，あるいは社会の側にあるのか，あるいは両者によるものなのか，③結婚の「壁」を乗り越えるために必要な取り組みはどのようなものなのか，「婚活」は結婚の「壁」を乗り越える方法として有効なものなのか，こうした様々な事項に関して実証的分析を行った．

　本書の研究関心は序章に詳しく述べており，また各章の分析結果は終章にまとめられている．序章から順に読み進むこともできるが，序章と終章をまず読み，つぎにご関心を持たれた章に進まれることをお勧めしたい．

　2次分析研究会における研究方法は，既存の様々な社会調査のマイクロデータを新たな視角から再分析し，それまでにはなかった新しい知見を得るものである．2次分析による研究が可能となったのは，社会調査・データアーカイブ研究センターにデータ寄託していただいた寄託機関や，家計経済研究所などデータを2次分析に提供していただいた皆様のご協力によるものである．各章の研究は，こうした貴重な様々なデータを利用することによってはじめて，実施

はじめに

可能となった．データの寄託者や提供者などこの研究会の活動を支援してくださった方々のご協力に記してお礼を申しあげたい．2次分析研究会として開催した成果報告会において，各論文に対して貴重なコメントをくださった皆様にも感謝したい．また，研究会の運営費を奨学寄附金として支援してくださった株式会社オーエムエムジー（寄附金受託当時，現在は株式会社オーネット）に対して，ここに感謝の意を表します．

最後に，丁寧に本書の編集を担当していただいた勁草書房の松野菜穂子さんにお礼を申しあげる．

2010年7月

目　次

結婚の壁
非婚・晩婚の構造

目　次

はじめに　　　　　　　　　　　　　　　　佐藤博樹・永井暁子・三輪　哲

序　章　「出会い」と結婚への関心
　　　　……………………………………佐藤博樹・永井暁子・三輪　哲…1
　　1　なぜ結婚に関心が向けられるのか　　1
　　2　結婚への多様な関心　　2
　　3　現代の結婚事情──人生のパートナーがいない　　4
　　4　本書の研究関心と分析データ　　6

　第Ⅰ部　「出会い」への期待と機会

第1章　現代日本の未婚者の群像……………………………三輪　哲…13
　　1　未婚者の実像はいかなるものか　　13
　　2　現代日本の若年層における結婚・交際の状況　　15
　　3　未婚者の独身理由はどのようなものか　　16
　　4　どのような結婚活動を誰がしているのか　　21
　　5　結婚活動の成果・効果はあるのか　　27
　　6　現代未婚者の群像　　32

第2章　職縁結婚の盛衰からみる良縁追及の隘路……岩澤美帆…37
　　1　配偶者選択に依存する社会　　37
　　2　職探し理論と晩婚化　　38
　　3　結婚市場と仲介メカニズムの役割　　39
　　4　配偶者との出会いのきっかけ　　41
　　5　職縁結婚低迷の背景　　46
　　6　「婚活」か結婚後の協調か　　48

目 次

第3章 なぜ恋人にめぐりあえないのか？
——経済的要因・出会いの経路・対人関係能力の側面から
....中村真由美・佐藤博樹…54

1 「少子化」と「恋人にめぐりあえない人々」　54
2 なぜ婚姻率が低下するのか？ ——3つのアプローチ　55
3 だれが恋愛から遠ざかっているのか？　60
4 どうすれば恋人に出会えるのか？　66

第Ⅱ部　揺らぐ結婚意識

第4章 同棲経験者の結婚意欲 ....不破麻紀子…77

1 同棲の普及とライフコースの多様化　77
2 日本の同棲の状況　78
3 同棲のタイプ　79
4 同棲経験者は結婚をどのようにとらえているか　83
5 同棲か，交際相手の有無か？　93

第5章 結婚願望は弱くなったか
..................................水落正明・筒井淳也・朝井友紀子…97

1 結婚意識と実際の結婚　97
2 2つのコーホートと結婚意識の設問　99
3 結婚意識の変化のコーホート間比較　101
4 結婚意識が結婚の決定に与える影響　103
5 なぜ女性の結婚願望は弱くなったか　107

第6章　結婚についての意識のズレと誤解……………筒井淳也…110
1. 結婚への躊躇　—なぜ一歩踏み出せないのか　110
2. 結婚の意味の変化と多様性　112
3. 各国の「パートナー状態」の比較　114
4. 結婚をめぐるミスマッチ　116
5. 結婚をめぐる思い違い　119
6. やっぱり結婚は幸せなのか？　122
7. 案ずるより産むが易し？　123

第Ⅲ部　結婚を左右する要因

第7章　男性に求められる経済力と結婚……………水落正明…129
1. 男女間の経済力の関係は結婚に影響するか　129
2. 一定以上の経済力を求める女性はどの程度いるか　131
3. 地域ごとにみた女性の希望と男性の現実　134
4. 男女間の経済関係が女性の有配偶確率に与える影響　139
5. 結婚の要因としての意識の重要性　141

第8章　結婚タイミングを決める要因は何か
………………………………………朝井友紀子・水落正明…144
1. 結婚相手を探す市場の存在　144
2. 結婚タイミングを左右するのは個人の特性か？　結婚市場か？　147
3. 男女で異なる個人特性と結婚市場の影響　155

第9章　友人力と結婚……………………………………田中慶子…159
1. 「選べる」時代の出会いの困難　159

2　友人関係は結婚へつながるのか ──先行研究と仮説　161
　　3　検証の手続き　164
　　4　加齢・結婚による友人関係の変化　165
　　5　友人力の効果と限界　170

第10章　未婚化社会における再婚の増加の意味……永井暁子…172
　　1　最近の離婚・再婚事情　172
　　2　広まる再婚市場と時間差一夫多妻制　174
　　3　誰が再婚しているのか　175
　　4　再婚で幸せになれるか　177
　　5　再婚という選択　178

終　章　結婚の「壁」はどこに存在するのか…………佐藤博樹…183
　　1　第Ⅰ部　「出会い」への期待と機会　183
　　2　第Ⅱ部　揺らぐ結婚意識　186
　　3　第Ⅲ部　結婚を左右する要因　188

索　引……………………………………………………………………………193

序　章

「出会い」と結婚への関心

佐藤博樹・永井暁子・三輪　哲

1　なぜ結婚に関心が向けられるのか

　結婚や男女の出会いに関する社会的関心が高まっている．結婚という個人のライフイベントに対する社会的関心の高まりには，いくつかの背景要因が存在している．

　結婚に関する従来の社会的な関心は，貧困や偏った男女比による結婚難さらには過疎化などに基づくものであった．たとえば，戦争によって人口の男女比が女性に偏ることで，女性の結婚難が戦後に社会問題化した．その後の高度経済成長期には「一億総中流社会」化によって貧困に関する社会的関心が薄れ，また伝統的な「見合い結婚」は減少したものの，「職場結婚」（職縁）の増加を背景に戦後日本が「皆婚社会」[1]となることで，結婚難や未婚化への社会的な関心が影をひそめることとなった．都市への人口集中によって過疎化した農村地域などにおいては，男性の結婚難が社会問題として関心を呼んだものの，これは特定の地域における問題として考えられていた．

　1990年に報じられた「1.57ショック」[2]は，国民の多くに衝撃を与えるものであった．とりわけ政治家や政府に与えた衝撃が大きかったと言えよう．その後，政府は少子化対策の推進を重要な政策課題として位置づけ[3]，1994年にエンゼルプランを，1999年に少子化対策推進基本方針を策定（新エンゼルプラン）し，2003年には少子化社会対策基本法を制定するとともに翌2004年には

同法に基づいて少子化社会対策大綱を決定した．さらに同年には，企業に対して仕事と子育ての両立支援を義務づける次世代育成支援対策推進法を制定するなど，少子化対策を強化してきている．

しかしこうした政府による少子化対策への取り組みにもかかわらず，少子化の趨勢に歯止めがかかる状況にはない．こうした中で，少子化をもたらしている背景要因に関する議論が活発化し，次第にその要因として晩婚化・未婚化という結婚つまり家族形成のあり方に関して，研究者だけでなく，政府の少子化対策の立案においても関心が集まるようになってきた．たとえば，社会保障審議会に設けられた人口構造の変化に関する特別部会は[4]，国民の出産に関する希望だけでなく，結婚に関する希望が実現できた場合の出生率を試算し1.75（ケース1）とした．つまり，結婚しているカップルの出産に関する希望の実現を阻害している要因を取り除くだけでは不十分であり，結婚に関する希望の実現を阻害している要因を明らかにし，それを取り除くことが少子化対策として不可欠なことが認識されてきたことをこの推計は示している．

しかし，その後の政府の少子化対策の内容を検討すると，晩婚化・未婚化など結婚に関する課題を少子化の要因として指摘しているものの，結婚や家族形成にかかわる具体的な施策は皆無といえる．たとえば，2010年に新たな少子化対策大綱として閣議決定された「子ども・子育てビジョン」[5]の内容をみると，「結婚，妊娠，出産，子育ての希望が実現できる社会を目指す」と記されているものの，施策の対象や内容を検討してみると，すでに結婚しているカップルを対象として，妊娠，出産，子育ての希望が実現できるように支援するもので，家族形成支援にかかわる施策は皆無と言える[6]．

2　結婚への多様な関心

少子化を背景として晩婚化・未婚化など結婚に再び社会的な関心がもたれるようになるまでは，「結婚」は個人的な選択の問題として認識されていたといえよう．

戦後の民法改正により，結婚は両性の合意に基づく個人を中心とした家族形成として位置づけられたが，主に女性の視点から民主的とされている夫婦のあ

り方に関して，結婚による女性の家族（家事労働）への囲い込みとしての批判が生まれた．平等的婚姻関係や対等なカップル関係に潜む問題を整理すると，「第二波フェミニズム」（男女性別役割分担の撤廃や性と生殖に関する女性の自己決定権など）が発見した「名のない問題」（中流専業主婦層の女性の孤立感や無力感）を指摘できる．こうして1970年代や80年代以降には，結婚あるいは法律婚以外の選択肢としてのカップルやシングルが，家族主義からの脱却として注目されるようになったのである．

　一方で，女性の自立を基盤とした個人化の流れは日本には根付かなかったといってもよい．社会現象となったものを取り上げると，独身女性を対象として「女性の生き方・暮らし方」をテーマとした雑誌『クロワッサン』が「結婚からの解放」やキャリア路線を特集の柱としていたが，松原惇子の『クロワッサン症候群』（1988年），谷村志穂の『結婚しないかもしれない症候群』（1990年）などにあらわれるように，「結婚からの解放」とそれに対する迷いを描いたものであり，時代の流れとして「結婚」が新たな関係に変化するなどの明確な方向を打ち出すものではなかった．男性に目を向けると『花婿学校』（1990年）のように男性に対して変革を迫ったものがあるが，男性自身によって自分たちの変革の必要性が論じられたものは少なく，「1.57ショック」が報じられた1990年前後においても男性の意識には大きな変化の兆しはみられなかった．

　人口学や家族社会学などの専門家は，「1.57ショック」の前後に，少子化の趨勢の中で結婚にかかわる課題をどのように考えていたのであろうか．1990年3月の『家族研究年報』No.15（旧家族問題研究会：現家族問題研究学会）では，前年に行われたシンポジウム「なぜ，なかなか結婚しないのか」についての議論と報告論文が掲載されている．同年7月の『家族社会学研究』第2号（日本家族社会学会）は，第23回家族社会学セミナーの総会テーマを特集し，「現代の日本社会に生じている家族をめぐる諸変化――晩婚化，シングル化，少子化，共働き家族の増加等――は，…（後略）…」と，総会テーマ「いま家族に何が起こっているのか」が議論されていた．

　両シンポジウムにおいては，家族社会学者と人口学者がそれぞれの見解を述べており，両者に共通しているのは，未婚化に言及してはいるものの，おもに晩婚化に焦点が当てられており，未婚化でなく晩婚化，つまり結婚の先延ばし

を主要な問題として捉えていた．「1.57 ショック」が報じられた時点では，今日のような「未婚社会」が現実のものとして到来するとは研究者においても予想していた者は少なかったのである[7]．

3　現代の結婚事情　―人生のパートナーがいない

　2008年2月に山田昌弘と白河桃子による『「婚活」時代』が刊行され，「婚活」という言葉が流行語となった．本書の刊行以降，多くの雑誌で「婚活」が特集され[8]，「婚活」と銘打った「女磨き」や「男磨き」のための商品も数多く出現した．『「婚活」時代』の社会的貢献は，「婚活」という言葉の創出によって，「出会い」「お見合い」などのイベントに参加することの抵抗感を少なくしたことがあげられる．しかしそれ以上に重要な社会的な貢献は，これまでとは異なり現代は，誰でも自然に結婚できる社会ではなくなったということを，若者の間に広く伝えたことである．「婚活」ブームに対して，How To 本や雑誌の特集が大量に出回り，1980年代後半の「3高」を思い起こす人も多いだろうが，それとは異なる社会的な貢献があったのである[9]．

　「婚活」という言葉によって，ある程度の年齢が来たら当然自分は結婚しているだろうと漠然と考えている人たちや結婚しない若者（あるいはすでに中年を迎えている者）に対して，自分たちの「常識」で意見したり批判したりするその親の世代の人々の結婚に関する認識を変えるという意味でも大きな貢献をしたといえよう．

　さらに，日本の結婚を巡る現状は，諸外国とも大きく異なることがはっきりしてきたことも重要である．2055年の人口推計の際に用いられた1990年生まれの女性の生涯未婚率は23.5％（中位水準）で，女性の約4分の1が生涯未婚となる．現時点の生涯未婚率をみると，女性よりも男性の方が高く，1990年生まれの3分の1くらいの男性が生涯未婚だと言われている．生涯未婚率に関するデータは，「1.57 ショック」以上に大きな衝撃を国民に与えるものとなろう．なぜなら，諸外国における婚姻率の低下は，同棲の増加や同性カップル等，オルタナティブなパートナー関係の登場によるものであるのに対し，日本の婚姻率の低下は，パートナーがいないことを意味し，諸外国とは大きな違いがあ

るからである.

　「婚活」が流行語となるのもうなずけるほど,日本における家族形成の現状は歴史上類をみないほど困難に直面していることが理解できよう.たとえば,こども未来財団の『若者の家族形成に関する調査研究報告書』の調査結果は,その点を示している.調査によると,「恋人がいる」グループ,「恋人がいた・現在なし」グループ,「今まで恋人がいなかった」グループの比較が興味深い.たとえば,「異性と出会うための意識的な行動」を「何もしていない人達」の割合は,「恋人がいる」グループの男性では55.9%,女性では65.6%,「恋人がいた・現在なし」グループの男性では54.2%,女性では47.5%であるのに対し,「今まで恋人がいなかった」グループの男性では76.3%,女性では78.0%にのぼる.

　恋人はいなくても,友人関係に恵まれているかというとそうではなく,「恋人がいた・現在なし」グループの男性では19.9%,女性では12.0%が,飲食をともにする友人が「ほとんどいない・いなかった」と回答しているのに対し,「今まで恋人がいなかった」グループでは,男性で50.7%,女性で33.3%が飲食をともにする友人が「ほとんどいない・いなかった」と回答している.つまり,これらの結果は,異性だけでなく,同性を含めて人間関係が極めて狭い若者が多くなっていることを示しており,現状の晩婚化・未婚化は,人々の主体的な選択としての結果からはほど遠いことがうかがえる.

　そして現在,結婚は単なるプライベートな問題を超えて,現代社会の政策問題にまでなっているといっても過言ではない.一部の地方自治体では,政策として「婚活」イベントの開催の検討を進め,実施するところがあるが,それこそが具体的なあらわれといえよう.この流れの背景にはもちろん,パートナー候補の異性がみつからないことが少子化の根本原因の1つとして位置づけられることで,解決されるべき社会問題と認識されたことがある.それに加えて,問題解決の手段となる政策的介入の具体的方法を,「婚活」の促進に求めたことがあるだろう.「婚活」から結婚に至るまでの道のりには,まさに現代的かつ社会的意義を有した研究課題が実に多く含まれているのである.

4　本書の研究関心と分析データ

　前述したように，これまでもさまざまな視点や立場から，結婚にかかわる課題，家族形成のあり方や未婚化の背景要因などに関して研究が蓄積されてきている．本書は，これらの先行研究を踏まえた上で，第Ⅰ部では男女の「出会い」と機会について，第Ⅱ部では結婚意識について，第Ⅲ部では結婚に至る要因について実証的に分析を行っている．晩婚化・未婚化など家族形成を難しくしている要因，つまり「結婚の壁」を明らかにすることが本書の最大の研究課題である．

　分析面での本書の特徴は，既に実施された調査データを用いて2次分析で課題を明らかにしようとした点にある．分析に使用したデータの多くは，東京大学社会科学研究所附属社会調査・データアーカイブ研究センターのSSJデータアーカイブに寄託されたデータや公益財団法人家計経済研究所が提供しているデータであり，研究者であれば誰でも利用が可能である．以下では，各章で分析に利用したデータを紹介しておこう．

　第1章においては，2007年以降，東京大学社会科学研究所によって毎年実施され続けている大規模パネル調査である「働き方とライフスタイルに関する全国調査（Japanese Life course Panel Survey, JLPS）」を使用している．この調査は，第1波調査時に20歳から34歳であった者を対象とした若年調査と，同時期の35歳から40歳を対象とした壮年調査からなるが，第1章ではその両者を合併したデータセットを分析している．2010年現在では，2007年に実施の第1波調査データのみ，SSJデータアーカイブより公開されている．第2波以降のデータについても，今後，順次公開が予定されている．

　第2章では，国立社会保障・人口問題研究所がほぼ5年おきに行っている「出生動向基本調査」の夫婦調査を用いている．

　第3章で用いたのは，経済産業省の研究会が2005年に実施した「結婚相談・結婚情報サービスに関する調査」である．この調査では，独身層の考え方や価値観を網羅的に把握するために，インターネットを利用した2種類のアンケート調査を実施している．実施された2つの調査は，一般未婚者モニターア

序　章　「出会い」と結婚への関心

図表序-1　本書で利用したデータ

調査名	働き方とライフスタイルに関する全国調査（JLPS）	結婚相談・結婚情報サービスに関する調査（未婚者調査）	消費生活に関するパネル調査（JPSC）	日本版 General Social Surveys（JGSS）	少子化社会に関する国際意識調査
調査実施者	東京大学社会科学研究所	㈱UFJ総合研究所（現，三菱UFJリサーチ＆コンサルティング）	公益財団法人家計経済研究所	大阪商業大学比較地域研究所，東京大学社会科学研究所	内閣府政策統括官（共生社会政策担当）
実査	㈳中央調査社	㈱UFJ総合研究所（現，三菱UFJリサーチ＆コンサルティング）	㈳中央調査社	㈳中央調査社	日本社団法人 新情報センター，韓国 Gallup Korea Poll Ltd.，アメリカ Kane,Parsons & Associates,Inc.，フランス Synovate，スウェーデン International Marketing Research Institute
委託者（経費）	東京大学社会科学研究所・石田浩教授が日本学術振興会から科学研究費補助を受けて実施	経済産業省	公益財団法人家計経済研究所	大阪商業大学比較地域研究所が文部科学省から学術フロンティア推進拠点としての指定を受けて東京大学社会科学研究所と共同で実施	内閣府政策統括官（共生社会政策担当）
調査対象	20～40歳の男女	20～44歳の無配偶者	コーホートA（1993年に24～34歳女性），コーホートB（1997年に24～27歳女性），コーホートC（2003年に24～29歳女性）	20～89歳の男女	20歳から49歳までの男女
調査地域	全国	全国	全国	全国	全国
調査時期	2007年1～4月（その後毎年1～3月）	2005年2月	コーホートA（1993年から毎年9月～10月），コーホートB（1997年から毎年9月～10月），コーホートC（2003年から毎年9月～10月）	2000年10月下旬～11月下旬，2001年10月下旬～11月下旬，2002年10月下旬～11月下旬	2005年10月～12月
データ数	4,800人	4,041人	コーホートA（1993年に1,500人），コーホートB（1997年に500人），コーホートC（2003年に836人）	2000年2,893人，2001年2,790人，2002年2,953人	日本1,115人，韓国1,004人，アメリカ1,000人，フランス1,006人，スウェーデン1,019人
データ提供機関	東京大学社会科学研究所SSJデータアーカイブ	東京大学社会科学研究所SSJデータアーカイブ	公益財団法人家計経済研究所	東京大学社会科学研究所SSJデータアーカイブ	なし
備考	2008年以降も毎年実施	今回利用された「未婚者調査」以外に，結婚情報サービス協議会加盟社の協力による結婚情報サービス会員へ任意でWEB調査を実施	2008年にコーホートD（24歳～27歳）を追加，すべてのコーホートについて2008年以降も毎年実施	2003年，2005年，2006年に実施，その後隔年実施	

注：このほか第2章で使用した「出生動向基本調査」については同章内にて概説している．

ンケート調査(以下,「未婚者調査」)と結婚情報サービス会員アンケート調査である.第3章の他に,第4章,第7章においてこの未婚者調査を利用している.

第5章と第9章では,公益財団法人家計経済研究所が1993年から毎年実施している「消費生活に関するパネル調査」を利用している.第5章では,コーホートA・コーホートBを,第9章ではコーホートCを利用している.

第6章で用いたのは,内閣府によって実施された「少子化社会に関する国際意識調査」である.この調査は,日本,韓国,アメリカ,フランス,スウェーデンの5ヵ国で2005年に実施され,「結婚」「出産」「育児」「社会的支援」「生活」にかかる意識・実態に関してたずねたものである.

第8章と第10章で利用されたデータは,大阪商業大学と東京大学社会科学研究所が実施した『日本版General Social Surveys (JGSS)』である.この調査は予備調査を2回行った後2000年の第1回本調査から,2004年を除いて2006年までは毎年,その後は隔年で実施されてきており,順次データが公開されている.第8章では2001年と2002年の調査データをプールし,第10章では2000年,2001年,2002年の調査データをプールして利用している.

各章では,これまでに提示されてきた仮説,提示されてこなかった仮説について,データに基づいて検証を行っている.各章の結論を踏まえて終章において現在の日本が抱えている問題について明らかにする.

註
1) 阿藤(1989)によれば,おおむねこの時期の日本は皆婚社会といってよい.
2) それまでに合計特殊出生率が極端に低かったのは,「丙午(ひのえうま)」にあたる1966年の値であり,その値を下回ったからである.その時代に,「丙午」に生まれた女性は男性(夫)を食い殺すという迷信そのものが信じられていたとは考えにくいが,縁起が悪いという意味で出産が避けられたのであろう.
3) 重要な政策課題というには,有効な方策を探究していたとは言い難い.
4) 社会保障審議会人口構造の変化に関する特別部会『「出生等に対する希望を反映した人口試算」の公表に当たっての人口構造の変化に関する議論の整理』2007年1月26日.
5) 『子ども・子育てビジョン―子どもの笑顔があふれる社会のために』2010年1月29日.
6) 結婚に関する取り組みを少子化対策として打ち出しているのは,自治体の一部である.
7) 「未婚化社会」について論じた著作もあるが,次節で述べるパートナーや友人がいないといった現状について予測しているものはない.

8）たとえば，「婚活力診断（アナタの婚活力がわかる！タイプ別アドバイスで婚活をバックアップ）」,「恋に効く！婚カツ応援雑誌（愛情タップリの食事で彼のハート＆胃腸をガッチリ掴もう）」,「名作に学ぶ婚活 AtoZ（婚活女子必見！最新著書に学ぶ恋愛ルール）」,「婚活エピソード大賞（リアル婚活エピソードを大募集．採用者にはプレゼント）」,「婚カツ Column（20 代イケメン営業マンが結婚を決意した瞬間は？男子のホンネに迫る）」等．

9）「婚活」が「「高収入・高学歴の男性を獲得する一発逆転の手段」と，間違って受け止められているのは困る」と，『「婚活」時代』筆者の 1 人である山田は述べている（山田 2009）．

文献
阿藤誠，1989,「未婚・晩婚時代の到来」『家族研究年報』No.15：24-34.
阿藤誠，2004,「未婚化・晩婚化の進展―その動向と背景」『家族社会学研究』第 6 号：5-17.
伊藤達也，1989,「シンポジウム報告（特）なぜ，なかなか結婚しないのか」『家族研究年報』No.15：1-8.
江原由美子，2004,「結婚しないかもしれない症候群―現代日本における結婚のリアリティ」『家族社会学研究』第 6 号：37-44.
大阪商業大学比較地域研究所・東京大学社会科学研究所編，2006,『日本版 General Social Surveys 基礎集計表・コードブック JGSS 累積データ 2000〜2003』.
経済産業省商務情報政策局サービス産業課，2006,「少子化時代の結婚関連産業の在り方に関する調査研究 報告書」．
　（http://www.meti.go.jp/press/20060502001/20060502001.html を参照）
小島宏，1990,「晩婚化の傾向／シングルズの増加―なぜ結婚をためらうのか」『家族社会学研究』第 2 号：10-23.
財団法人家計経済研究所編，1995〜1996,『消費生活に関するパネル調査』（第 1 年度〜第 3 年度）大蔵省印刷局.
財団法人家計経済研究所編，1997〜2000,『現代女性の暮らしと働き方』（第 4 年度〜第 7 年度）大蔵省印刷局.
財団法人家計経済研究所編，2001,『現代女性の生活意識と不安』（第 8 年度）財務省印刷局.
財団法人家計経済研究所編，2002,『変動する生活』（第 9 年度）財務省印刷局.
財団法人家計経済研究所編，2003,『家計・仕事・暮らしと女性の現在』（第 10 年度）国立印刷局.
財団法人家計経済研究所編，2004,『共依存する家計』（第 11 年度）国立印刷局.
財団法人家計経済研究所編，2005,『リスクと家計』（第 12 年度）国立印刷局.
財団法人家計経済研究所編，2006,『パネルデータにみる世代間関係』（第 13 年度）．
財団法人こども未来財団，2008,『若者の家族形成に関する調査研究報告書』．
政策統括官（共生社会政策担当）「「少子化社会に関する国際意識調査」の概要」
　（http://www8.cao.go.jp/shoushi/cyousa/cyousa17/kokusai/ishiki.pdf　2009 年 6 月

序　章　「出会い」と結婚への関心

　　25日ダウンロード).
正岡寛司，2004,「結婚のかたちと意味」『家族社会学研究』第6号：45-52.
山田昌弘，2009,「不安の時代　婚活ブーム」『朝日新聞』2009年7月16日朝刊33面.
湯沢雍彦，1989,「未婚男性勤労者の結婚難の諸要因」『家族研究年報』No.15：14-23.

第 I 部

「出会い」への期待と機会

第 1 章

現代日本の未婚者の群像

三輪 哲

1 未婚者の実像はいかなるものか

　日本社会では未婚化あるいは晩婚化が進みつつある．そうした認識はいまや広く知れ渡るものとなり，社会問題としてとらえられている．仮に，未婚化に懐疑的な人がいたとしても，客観的な統計数値をもって未婚化の進行を証明することはさほど困難ではない．「生涯未婚率」という統計指標は，50歳時点での未婚者割合推定値をもって操作定義されるが，それによれば1980年時点の生涯未婚率が男性2.6%，女性4.5%であったのに対して，2005年時点のそれは男性16.0%，女性7.3%にまで高まっている（国立社会保障・人口問題研究所 2010）．より顕著な変化は若年世代にあらわれている．平成17年国勢調査結果から30歳代後半の年代における未婚率を計算すると，1980年時点で男性8.5%，女性5.5%だったが，2005年時点となると男性30.9%，女性18.6%となっている．どの年代でも同様に，未婚率はこの間一貫して増加の一途をたどってきている．現代の日本は，古典的な「人生ゲーム」のような，誰にでも結婚というライフイベントが起こるという状況では既にない．
　もはや結婚することが当たり前とはいえなくなりつつある時代状況であるからこそ，未婚者が結婚や交際について何を考え，何をしているのかを研究することが必要になってきている．なぜなら，政策的介入や結婚情報サービスの提供がどの程度未婚率の上昇を食い止めるかは，どのような未婚者のタイプがど

のくらい存在するか次第で変わりうるからである．たとえば，結婚をしないと強く心に決めているグループが未婚者の多数を占めているならば，そのような介入は効果が出にくいだろう．だが，出会いが欠如していることを悩むグループが多数であれば，交際相手候補とのマッチングをもたらすような方策はいくらかの効果が期待できるわけだ．夫婦関係や結婚に対する研究については莫大な蓄積があるのに対して，未婚者に直接関わる研究蓄積は決して多くはない．未婚者たちの実像がどのようなものなのかは，まだよく知られていない部分が多い．

先行研究においては，未婚者たちの独身理由に関して，「適当な相手にめぐり会わない」ことが最頻の理由としてあげられていることが知られる（経済産業省商務情報政策局サービス産業課 2006；国立社会保障・人口問題研究所 2007）．また橘木（2008）は，「出生動向基本調査」集計結果の再分析から，年齢が上がるにつれて結婚しない理由よりも結婚できない理由が相対的に多くなる傾向を指摘した．さらに，結婚の障害についての質問では，結婚資金の不足が回答として最もあげられやすいことより，若年の低賃金や雇用に関して問題視している．

ただしそれら先行研究においては，独身理由の応答パターンにどのようなものがあり，それがどういった意味をもつ未婚者の下位集団であるのかについては，十分に示されてはいない．そこで本章では，独身理由を手がかりにして未婚者の内部にある類型を描く．独身理由をもとに未婚者たちの内部構成を知ることは貴重な情報をもたらす分析課題となりうる．

未婚者の類型化と並び本章でのメインの話題とするのは，結婚に向かう若年者たちの行動である．既に恋愛結婚へと大きくシフトを遂げた後である現代において，結婚以前の交際の段階の分析は重要な意味を持つ．事実上，その段階で結婚の可能性はかなりの程度制約されるからである．交際の段階を分析の俎上にあげたものに，佐藤・中村（2007）がある．彼らは，経済的条件や，異性へのアクセシビリティ，対人関係（相談相手）が交際確率を左右することを見出した．ただしそれは既に交際している人とそうでない人との比較であって，新たな交際の成立しやすさを直接に検証してはいない．しかも，交際促進要因または抑制要因としてあげられたものは，自らが意図的に変化させ難いものに

限られている．それでは交際に関わる要因をリストアップしたとて，構造的制約の所在を明らかにするにとどまり，結婚したい若年者の行動指針とはなりえない．

結婚を目指した積極的かつ意図的な行動は，就職活動のアナロジーで「結婚活動」と呼ばれる（山田・白河 2008）．この言葉とその短縮形である「婚活」は，メディアでも頻繁にとりあげられ，またたく間に世に認知され，時代を彩る流行語にさえなった[1]．しかしながら，どの程度の人が実際に結婚活動を試みているのか，科学的な裏付けと呼ぶに足る知見は明らかにされていない[2]．そしてまた，結婚活動は成果をもたらすものなのか，効果があるのかなど，その帰結の如何の評価はいまだ定まってはいない．

上述の研究状況を鑑みて，本章では計量的アプローチによって，現代日本の未婚者に関する実像により迫ることを目的とする．とりわけ焦点とするのは，未婚者にはどのような類型があるのかを見極めること，および結婚活動の広がりとその成果・効果をとらえることの2点である．

2 現代日本の若年層における結婚・交際の状況

本格的な分析に先立ち，まずは現代日本の若年層における結婚・交際の状況を確認しておこう．どれくらいの人が結婚しており，またどれくらいの人に交際相手がいるのかを，性別，年代別に分けて定量的に確認しておくことは，続く議論の背景をおさえるために重要と思われるからだ．

ここでデータとして用いるのは，東京大学社会科学研究所が実施した「働き方とライフスタイルに関する全国調査」により得られたデータセットである（以降，JLPSと略す）．JLPSは，日本全国の20歳〜40歳の男女を対象として，2007年1月から4月にかけておこなわれた訪問留置調査である．回収票数は4800（有効回収率36%）であった．なお，この調査は同一対象者を追跡調査するパネル調査であり，その1年後に第2回調査がおこなわれた．第1回調査の回答者4800人のうち，3965人から有効回収票を得た．同データにより，現在結婚している者の中でも，初婚を継続しているか，再婚したのかを分けるなど，従来調査以上に詳細な情報を得ることができる．

第Ⅰ部 「出会い」への期待と機会

図表1-1 性・年代別にみた結婚・交際の状態

結婚経験	パートナー有無	現在の状態	男性				女性			
			20~24	25~29	30~34	35~40	20~24	25~29	30~34	35~40
			(469)	(497)	(714)	(667)	(497)	(521)	(643)	(760)
あり	配偶者あり	初婚継続	4.5	32.6	48.5	67.3	7.6	34.9	62.1	72.0
		再婚	0.2	1.0	3.6	3.4	0.2	2.1	2.6	3.4
	配偶者なし	死別	0.0	0.0	0.0	0.1	0.0	0.0	0.2	0.5
		離別	0.2	1.0	2.8	4.8	0.6	2.1	5.4	6.4
なし	交際相手あり	交際中	33.9	22.9	11.5	4.6	44.1	29.9	11.2	3.3
	交際相手なし	交際経験あり	26.4	22.1	15.5	9.6	23.7	19.6	13.8	8.8
		交際経験なし	34.8	20.3	18.1	10.0	23.7	11.3	4.7	5.5

注：かっこ内は％の基数．タテ合計で100％となるよう計算．

　図表1-1の結果を，ごく簡単にまとめて述べよう．20歳代前半では，結婚経験のある者はごく少数である．その後30歳代に入ると，結婚を経験した人の割合が，だいたい半数を超えるようになる．さらに30歳代後半についてみると，約8割が結婚経験を有し，7割ほどがその時点で結婚状態を維持していることがうかがえる．

　未婚の中では，現在交際をしている人が20歳代前半全体のうち，ほぼ3割から4割近くいる．その中から結婚へと転じていきがちであるため，年代が上がるにつれて，交際中の割合は徐々に少なくなっていく．結果，未婚者の中に占める交際中の者の割合は，30歳を超えてからはっきりと減じ，30歳代後半の年齢時点では男女ともに2割を切る水準にまで下がっている．

　その一方で，調査時点に至るまでに特定の異性と交際したことがない人も少なからずいることがわかる．30歳代後半の年代においても，男性で1割，女性で5％程度は，交際の経験を有していない．これらの数値は，1980年時点での未婚率にだいたい相当する水準にあたる．そう考えると，日本の結婚・交際の状況が，この四半世紀にいかに大きな変化を経験してきたか再認識させられる．

3　未婚者の独身理由はどのようなものか

　既にみたように，未婚者層の中身は，年代の違いや交際経験の違いなどあり，

一様ではない．未婚者層の内実にもう少し踏み込むため，次に，独身でいることの理由についての回答をみていきたい．図表1-2は，独身理由に対する回答の分布である（縦軸が回答割合の百分率）．JLPSでは，あてはまるものをすべてあげてもらっているので，1人の回答者が複数の独身理由を選択できるようになっている．それにより，1つ1つの理由の選択肢が，0から100までの範囲をとりうる．なお，左から右へと，回答者全体での回答割合が高い順に，理

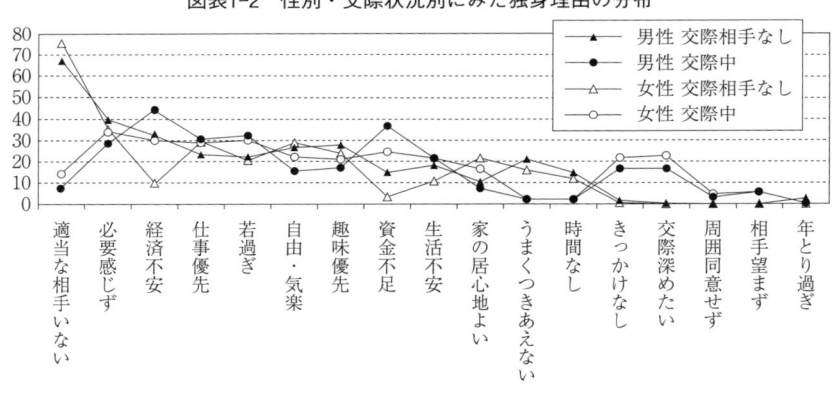

図表1-2　性別・交際状況別にみた独身理由の分布

由を並べている．

　最も多くの人があげた理由は，「適当な相手がいない」ことである．とりわけ，交際相手が調査時現在でいない人では，7割もの高い割合で選択されている．一方，交際中の人に関しては，選択は1割程度しかされておらず，交際相手の有無により顕著に差が出る項目であることがわかる．第2位となったのは「結婚の必要性を感じない」という回答である．この回答は，交際状況や性別による大きな差は生じていない．どの属性でも3割から4割ほどの人が理由として選択している．結婚の必要性の認識にはもちろん個人差があるが，属性による系統的な差はあまりない．そして第3位は，「結婚後の経済状況に不安がある」とする回答である．これについては，交際状況による差に加えて，はっきりとした男女差があらわれている．交際中の男性は4割超，交際相手がいな

い場合でも3割ほどが回答している．他方で，女性についてみると，交際中で3割，交際相手がいない人では1割の回答にとどまっている．男性のほうがより，経済的な不安をあげがちであるといえる．

それら以外の選択肢で，ほとんど選択されないといえるものは「周囲が結婚に同意しない（周囲同意せず）」以降の3項目くらいでしかない．つまり，独身でいることにはさまざまな理由が挙がっているわけで，それだけ未婚者層の中身が多様であることがうかがわれる．

全体を眺めて気付くことは，どちらかといえば，交際状況による違いのほうが目立つことであろう．先に述べた「適当な相手にめぐりあわない（適当な相手いない）」以外でも，「異性とうまくつきあえない」，「異性とつきあう時間がない」などの選択肢は，明らかに交際相手がいない人によって回答される傾向にある．逆に交際中の者に回答されがちな選択肢としては，「結婚資金が足りない（資金不足）」，「結婚を決めるタイミング，きっかけがない（きっかけなし）」，「現在の交際をもっと深めたい」の3つを指摘できる．独身でいることの理由にもさまざまあり，それが交際相手の有無により大きく変わるのは自明である．この結果はその直接的な反映で，まったく驚くべきことではない．

男女差がみられる選択肢もまた存在する．既に挙げた「経済不安」および「資金不足」という理由は，比較的，男性に多く回答される傾向が表れている．やはり，男性稼ぎ主（male-breadwinner）としばしば呼ばれるような，一家の稼ぎ手たる夫にならねばならないとの意識から男性は抜け出せないことがあるのだろう．他方，女性に多いのは，「家の居心地がよい」との回答である．この現象は，一見すると，パラサイトシングル（山田 1999）と呼ばれる現象と一致するように思われるかもしれない．確かに，男性よりも女性においてその回答が系統的に高いことや，差はわずかであるものの「独身の自由さや気楽さを失いたくない（自由・気楽）」という回答も女性が相対的に多いことを踏まえると，うなずける結果ではある．とはいえ，交際相手がいない女性でも「家の居心地がよい」ことを独身理由として選択した者は2割ほどに過ぎないため，パラサイトシングル現象は，仮にあるとしても部分的なものであり，未婚化や晩婚化の主要因というわけではない．

さらに独身理由と未婚者の特性との関連を探るために，対応分析[3]をおこ

なった．その結果得られた理由と特性それぞれのカテゴリースコアを2次元平面にプロットしたものが，図表1-3である．それぞれ回答者の応答パターンが近いカテゴリー同士が，より近くに位置するようにデータの持つ情報が縮約されている．

　右上（第1象限）には，交際中の者が回答しがちな独身理由があがっている．これらと交際中という属性とが対応関係にあることは，既にみた図表1-2同様に，明確である．「交際深めたい」や「結婚を決めるタイミング，きっかけがない（きっかけなし）」など交際中の者だけが回答しがちな理由の布置が，交際中という属性の近くにあることがその証拠となる．

　その対極である左下（第3象限）には，交際相手がいない人に典型的な回答が固まっている．「適当な相手にめぐりあわない（適当な相手いない）」はじめ，出会いや交際の機会に恵まれていないことを示唆する理由がいくつか並ぶ．交

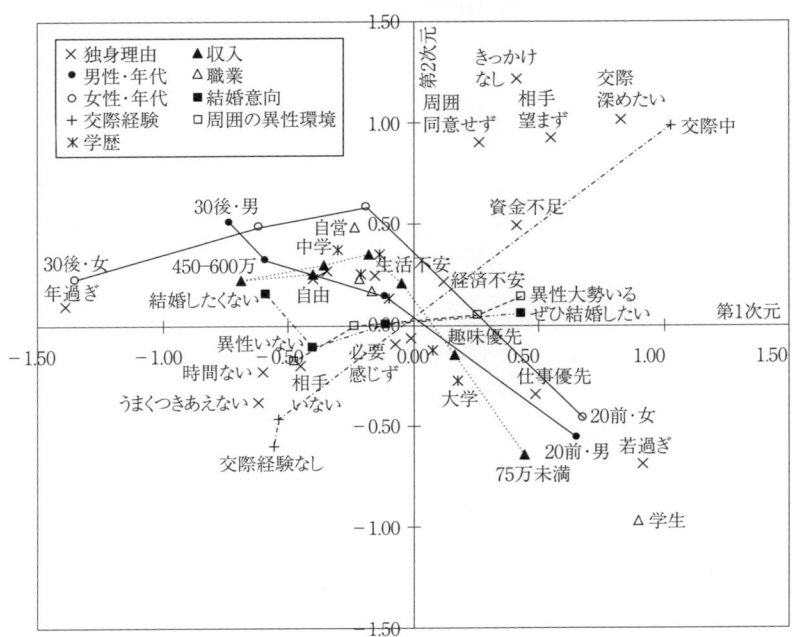

図表1-3　独身理由と属性・意識項目との対応分析結果

第Ⅰ部　「出会い」への期待と機会

際相手がいないうちで，これまでに交際経験がある者とない者とを分けて相対的布置を示したが，その2カテゴリーはだいたい似たような位置にあることがわかった．すなわち大局的にとらえる限り，現在交際中かどうかでは独身理由の回答パターンが大きく異なるが，過去の交際経験の有無は独身理由の違いにはほとんど影響しないとみられるのである．

　これら2つを結ぶ右上がりの線は，交際相手の有無に基づいた独身理由の違いをあらわす大きな軸をなしている．もう1つの大きな軸は，右下から左上にかけての線で，こちらは年齢に基づく独身理由の違いを意味している．

　右下（第4象限）は，結婚するのは時期尚早とする領域といえそうである．独身理由については「若過ぎる」，「仕事に打ち込みたい（仕事優先）」が，属性については「学生」，「20代前半」，「収入75万円未満」がその辺りに布置している．

　左上（第2象限）は，結婚をしたくないと考えている領域と思われる．意識項目の「結婚したくない」というカテゴリーに加え，「独身の自由さや気楽さを失いたくない（自由）」との理由がみられる．こちらは「30歳代」が中心となっている．年齢層が高いゆえに，収入も高めのカテゴリーがプロットされている．

　解釈上注意が必要なのは，右下から左上へと年齢に沿う形になっているが，これを必ずしも加齢に伴う個人の変化とみなしてはいけないことである．なぜなら，このデータで分析されているのは，未婚の状態でいる1時点のサンプルだけであるからだ．結婚したくない人が未婚で居続けているのか，それとも未婚でいるうちに結婚する気がなくなったのかは判別ができない．あくまで調査時点現在での，未婚者層の独身理由と属性・意識との関連を図示したものであることに，留意をしなければならない．

　さて，もう1点，図表1-3の原点からやや上付近に，経済的問題により結婚できないとの考えから派生する独身理由が固まっていることにも着目されたい．「資金不足」，「経済不安」，そして「生活不安」の3つの理由である．そしてそれらの近くには，低所得のカテゴリーがプロットされている[4]．若年者の中には，経済的地位の不安によって結婚を延期ないし断念する層がやはり存在するとみるべきである．

以上のように，独身理由と属性や意識との対応を確認することから，未婚者の内にある潜在的な類型がみえてくる．第1に，図表1-3では右下の領域に該当する，結婚をするのはまだ早いとする類型である．第2に，右上にあたる，交際中で時期を待っている類型である．これら2つは，時間経過が必要なだけであり，「皆婚」とされた時代でも存在したであろう類型と思われる．第3の類型は，左上の領域に該当する，結婚をしようとしていない層である．第4の類型は，図表1-3の原点から少し上にあたる，経済的事情により結婚できない層である．そして第5には，左下の，相手とのマッチングがうまくいかず結婚に至らない類型である．これら3つこそが，未婚化ないし非婚化が進む現代において勃興し，増加しつつある類型なのかもしれない．図表は割愛したが，クラスター分析[5]という手法で同じデータを再分析したところ，ここで述べた5つの類型にあたるクラスターが再現された[6]．その構成割合はというと，類型1（時期尚早）が17％，類型2（交際中で時期待ち）は23％，類型3（結婚しようとしていない）は17％，類型4（経済的事情）は14％，そして類型5（出会いがない）は29％であった．そのように，クラスターの大きさとして類型5は最大であり，かつ図表1-2で確認したように，適当な相手とめぐり会わないという理由は，さまざまある独身理由のうちで最頻のものであった[7]．それゆえ，第5類型—マッチング不全群—に属する彼女または彼らは何をすることができるか，未婚率の上昇を抑制するためにはその点が鍵となるだろう．異性との出会い，交際の成立に向けた行為として昨今とみに注目を集める「結婚活動」は，まさにその論点と重なるものである（山田・白河 2008）．

4　どのような結婚活動を誰がしているのか

　それでは，交際相手と出会うための活動は，どの程度おこなわれているのだろうか．実際のデータによって確認してみたい．2節で説明した「働き方とライフスタイルに関する全国調査」データを再び用いる．ただし本節では，そのうち第2回調査時に未婚であった者に分析対象を限定した．第2回調査では未婚者に対し，直近1年間，すなわち第1回調査から第2回調査までのあいだに，結婚活動をしたかどうかをたずねている．どの程度の割合の人が，どのような

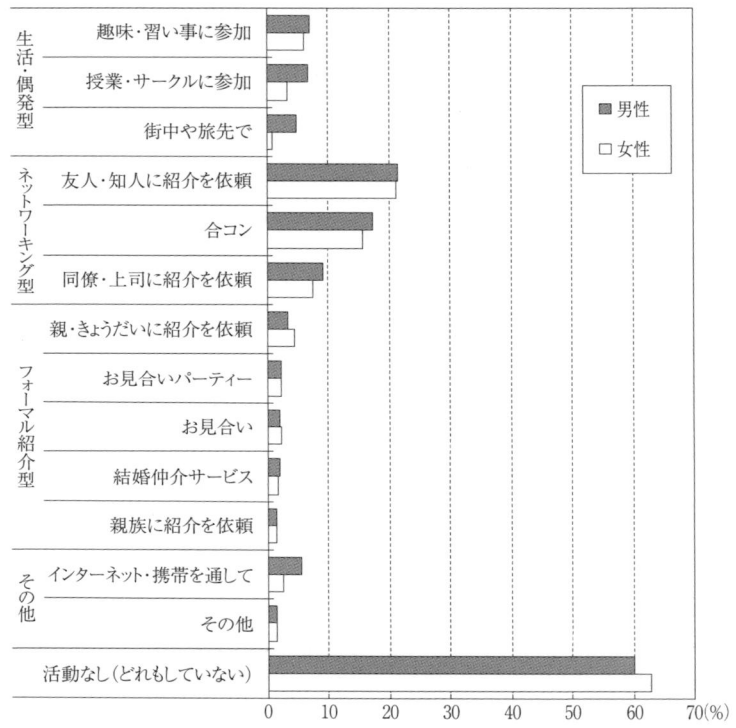

図表1-4　最近1年間の結婚活動経験率（複数回答）

活動をおこなっていたか，割合を確認してみよう．

　図表1-4がその結果である．まず気づくのは，「活動をしなかった」人の割合が6割にのぼることである．直近の1年間という短い期間に限れば，多くの人は特に結婚活動をしていない．ただそれは，裏を返せば，4割近い人々は何らかの活動をしたということにもなる．この数字を多いとみるか，少ないとみるかは見解が分かれるだろうが，少なくとも結婚活動は一定程度おこなわれているということは認めるべきであろう．

　同じく図表1-4より，個々の活動ごとの経験率を比較することができる．この1年での経験率が2割を超えているのは，「友人・知人に紹介を依頼」のみである．それに続き，「合コン」の経験率が高い．これらの友人や知人のネッ

トワークによる活動が，結婚活動の中で中心的な位置にあることがわかる．

　活動経験率の男女差は，それほど大きくはない．あえて男女差がある活動項目を探すとすれば，「インターネット・携帯」と「街中や旅先で」という2種類の活動をあげることができる．街中や旅先において声をかけるのが男性に偏ることは，交際に関する性別役割規範と整合的であるといえ，それほど想像に難くない結果といえる．もう1つの，インターネットを通して出会いの機会を探すことについても，相対的に男性において多くみられる活動のようだ．

　次に，結婚活動がどのような人たちにより担われているかをみてみたい．ただし，個々の活動それぞれを分析するのはやや冗長に過ぎるので，結婚活動を自然状況に近い場面で相手を探す「生活・偶発型」（「授業・サークル」，「趣味・習い事」，「街中や旅先」），友人など近い人を通したつながりを通して相手を探す「ネットワーキング型」（「友人・知人の紹介」，「同僚・上司の紹介」，「合コン」），結婚を目標としたより直接的な結婚活動というべき「フォーマル紹介型」（「結婚仲介サービス」，「お見合い」，「お見合いパーティー」，「親・きょうだいの紹介」，「親族の紹介」），「その他」の4種類に分け，それらの活動の経験率をグラフ化した．

　その結果を示したものが図表1-5である．図の上部にあるパネルAには，年代と活動参加との関係が表示されている．活動のタイプごとに，年齢と活動経験の関連のパターンが異なっていることが注目できる．「生活・偶発型」の経験率（●と破線）については，どちらかといえば若い年代のほうが高くなっている．さらに，友達を介した活動を意味する「ネットワーキング型」の経験率（■と細線）については，男性では加齢に伴う緩やかな減少，女性は30歳代以降に大きく減少するというように，年齢の上昇によって減少するのは共通だけれども，減り方のパターンには男女の違いがみられるようだ．

　それとは逆に「フォーマル紹介型」の経験率（▲と太線）は，年齢が高くなるほどより活発になる．これらは，年齢があがるにつれて，自然な出会いの機会は減少するが，真剣に結婚をめざした活動をはじめていくという全体的傾向を反映したものであろう．ただし，女性に関しては，「フォーマル紹介型」経験率のピークが30歳代前半にある点が男性のそれとは異なる．仮に，お見合いパーティーや結婚仲介サービスなどからなる「フォーマル紹介型」を本格的

図表1-5　2007年時状態とその後1年間の結婚活動経験の関係

パネルA：年代別

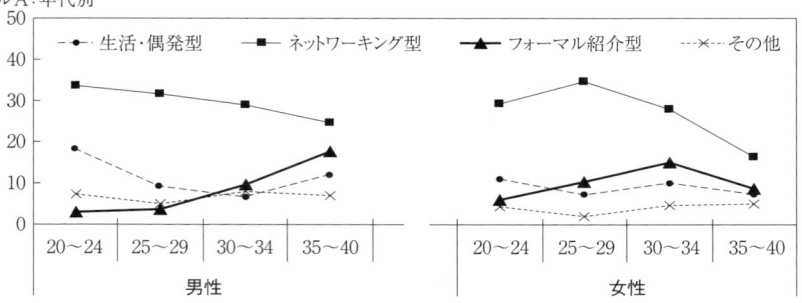

パネルB：個人年収別

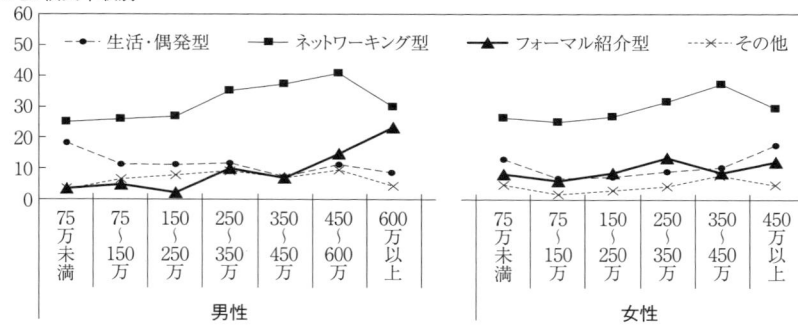

パネルC：結婚意向別

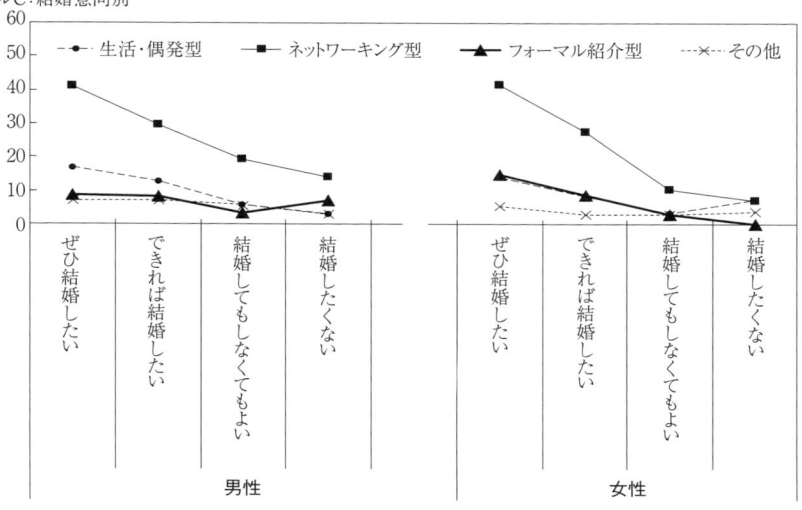

な結婚活動とみなすとするならば，その担い手は30歳代後半の男性と30歳代前半の女性が中心となっているといえる．

　続いてパネルBには，2007年の個人年収と結婚活動との関係を表示している．全体的には，収入が高くなるほど活動経験率が緩やかに高くなる相関関係があるようだ．しかし「生活・偶発型」の活動に関していえば，それはあてはまらない．このタイプの活動の担い手の中心は20歳代前半の若い世代であるため，比較的低収入の者でも活動率が高くなっている．それにより収入と活動経験率とのあいだには単調的な関係があらわれないのであろう．

　「フォーマル紹介型」の活動率と収入との関係は，いくつかの点で興味深い示唆を与えてくれる．第1に，関係に性差がある点である．女性は年収と活動率との関係がそれほど明確ではないが，男性では顕著な相関関係がみられる．これは「フォーマル紹介型」の活動の具体的中身が，親族からの紹介やお見合い，結婚仲介サービス会社の利用などになることから推測できる．これらの活動は，特に男性に限って経済力を要求するものばかりである．それゆえに，女性に比べて，男性では収入の増加と活動率の増加とがはっきりと対応するという結果があらわれたのであろう．それから第2に，男性においても，必ずしも収入の増加に伴い活動率が直線的に増加しているわけではない点である．個人年収300万円程度のところでまず活動率が跳ね上がるように増加している．いい換えれば，年収がそれに満たないと「フォーマル型」の活動はほとんどなされていない．そして，年収がだいたい400万円を超えていくと，年収増加に伴い活動率が直線的に上がるようになっている．これらの複合的な傾向は，年収の正の効果と活動参加障壁の存在の双方が同時に影響した結果を反映したものとみてとることができる．基本的には「フォーマル型」の活動参加は男性の年収によって規定される．おおよそのところ，ほぼ年収300万円くらいのところに事実上の参加障壁があるといえそうである．「フォーマル型」の活動へ参加するための最低条件が，安定的な収入であることはほぼ間違いない．そしてこれは，非正規雇用の若年男性を阻む壁ともとらえられる．

　最後に，「ネットワーキング型」活動にみられる収入との関係に関して触れておきたい．大きくいえば高階層性，すなわち収入が高くなるほど活動率が上がる傾向がある．友人を通した結婚活動にはいわば交際費がかかるほか，交際

を継続して関係維持をするにも経済的地位と無縁とはいえない側面もある．経済力が不足していれば，交際圏は限定されがちになると考えるのが自然であるからである．収入と「ネットワーキング型」活動率とで描かれる右上がりの折れ線は，そのように解釈することもできよう．

やや難しいのは，個人収入最上位のカテゴリーにおいて，「ネットワーキング型」活動の経験率が反転降下することである．この奇異な結果はどのように説明されるのか．可能な説明が2つ考えられる．1つは，結婚によって未婚者でなくなったことによる現象である．ネットワーキング型の活動をして相手をみつけることができれば，高年収層に属する人は条件が整うために，結婚をする確率が飛躍的に高まるのかもしれない．結婚活動の質問は未婚者に対してしかたずねていないので，結婚に至った人は分析対象から外れてしまい，結果的に捕捉できなくなってしまう．それによる影響の可能性がある．

もう1つは，交際圏から飛び出そうとしていることの結果の可能性である．仮に，経済的に豊かな層の中には，自身よりもよりよい条件の配偶者候補を探すために，自分が普段から交際している友人を通すのではなく，別の手段に依存する人々が比較的多いと仮定してみよう．なぜなら，自身の現有する交際圏にいる人たちは概ね本人と地位が類似するゆえに，自分よりはるかに高い地位にある人や，全く別世界の人はネットワークの中に含まれにくい．そこで，自分よりもはるかに高い地位の相手との結婚（上方婚）を求めるならば，あるいは身近にはいないタイプを求めるならば，交際圏を離れて結婚活動を展開する必要性が高まる．したがって交際圏の範囲内で生じる傾向の強い「ネットワーキング型」の活動率はこの層では減少し，代わって「フォーマル型」の活動が相対的に多くなされるようになっているのかもしれない．これらの説明は多くの可能性のなかの1つにすぎないものであり，また実証されたものでもない．近い将来の検証が待たれる．

さらにパネルCには，2007年時の結婚意向別にみた結婚活動経験率を示した．当然ながら，結婚意向が高いほど，その後1年間に結婚活動をおこなう割合は高くなっている．

ここで注目されるのは，結婚意向と活動率の関係にみられる男女差である．両者の関係の性差を検討すると，男性に比べて女性のほうがより関係がはっき

りしていることがわかる．「ネットワーキング型」では，結婚意向が高いグループの結婚活動経験率は男女差がないものの，それが低いグループでは女性のほうが活動をしていない傾向が顕著にあらわれている．また「フォーマル紹介型」の折れ線をみると，男性の折れ線はフラットで結婚意向と活動率とのあいだにあまり関連がないのに対し，女性のそれは明らかな右下がり直線としてとらえられ，関連がうかがえるのである．つまり，男女のいずれにおいても結婚意向の高さと活動率の高さには対応関係があるわけであるが，その関係は女性において強く，男性において相対的には弱いという違いが確認された．

5　結婚活動の成果・効果はあるのか

それでは次に，結婚活動がどの程度のインパクトを及ぼすのか，データ分析によって検討してみよう．データは前節と同じものを用いた．今度は分析対象者を，さらに第1回調査時に未婚かつ交際相手がいなかった者に絞っている．図表1-6から，調査時点の直近1年間に新たに交際を開始したきっかけの分布と，それが結婚活動によってもたらされたのかどうかをみることができる．まずはタテ棒の長さ全体に着目しよう．これは，この1年間に新たに交際をした人たちのきっかけの分布をあらわしている．縦軸の左目盛りは，2007年調査時点では交際相手がいなかった人全体のうち，2008年調査で当該のきっかけで交際を始めたと回答した割合を示す．

現在，交際するきっかけとして多いものは，それぞれ3％強を占める友人・知人の紹介と，職場での出会いであった．前者は「友縁」と呼ばれ，結婚相手との出会いのきっかけでも最上位にあがるきっかけである．一方，後者は「職縁」と呼ばれ，もともと日本では多かったきっかけである（岩澤・三田 2005）．

交際のきっかけの量としてはほぼ同程度の「友縁」と「職縁」であるが，その中身の意味するところは大きく異なる．「職縁」が意図的な結婚活動を伴っていないのに対し，「友縁」のうち大半は自分から依頼して紹介されている，すなわち結婚活動の成果といえる部分から成っている．その証拠は，図表1-6のタテ棒のうち，灰色部分の大きさをみることで得られる．ここでは，当該のきっかけで交際開始した者のうち，異性と出会うためにその結婚活動をしたと

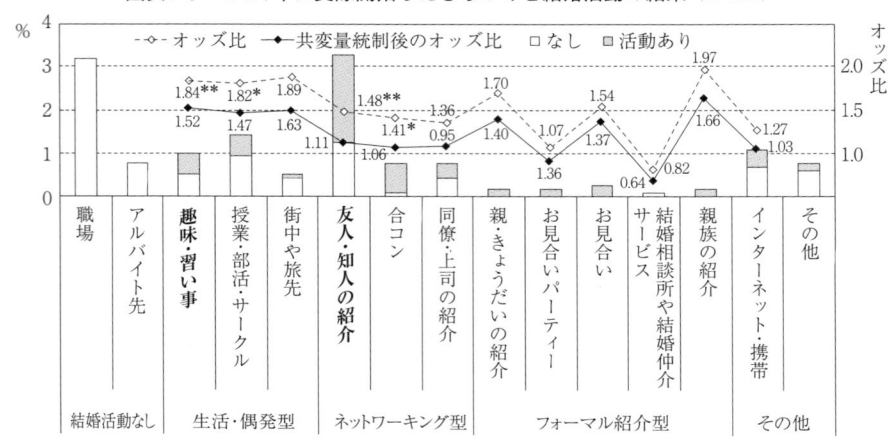

図表1-6　この1年に交際開始したきっかけと結婚活動の結果　(N=1192)

凡例: オッズ比（白丸破線）　共変量統制後のオッズ比（黒丸実線）　なし（白棒）　活動あり（灰棒）

職場（結婚活動なし）/ アルバイト先・趣味・習い事・授業・部活・サークル・街中や旅先（生活・偶発型）/ 友人・知人の紹介・合コン・同僚・上司の紹介・親・きょうだいの紹介（ネットワーキング型）/ お見合いパーティー・お見合い・結婚相談所や結婚仲介サービス・親族の紹介（フォーマル紹介型）/ インターネット・携帯・その他（その他）

オッズ比の数値: 1.84** / 1.82* / 1.89 / 1.48** / 1.36 / 1.70 / 1.07 / 1.54 / 1.97 / 1.27
共変量統制後: 1.52 / 1.47 / 1.63 / 1.11 / 1.41* / 1.06 / 0.95 / 1.40 / 1.36 / 1.37 / 0.64 / 0.82 / 1.66 / 1.03

注：*：p＜.1　**：p＜.05

回答した割合を灰色にして示している．それによれば，友人・知人の紹介のタテ棒のうち，およそ6割が灰色で塗られていることがわかる．つまり，「友縁」の半分以上が結婚活動によってもたらされたものと解釈できるのだ．

他に，交際相手と出会うきっかけとなることの比較的多いものには，授業・部活・サークルなどへの参加や，趣味・習い事，インターネット・携帯を通じた出会いがあげられる．これらのいずれも，自らが活動をした成果として交際に至ったものとそうではないものとでほぼ半々ずつを占めあう．つまり，そうした場で成立したカップルの皆が無意図的に，あるいは自然に出会っているというわけではなく，カップルのどちらかは交際相手を探す意図をもっていたケースがそれなりに多いということだろう．

では，成立したカップルを全体的にみたときに，結婚活動に基づく意図的な出会いと，それ以外のいわば「自然な」出会いとは，どちらが多いのだろうか．この問いには，図表1-6タテ棒の灰色部分と白い部分の面積の総和を比べることで答えられる．実際に計算すると，全体のうち結婚活動による出会いは4割程度，それに対して「自然な」出会いは6割ほどということになり，後者がどちらかといえば優勢であるといえるかもしれない．だがむしろ強調すべき点は，新たに成立したカップルのうちおよそ4割もが何らかの結婚活動による結果と

してもたらされたものであったという事実である．恋愛市場において，チャンスを求めて意図的に行動した結果の占めるウェイトは，決して少なくはない．

ここまでは，2007年から2008年のあいだに新規に成立したカップルに関して，どれだけが結婚活動によって生じたものか，構成割合を検討してきた．それは，結婚活動の成果とは意味合いが異なる．というのも，成果を問うのであれば，結婚活動をおこなった者の「成功」しやすさを，活動をしなかった者における「成功」のしやすさと比較しなければならないからだ．そのような比較のための統計量の1つに，オッズ比[8]と呼ばれるものがある．オッズ比が大きな値をとる結婚活動は，成果がもたらされやすい，すなわち当該の活動をしない場合に比べて，活動をした場合に相対的に有利になるとみなすことができる．

結婚活動の種類別にオッズ比をみていこう．図表1-6にて点線の折れ線で表現した数値は，結婚活動の成果をとらえたオッズ比であり，その目盛りは図表1-6の右側縦軸に示されている．星印を1つつけた数値は10％水準で統計的有意，2つつけたものは5％水準で統計的有意であることを示している．

傾向が比較的はっきりしているのは，ネットワーキング型よりも生活・偶発型のオッズ比の値が大きめであることである．前者に属する3項目ではオッズ比がだいたい1.4程度になっているが，後者の3項目では1.8ほどの値である．つまり，生活・偶発型の結婚活動をした人たちは，それをしない人たちの1.8倍くらい交際相手ができやすいわけである．生活・偶発型の諸活動は，どちらかといえば成果の出やすい部類の活動として位置づけられる．

フォーマル紹介型は，それに属する具体的な活動ごとにオッズ比の大きさがまちまちであることも，図表1-6の折れ線よりうかがえる．フォーマル紹介型の中には，成果があがりやすい活動もあればそうではないものもあり，多様さがうかがえる．それらの中で成果が大きめであるのは，親族の紹介および親・きょうだいの紹介といえる．オッズ比はそれぞれ1.97，1.70となっており，同様に他者からの紹介である，友人からの紹介のオッズ比1.48を上回る．おそらく，親や親族から紹介される際には，事前にかなりの程度で紹介相手の情報や意思をつかんでいるのではないだろうか．本人とマッチングしやすい特徴を持つ相手を紹介者である親や親族が事前に選別することができ，なおかつそ

の相手が真剣な交際をする心の準備ができていることさえも既知ならば，あとは本人が紹介を望めば成功確率が高くなることもうなずけよう．

お見合いは，親族や親から話が来ることもあれば，知人を通して話が来ることもあるものであるから，その効果の大きさが，親族の紹介の効果と友人・知人の紹介のそれとのちょうど中間程度に位置するのは納得しうる．どのようなルートでお見合いの話が進むかによって，成果の出やすさが異なるのかもしれない．

逆に，成果の得られにくい結婚活動は，お見合いパーティーと結婚仲介サービスである．これらに共通する特徴は，他の活動に比べて，市場化されている度合いが強いことである．それらの活動をおこなえば，日常の生活や，血縁者や知人のネットワークとはまったく異なる場面にて，新たな出会いを求めることができる．だがそれは，高額な登録料や参加費など対価の支払いを伴う．それゆえに，結婚活動をおこなう本人の設定する，交際相手が満たすべき水準はおのずから厳しいものになりがちになるのだろう．そうした事情は，相手側にとってもまったく同じことであって，こちら（本人）もまた厳しい目で評価されているわけである．結婚仲介サービスによる交際成立確率が高くないことは，既に指摘されている（経済産業省商務情報政策局サービス産業課 2006）．さらに結婚仲介サービスの会員たちは結婚相手に求める基準が高いため，交際成立の潜在可能性さえも低いことが明らかにされている（三輪 2007）．したがって，市場化された結婚仲介サービスやお見合いパーティーの交際成立にいたる確率が低いことは，まったく驚くことではなく，予期された範囲内の結果といえる．

既にみたように，オッズ比（点線）をもとに分析結果を解釈したところ，フォーマル型活動の一部を除けば，結婚活動をしている人たちはそうでない人たちよりも，交際相手ができやすいとみてよさそうである．活動をすることによって，平均的にみておよそ 1.5 倍程度，交際が成立しやすくなることが明らかとなった．しかしながら，ここでみた結婚活動の成果の得やすさが，純粋な効果といえるかどうかには疑問符がつく．なぜなら，結婚活動をすること自体が個人の性質や状況に依存して決まる，選択されるものだからである．結婚活動のような選択される行動の効果をとらえるためには，選択バイアスを補正しないといけないことは，しばしば指摘される（Breen 1996；Heckman 1974）．要す

るに，結婚活動をしたグループ，しなかったグループの2つが，等質であるようにデータを調整しないと，結婚活動の「真の効果」のほどを見誤る危険性があるのだ．

そこで，傾向スコア[9]による層別解析をおこなってデータ調整したうえで，共通オッズ比を再計算してみたものが，図表1-6の実線である．先ほどみた点線を「結婚活動の成果の得やすさ」とみなすならば，こちらの実線は「結婚活動の（より真に近い）効果」とみなして区別することが可能であろう[10]．すると，全体的に，オッズ比が縮小していることに気付く．すなわち，結婚活動は見かけ上成果はありそうではあるが，実のところ純粋な効果があるとは主張することはできないことになる．具体的にいえば，「友人・知人の紹介」を受けた人はそうしなかった人よりも1.48倍だけ交際相手ができやすいのは確かだけれども，それはおそらく異性が周囲にたくさんおり恋愛に意欲的な人がその活動をする傾向の反映に過ぎない．そうした個人特性の条件をほぼ同水準に調整したときには，「友人・知人の紹介」自体が持つ効果はほとんどないに等しい．また，12の活動の中では，1.97と最も高かった「親族の紹介」のオッズ比も，調整後には1.66にまで減少している．その他で何とかそれなりの大きさの値が残っているものは，生活・偶発型の活動くらいである．しかしそれらとて，統計的有意ではなく，効果の存在を裏付ける強い証拠は得られなかった．結局のところ，結婚活動そのものに効果があるかと問われれば，どちらかといえば否定的見解を示さざるを得ない．結婚活動で成果が上がっているようにみえるのは，活動へとコミットできるその人の性質によるものであって，活動自体が劇的な効果を約束するとは考え難いのである．

本節の結果を最後に要約しよう．新たに成立した交際のうちの4割を占めるものである以上，現代日本において結婚活動が，無視できない量的水準にあることは間違いない．そのうえ，結婚活動をする場合としない場合との成果を比較したところ，結婚活動をしたほうが概ね成果が得られやすいようであった．ただしそれは見かけ上のもので，個人特性などを調整した後には，ほとんど効果を見出すことはできなかった．以上のように整理はされるけれども，分析結果には留保すべき箇所もある．まず1年という短い期間内に個々の特定活動をおこなった対象者が少なかったため，結婚活動の効果を検出できなかったのか

もしれない．とりわけ生活・偶発型の活動は，効果の推定値は相応に大きめであり，その可能性を残す．まだまだ検討が不十分であることは認めざるを得ないが，日本全国をカバーしたパネル調査データによって，結婚活動の定量的分析をしたことの意義は小さくはあるまい．純粋な効果とはいえないものの，結婚活動によりもたらされた成果，すなわち新たな出会いや交際のチャンスは，決して少なくはないのである．これを本節の結論としたい．

6 現代未婚者の群像

本章では，未婚者の実像にせまるべく，未婚者類型の描出と，結婚活動の実態と成果・効果の分析を展開してきた．最後に，それらの知見から推察されうる現代日本における未婚者の多様な姿を，総括として述べる．

未婚者自身が回答した独身理由によって彼または彼女らの分類を試みたところ，概ね5つの類型に分かれることが明らかにされた．それらのうち，類型1（時期尚早），類型2（交際中で時期待ち）は，皆婚とされた時代でも存在したであろう類型である．では，それら類型に属する若年者たちはこの後結婚が待っているのかといえば，それには疑問符がつく．まだ結婚には早いと構える類型1の人たちでも，結婚をしないまま歳月を経ていくと，他の類型へと変わることがほぼ確実である．類型2も，「永過ぎた春を過ごす」（山田・白河 2008：71）可能性も否定できないし，交際相手と別れた後には別の未婚者類型へと移らざるを得ない．結婚との「距離」が比較的近そうに思えるこれらの類型でさえも，不確実性の中で生きている以上，決して結婚への道が約束されているということはない．

類型3（結婚しようとしていない）は，結婚をしないという選択を現在時点ではしていると思われるグループである．この類型に属する人には，結婚活動をするよう働きかけても，当面はあまり効果的ではないだろう．だが独身理由は時間に伴い変化する余地を残すものであるので，このタイプの人でも考えを変えて別類型に移るとか，交際相手ができたことで一変するなどもありうる話と思われる．この類型の中にも，考えの変わりやすい人も変わりにくい人もいることはほぼ自明で，固定的とみなすのは誤りである．

類型4(経済的事情)については，直面している課題がきわめて明確である．とにもかくにも，現在そして将来的に，お金に関して不安が消えないわけである．自分が一家の稼ぎ手にならなければいけないと思っているからか，この類型に属する者には男性が多い．ではお金さえあればよいかというと，そう単純ではない．中長期的なライフコース展望に基づいた意思決定である結婚に関しては，短期的な補助金制度などではとても支援にはならない．橘木(2008)はこの層を念頭において，最低賃金を上げることや職業訓練を通じた雇用促進などで，若年者の経済的生活支援策が重要と説く．若年者が安心して生活設計をできるような社会へと変わっていかない限り，この類型は縮小し難い．

最後が，類型5(出会いがない)である．恋愛結婚がほとんどを占めるようになった現代日本の結婚市場では，出会いの機会がないゆえに交際相手ができないことが，主たる独身理由であるのはまず間違いないと思われる．この類型が未婚者のうちの最大多数派となるのは何ら不思議なことではあるまい．この類型に属する人たちは，平均的には，結婚意欲も非常に高いし，特に他の制約もみられない．結婚したいが断念させる条件が特にあるわけではない．ただただ相手がいないのだ．その現状から，彼，彼女らが結婚へと歩みを進めていくために，何をすることができるだろうか．その1つの答えになりうるのが，結婚活動である(山田・白河 2008)．

さまざまな結婚活動が誰により担われ，そして交際成立という成果をもたらすのかを，本章では検討した．発見された重要な事実の1つは，思いのほか多くの人が結婚活動をしており，新たに成立したカップルのうちかなりの部分が結婚活動によりもたらされたということである．現代の恋愛において，結婚活動は無視しえぬ重みをもっているといえる．

しかし，結婚活動が生み出す成果を，純粋な「効果」としてとらえることはできない．どういうことかというと，個人の特性からみて，交際相手ができやすい人たちが結婚活動をして成果をあげていることによる「見かけ上の効果」があらわれている可能性を否定しがたいのである．もう少し具体的に例示しよう．仮に，もともと結婚活動をしていない人がいるとする．その人がある日突然，結婚活動をしたとしても，それで交際が成立するようになるとはとても思えないということが，分析結果から示唆される姿である．

とはいえ，結婚活動は無駄だからやめろといいたいわけでは決してない．結婚活動に取り組むことで自身が磨かれるのはありうる話で，結婚に向けた交際をしたい人にとっては，一定の意義を認めるべきだと考える．そう述べるのには，いくらかの理由がある．まず本章で検討したのは，実際に出会いの機会を求める行動という，いわば狭義の結婚活動だけに限られ，結婚活動すべてに対し実証的評価を与えたわけではない．コミュニケーション能力の向上であるとか，自身の身なりを整えることなどまでを含めて結婚活動を広義にとらえた場合，そのような自己修練的な要素の効果は検討の射程外であって，いまだ未知の検証されるべき課題として残されている．さらに，先に述べた自己修練というのは，結局は個人特性を変えることにつながるといえるが，そのことは本章の分析の知見を超えるものとなりうる．結婚活動をすることに伴い個人特性が変わっていき，交際相手ができやすくなることも可能性として開かれているのではないだろうか．

山田・白河（2008）が，あえて就職活動のアナロジーとして結婚活動と呼んだのには，そのような個人特性の変化までも含めての広義のとらえかたが背景にあったゆえであろう．結婚活動の問題は，表立って顕現する，出会いの機会に限定されるわけではないのである．現代の未婚者がさまざまいる中で，最もシンプルな独身理由による，最も大きな割合を占める人たちにとって，結婚活動とは，自発的に行動可能であり，また周囲や政策による介入可能な具体的手段であるのだ．それが個人と社会にもたらす貢献を，注意深く見守る必要があるだろう．

謝辞

「働き方とライフスタイルの変化に関する全国調査」（Japanese Life course Panel Survey, JLPS）データの使用にあたっては，東京大学社会科学研究所パネル調査プロジェクトの許可を得た．

註

1）たとえば2008年の第25回ユーキャン新語・流行語大賞では，トップ10入りこそならなかったものの，ノミネート語として選出された（http://singo.jiyu.co.jp/index.html）．他にも，有名俳優を起用してのドラマ化もなされた（http://www.fujitv.co.jp/konkatsu/index.html）．

2）例外的に，日本全国の若年層に対する無作為抽出標本調査において結婚活動をとらえた研究成果に石田ほか（2008）や村上（2010）がある．
3）対応分析については，中井（2006）や Greenacre（1984）などを参照されたい．
4）「75万未満」から点線が出ているが，その先にある▲は「75万以上150万未満」，さらに点線をたどると「150万以上250万未満」へというように，収入の昇順にしたがって続いている．
5）具体的には，K-means クラスター分析という手法で，求めるべきクラスター数を5と設定したうえで独身理由17項目の回答パターンの分析をおこなった．クラスター分析の説明や実行方法については，林（2007）などを参照のこと．
6）別稿（三輪 2009）において筆者は，異なる統計手法を用いて本章でいう類型3〜5にほぼ相当する3つの類型を析出した．それは方法の違いによるものではなく，別稿では30歳代後半世代かつ交際相手がいない者だけに限定して分析をしたことに主に起因する．
7）類型5以外のクラスターにも，「適当な相手とめぐり会わない」と回答した人がいるので，ここでのクラスター分析の構成割合と図表1-2の回答割合の結果は完全に一致するわけではない．
8）成功する確率 p を成功しない確率 1-p で除して，成功のしやすさを数量化した値は，オッズと呼ばれる．オッズ比とは，注目する集団のオッズを，比較基準とする集団のオッズで除した値のことである．それら2つの集団の成功しやすさが等しければ，オッズ比は1になる．オッズ比が1を超えて＋∞に近づいていくほど，比較基準集団に比べて注目する集団のほうが成功しやすいという意味になる．逆に1を下回り0に近づくほど，注目する集団のほうが成功しにくいことを意味する．
9）傾向スコア（propensity score）は，調査データから因果推論をおこなう際の問題点を解消するための方法の総称である．選択バイアスの除去，共変量調整などに用いられる．詳しくは，Guo and Fraser（2009）や星野（2009）などの成書を参照されたい．
10）結婚活動の成果や効果に関する本章の分析結果について，過大評価を慎まなければならない4つの理由がある．第1の理由は，オッズ比の統計的検定結果である．諸活動のオッズ比の値が，結婚活動の効果を証明するに足る水準に達しているとまではとてもいえない．全12項目中で，通常用いられる5パーセント水準で統計的に有意であるオッズ比は，趣味・習い事と友人・知人の紹介のわずか2つだけしかない（図表1-6では斜体太字で表示）．第2の理由は，ここでの分析の成功確率はあくまで「1年後に交際相手がいること」であって，必ずしも当該活動によって交際に至ったとは限らないことである．たとえば，合コンに行った者で新たに交際相手ができた者がいたとしても，その相手は合コン以外で知り合ったかもしれない．ゆえに，今回算出したオッズ比は純粋な効果以上のものとみるべきである．第3の理由は，結婚活動をする人としない人のあいだで，恋愛経験豊富であったり意欲的であったりというように，個人の性質が異なる可能性があることである．傾向スコアを用いた分析結果はそれをある程度考慮したものだが，完全に個人の性質の違いを統制できているわけではない．そして第4の理由は，ここでの分析は1人の人間を単位とした分析であって，1回の活動を単位とした分析ではないことである．1人の人間が，1年間に，何回も繰り返し合コンに行ってそのうちの

1回だけ交際成立するようなことはありうる話だが，その場合，本来は1回の合コンでの成功確率は低いはずだ．にもかかわらず，計算されたオッズ比が，まるで1回の合コンでの成功しやすさのように感じられてしまう危険性がある．本章の分析は，あくまで1人の人間の1年間の交際移動をみたものであることを忘れてはならない．

文献

Breen, R., 1996, *Regression Models: Censored, Sample-selected, or Truncated Data*, Sage.
Greenacre, M. J., 1984, *Theory and Applications of Correspondence Analysis*, Academic Press.
Guo, S. and M. W. Fraser., 2009, *Propensity Score Analysis: Statistical Methods and Applications*, Sage.
林雄亮，2007,「第13章　クラスター分析」村瀬洋一ほか編『SPSSによる多変量解析』オーム社：273-298.
Heckman, J. J., 1974, "Shadow prices, market wages, and labor supply," *Econometrica* 42：679-694.
星野崇宏，2009,『調査観察データの統計科学——因果推論・選択バイアス・データ融合』岩波書店.
石田浩・三輪哲・村上あかね，2009,「『働き方とライフスタイルの変化に関する全国調査（JLPS）2008』にみる現代日本人のライフスタイルと意識」『中央調査報』616号：1-7.
岩澤美帆・三田房美，2005,「職縁結婚の盛衰と未婚化の進展」『日本労働研究機構』535号：16-28.
経済産業省商務情報政策局サービス産業課，2006,『少子化時代の結婚関連産業の在り方に関する調査研究報告書』経済産業省商務情報政策局サービス産業課．
国立社会保障・人口問題研究所，2007,『わが国独身層の結婚観と家族観——第13回出生動向基本調査』厚生統計協会.
国立社会保障・人口問題研究所，2010,「人口統計資料集　2010年版」(http://www.ipss.go.jp/syoushika/tohkei/Popular/Popular2010.asp?chap=0).
三輪哲，2008,「結婚市場における結婚情報サービス産業の有効性」『家族形成に関する実証研究Ⅱ』(SSJDA Research Paper Series 39) 東京大学社会科学研究所：29-48.
三輪哲，2009,「潜在クラスモデル入門」『理論と方法』24(2)：345-356.
村上あかね，2010,「若者の交際と結婚活動の実態」山田昌弘編『「婚活」現象の社会学』東洋経済新報社：44-64.
中井美樹，2006,「複数のカテゴリー変数の類似性を検討する：双対尺度法と数量化Ⅲ類」与謝野有紀ほか編『社会の見方，測り方——計量社会学への招待』勁草書房：296-302.
佐藤博樹・中村真由美，2007,「なぜ「パートナーに出会えない」のか」『家族形成に関する実証研究』(SSJDA Research Paper Series 37) 東京大学社会科学研究所：1-11.
橘木俊詔，2008,『女女格差』東洋経済新報社.
山田昌弘，1999,『パラサイトシングルの時代』ちくま新書.
山田昌弘・白河桃子，2008,『「婚活」時代』ディスカヴァー携書.

第 2 章

職縁結婚の盛衰からみる良縁追及の隘路

岩澤美帆

1 配偶者選択に依存する社会

　家族社会学者ヴァレリー・オッペンハイマーは，満足のいく結婚は2つの補完的な方法で成就すると述べている．1つは相手を厳密に選択することによって，そしてもう1つは結婚後に相互に理解を深め，関係の質を向上させることによってである（Oppenheimer 1988）．この配偶者選択（mate selection）と結婚後の協調（post-marital socialization）のどちらに重きがおかれるかは時代や社会によっても異なるが，結婚に対する理想が高まるほど，結婚後の協調による補完は難しくなり，配偶者選択過程に依存する度合いが強くなると考えられる．
　近年，独身男女の「出会い」が注目されるのも，満足のいく結婚を手に入れるためには，できるだけ理想的な相手と出会う必要があるという認識が広がっているからであろう．そしてこの配偶者選択への依存は，今日の先進社会の諸条件のもとでは，晩婚化，すなわち「適当な相手にめぐり会えない」[1]という現象を引き起こすと考えられる．
　本章では，日本における配偶者選択の現状と課題を整理するために，冒頭のオッペンハイマーによる結婚タイミングに関する古典的な理論枠組みを活用する．経済学における職探し理論を援用したこのモデルは，女性の社会経済的地位の変化が結婚のタイミングに与える影響を現実的に説明することで有名であるが，他にも配偶者探索のコストや効率性といった重要な視点を提供する．こ

うした観点から，日本における見合い結婚や職縁結婚の減少を捉えなおし，今日の日本社会が直面する良縁追求の隘路について論じていこう．

2 職探し理論と晩婚化

職探しと結婚相手探しには共通点が多い．不完全情報のもとで求職者と雇用主が合意に至る過程を理論化した職探し理論（job-search theory）は，しばしば配偶者選択過程の分析に応用されてきた[2]．職探し理論では，就職活動には直接的にも間接的にもコストがかかることに着目する．そして求職者は，究極の天職がみつかるまで探し続けることはせず，留保賃金（reservation wage）というものを設定し，この留保賃金を超える賃金が提示されれば就職し，下回るなら拒否すると仮定する．なお，この留保賃金が高く設定されると，そうした仕事の分布は通常少ないので，求職期間は長期化すると予想される．つまり留保賃金は，仕事から得られる見返りと求職活動にかかるコストとの兼ね合いによって決定されると考えられる．したがって，失業手当などの支援は，求職者が留保賃金を高く設定したまま求職を続けることを可能にする．なお，あまりにも求職コストが高い，あるいは仕事から得られる見返りが少ないと感じられると，求職者は労働市場から離脱してしまう．いわゆる就業意欲喪失者（discouraged worker）の発生である．

さて，この理論を配偶者選択に当てはめてみたい．まず，結婚希望者は相手に関する不完全な知識のもとで，より良い相手を選ぶ必要がある．世界中のあらゆる独身者を比較検討するというわけにはいかないので，就職活動と同様，結婚相手に関する妥協水準を設定し，それを超える相手なら結婚に踏み切ると考えられる．もしも，結婚生活のメリットに代わる環境，たとえば親が経済的に支援してくれたり，気の合う異性や友人と楽しく過ごせたり，ペットに癒されたりということがあれば，先ほどの失業手当と同じ効果をもたらし，妥協水準を下げることなく結婚相手探しに時間をかけること（結婚の先送り）ができると考えられる[3]．そしてもし，結婚相手探しに多大なコストがかかる（出会いや交際のための出費がかさむ，時間がとれないなど），あるいはそれに見合うだけの結婚が期待できないと感じれば，結婚希望者は結婚意欲喪失者となってし

まう.

　オッペンハイマーは, 米国における女性の結婚年齢の上昇を以下のように説明する.「似合い」の相手 (assortative mating, 同類婚) をみつけるためには, 相手の情報を十分に得ることが必要であるが, 結婚は一生の問題であるため, 相手の資質も, 将来にわたって評価する必要がある. 女性の就業がまれである時代は, 女性の資質は, 家事能力や容姿など, 比較的若い年齢でも生涯の見通しを予測できた. しかし男女の社会経済的地位に差がなくなると, 女性の資質も生涯にわたる仕事の仕方や所得によって評価されるようになる. その結果, 以前よりも若年時における資質の見通しが不確実になり, 結婚合意までに時間を要するようになったというものである (Oppenheimer 1988). これは, ゲーリー・ベッカーの理論 (Becker 1981) に代表される, 女性の労働力率の上昇が家庭内分業によるメリットを低下させ, 結婚離れを引き起こすという説明よりも, 米国の現実に合致しているといわれてきた. すなわち, 米国で起こったことは就業女性の非婚化ではなく, 晩婚化であり, しかも女性の社会経済的地位が高く安定していることは, 結婚確率にむしろ正の効果をもたらすことが明らかにされている (Qian and Preston 1993 ; Oppenheimer and Lew 1995 ; Sweeney 2002).

　日本については高学歴女性ほど未婚率が高いといった傾向が確認されており, 米国とは事情が異なるとされてきた (Tsuya and Mason 1995 ; Raymo 2003 ; 福田 2007). ただし近年では, フリーターなどの非典型雇用者や所得の低い男女, とりわけ男性は, 典型雇用者よりも未婚率が高いことが指摘されており (永瀬 2002 ; 酒井・樋口 2005 ; 水落 2006 ; 2007 ; 福田 2007), 生涯にわたる経済的な見通しの難しさが結婚の決断を遅らせるといった仮説は, 日本においてもある程度支持されているといえよう.

3　結婚市場と仲介メカニズムの役割

　このようにオッペンハイマーは, 米国における晩婚化の原因として, 結婚に対する評価軸の変化 (性別分業に基づく生活基盤の確立から, 夫婦共働きを前提とした経済的安定の追及へ) が起きるとともに, 一部の集団 (女性や非専門的な労

働に従事する男性）において経済的安定を生涯にわたって得ることが難しくなっていることを指摘した（Oppenheimer 1988；2000）．しかし職探し理論を応用した配偶者探索理論では，探索期間を長期化させる原因には，結婚から期待できる見返りの不透明さのみならず，相手探しのコストの高さ（効率性）も重要な要因の1つとされる．広大な結婚市場の中で相手を探索する場合，潜在的な良縁の絶対数は多いものの，1つ1つの出会いの中で納得する相手にたどり着く出会いあたりの確率は低くなる．他方，何らかの事前知識を活用して市場の範囲を最初から限定し，可能性の高い相手とのみ接触を図るという戦略もあろう．実は，現実の社会は，こうした効率的な縁組の仕組みを有していることが多い．家族社会学者ディクソン（Dixon）は，社会における結婚変動の要因として"結婚のしやすさ feasibility"，"結婚の望ましさ desirability"，そして"結婚相手の得られやすさ availability"という3つの側面をあげている（Dixon 1971）．この中の"相手の得られやすさ"として彼女は，当該地域における結婚可能な男女の人口バランスのほか，その社会にどのような配偶者選択の機会があるか（たとえば見合い文化の有無）をあげている[4]．日本についても，未婚化現象に詳しい阿藤が，結婚成立の条件として仲介メカニズムの重要性をあげるなど（阿藤［1992］2004），専門家の間では配偶者選択を効率的に進める仕組みが結婚発生を大きく左右することが認識されてきた．今日の日本では結婚の望ましさ（結婚に代わるライフスタイルや生きがいの登場），しやすさ（不況による雇用環境の悪化など）の側面で重大な変化が生じていることは確かであるが，相手の供給や仲介システムといった構造的側面でも大きな変化が起きているのではないかというのが，本章で指摘したい点である．

　供給面の問題として最も有名なのは，適齢期男女人口のアンバランスがもたらす結婚難現象（marriage squeeze）であろう（Akers 1967；Schoen 1983；Anzo 1985）．確かに今日の日本は，第1次ベビーブーム世代が結婚適齢期年齢を過ぎて以降，出生時の性比の影響の存続[5]とあいまって，適齢期独身男性の過剰状況が続いている．しかしこの理論のみでは，本来，相手探しに有利なはずの女性の晩婚化を説明できない．そこで，女性の未婚化については，男女が互いに相手に望む条件のミスマッチが指摘されている．もし女性の上方婚意識（女性は自分より社会経済的地位が高い男性を配偶者に望むという意識）が維持され

ているならば，男女の学歴差の縮小は，低学歴男性と高学歴女性の結婚相手人口の不足を招くからだ（山田 2000 ; Raymo and Iwasawa 2005）．

しかし本章では，構造的要因のもう1つの側面である配偶者選択の範囲や仲介メカニズムに焦点をあててみたい．人々がどのような相手とどのようなネットワークを通じて出会い結婚しているかは，その社会における同質性へのこだわりや社会的不平等の再生産を理解する上で重要なポイントであり，こうした観点からの研究も数多くあるが（Mare 1991 ; Blossfeld and Timm 2003 ; 三輪 2007），ここでは結婚変動，すなわち未婚化の背景として注目する．

以下では国立社会保障・人口問題研究所がほぼ5年おきに行っている「出生動向基本調査」[6]における夫妻の出会いのきっかけ別にみた婚姻率に着目し，良縁に到達するためのコストと効率性の問題を考えることとする．なお，パートナー探索の距離的・時間的アクセシビリティについての具体的な検討については中村・佐藤による第3章を参照されたい．

4　配偶者との出会いのきっかけ

恋愛結婚の主流化

出生動向基本調査では，1982年の第8回調査以降，夫妻の出会いのきっかけを尋ねている（国立社会保障・人口問題研究所 2007a ; 2007b）．調査では8つの選択肢があるが，これを配偶者探索の市場規模とコストという観点から5つに分類してみたい．

まず，「街なかや旅先で」の出会いは，最も広い結婚市場からの発生と考えられるので「偶発型」とする．偶然の出会いはどこでどのような人と出会うかまったく条件がなく，相手についての事前の情報も皆無に等しい．続いて「学校で」「幼なじみ・隣人関係」「学校以外のサークル活動やクラブ活動・習いごとで」といった，日常生活の中で接点のある人々が対象となる出会いは「生活圏型」とまとめることができる．生活の場に限定されるので偶発型よりは範囲が狭まるが，相手についての情報や共通の資質などが多くなると考えられる．次にあげられるのは「職場や仕事の関係で」に対応する「職縁型」である．職場は結婚適齢期の男女が長い時間を過ごす生活圏の一部であるとともに，仕事

に絡んだ互いの資質や将来見通しについて多くの情報が得られる点で有利である．最後に，ある意味で最も市場としては限定的なのが「紹介型」であろう．当事者が選ぶ以前に，すでに候補者についての詳細な情報をもつ紹介者によって選別されているため，「似合い」の相手（assortative mating）である確率は極めて高く，効率性という意味では悪くないはずである（ただし「似合い」の相手が「気が合う」相手とは限らない）．一方で仲介者が適した人を紹介してくれるためには，日頃から信頼関係の構築を図ったり，紹介後も良好な関係を維持するために気を遣うなど，偶発型や生活圏型にはないコストが発生する可能性もある．紹介型は友人や兄弟姉妹を通じたインフォーマルな紹介と，親せきや上役などの紹介に基づく，比較的フォーマルな見合いとに分けることができる．

なお，選択肢としては明示されていないが，結婚情報サービスなどを利用した出会いは，ここでは「その他」に含まれると考えられる．互いの資質をデータ化してマッチングさせる方法や，専門家がカウンセリングを通じて適当な相手を紹介するなど，さまざまな方式があるので一概には区分できないが，専門家が本人に代わり資質の合いそうな相手を選定するというサービスに対して利用者は対価を払っていると考えることができよう．

このように，結婚市場の規模や効率性が異なる出会いのきっかけであるが，出会った相手に質的な違いはあるのだろうか．これについて社会学者の上野千鶴子が興味深い指摘をしている．一般に恋愛結婚は見合い結婚で重視されるような客観的な条件（学齢や出身階層など）とは無関係に成立するイメージがあるかもしれないが，実際には恋愛結婚と見合い結婚における「同類婚」の割合はさほど変わらない．すなわち，両者の選択基準に差異はなく，選択過程が内面化され，より「主体的」に相手を選んだと感じられる形態をわれわれは「恋愛結婚」と呼んでいるに過ぎない（上野 1995）というのである．

さて，図表2-1には，初婚者に限定し結婚年別に夫妻の出会いのきっかけの構成比を示した．1980年前後には3割をしめていたフォーマルな紹介型である見合い結婚はその後減少し，2005年以降では6%を占めるにとどまっている．代わって「職場や仕事で」「学校で」といった生活の場における出会いが増えてきたが，近年では「友人やきょうだいを通じて」が主流となっていることが

第 2 章　職縁結婚の盛衰からみる良縁追及の隘路

図表2-1　結婚年別，配偶者との出会いのきっかけの構成

(%)

調査 (調査年次)	総数	偶発型	生活圏型				職縁型	紹介型 (インフォーマル)	紹介型 (フォーマル)	その他 ・不詳
		街なかや 旅先で	学校で	幼なじみ ・隣人	サークル・クラブ 習いごとで	アルバイトで	職場や 仕事で	友人・兄弟 姉妹を通じて	見合い 結婚	
第8回調査 (1982年)	100.0	8.2	6.1	2.2	5.8	—	25.3	20.5	29.4	2.5
第9回調査 (1987年)	100.0	6.3	7.0	1.5	5.3	—	31.5	22.4	23.3	2.7
第10回調査 (1992年)	100.0	6.2	7.7	1.8	5.5	4.2	35.0	22.3	15.2	2.0
第11回調査 (1997年)	100.0	5.2	10.4	1.5	4.8	4.7	33.5	27.0	9.7	3.1
第12回調査 (2002年)	100.0	5.4	9.3	1.1	5.1	4.8	32.9	29.2	6.9	5.2
第13回調査 (2005年)	**100.0**	**4.5**	**11.1**	**1.0**	**5.2**	**4.3**	**29.9**	**30.9**	**6.4**	**6.8**

注：「出生動向基本調査」(第8回〜第13回)(国立社会保障・人口問題研究所2007a)．各調査時点より過去5年間に結婚した妻50歳未満の初婚どうしの夫婦について．見合い結婚とは出会いのきっかけが「見合いで」，「結婚相談所で」の結婚．第8, 9回調査は「アルバイトで」を選択肢に含まない．標本数：第8回 (1,298)，第9回 (1,421)，第10回 (1,525)，第11回 (1,304)，第12回 (1,488)，第13回 (1,076)．

わかる．また「その他」が増えていることから，インターネットを利用したものなど，新しい出会いのパターンがあらわれている可能性が考えられる．

恋愛結婚は増えている？

　図表 2-1 は結婚した夫婦に占める構成比の変化であった．見合い結婚の割合が減り，近年結婚した夫婦のほとんどが恋愛結婚であることがわかる．しかしこれは，最近ほど恋愛結婚が発生しやすいということを必ずしも意味しない．なぜならば結婚そのものが減少しているからである．そこで，結婚の起こりやすさにより近い指標である，未婚者人口に対する初婚の発生率（対未婚者初婚率）に着目し，見合い結婚と恋愛結婚に分けて示してみたところ図表 2-2 のようになった．1970 年代以降，見合い結婚の発生が急激に落ち込んでいることがわかるが，その間，実は恋愛結婚についても発生率が低下傾向にあることがわかる．

　このような恋愛結婚の低迷の背景にはどのような変化があるのであろうか．ここで先ほど触れた詳細な出会いのきっかけに再び注目したい．図表 2-3 は，

第Ⅰ部 「出会い」への期待と機会

図表2-2 恋愛結婚・見合い結婚の別にみた女性の対未婚者初婚率の推移

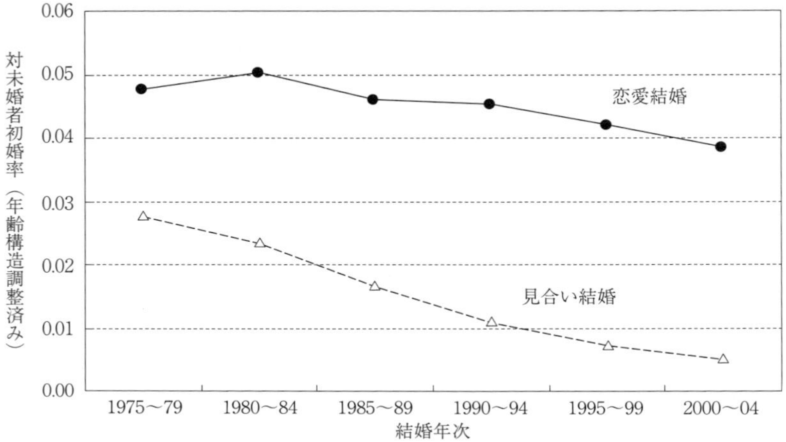

注：対未婚者初婚率とは，当該年次に発生した初婚数（ただし同年同居のみ）を，その年の未婚女子人口で割ったものである．未婚女子人口は，総務省統計局による日本人女子の10月1日推計人口に，「労働力調査」から求めた未婚者割合を乗じて算出した．出会いのきっかけの構成比は「出生動向基本調査」（国立社会保障・人口問題研究所 2007a）による．ここでは年齢構造を標準化して求めた結果を時系列で比較している．

女性の年齢別（5歳階級別）対未婚者初婚率を出会いのきっかけ別にみたものである．左が1970年代後半のものであり，右が2000年以降の現在の状況を示している．2つの時代で最も大きく異なるのは，見合いによる初婚発生率であろう．1970年代後半には，毎年，20歳代後半未婚女性の1割近くが見合いで結婚していたことがわかる．現在では同年齢層における発生率は200人に1人でありその変貌ぶりは著しい．続いて目を引く変化は職場や仕事を通じた職縁結婚である．1970年代には明らかに他の恋愛結婚とは異なる発生率を誇っていた．しかしながら今日では友人やきょうだいを通じての結婚の発生率とほとんど変わりない．他の出会いのきっかけについても低迷傾向がみられるが，見合いと職縁における変化に比べれば変化は小さいといえる．

つまり，1970年代以降の初婚率の低下は，見合いといったフォーマルな紹介型結婚の減少分と，職場を通じた出会いによる結婚の減少分によって，ほとんど全てを説明できるということになる．さらに「見合いで」という選択肢には"親せきや上役の紹介を含む"という但し書きがあり，見合い結婚の中には

Book review

12月の新刊

DECEMBER 2013

〒112-0005 東京都文京区水道2-1-1
営業部 03-3814-6861 FAX 03-3814-6854
ホームページでも情報発信中。ぜひご覧ください。
http://www.keisoshobo.co.jp

表示価格には消費税が含まれております。

コミュニタリアニズムの世界

小林正弥・菊池理夫 編著

サンデルをはじめとしたコミュニタリアニズムの多様な思想的世界をさらに深く探求し、包括的に認識し、自分自身で考えてみたいと思う人のために。

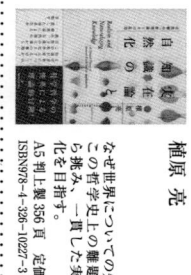

A5判上製404頁 定価4200円
ISBN978-4-326-10226-6

実在論と知識の自然化

自然種の一般理論とその応用

植原 亮

なぜ世界についての知識が成立するのか。この哲学史上の難題に自然主義の立場から挑み、一貫した実在論から知識の自然化を提唱。

A5判上製356頁 定価5985円
ISBN978-4-326-10227-3

---

bibliotheca hermetica 叢書

パラケルススと魔術的ルネサンス

菊地原洋平 著

シリーズ認知と文化 9

ヒトは病気とともに進化した

太田博樹

Book review

DECEMBER 2013

12月の新刊

リベラル・ナショナリズムと多文化主義
イギリスの社会統合とムスリム
安達智史

リベラルなナショナリズムは、多文化と多分化の間に揺れるイギリス社会の連帯の基礎となりえたのか？ 労働党政権の試みを振り返る。
A5判上製 528頁 定価7350円
ISBN978-4-326-60259-9

オバマの医療改革
国民皆保険制度への苦闘
天野 拓

増え続ける医療難民にアメリカはどう立ち向かうのか。無保険者削減をめざす医療改革の全容を

12月の重版

書物としての新約聖書
田川建三

二世紀から五世紀にかけての正典化の歴史を第一巻で扱い、以下、新約各巻の書物の成り

双書エニグマ②
フレーゲ入門
生涯と哲学の形成
野本和幸

現代論理学の創始者として知られるフレーゲ。近年進展してきたフレーゲの伝記的研究をま

勁草書房
http://www.keisoshobo.co.jp
表示価格には消費税が含まれております。

書評掲載書のご案内

日本経済新聞（12月1日）書評掲載

途上国の旅：開発政策のナラティブ

浅沼信爾・小浜裕久

開発途上国には様々な発展パターンがある。開発独裁で成功した国、開発独裁に陥った国、ガバナンスに失敗した国、「資源の呪い」を経験した国、ポピュリズムに陥った国——。成功と失敗を分けたものは何なのか。開発経済学の立場から、著者自身が実際に検分した国々を対象に経済の発展段階に至る経緯をつぶさに観察し、学生・研究者のためにその実際を解き明かす。

A5判上製376頁
定価3885円（本体3700円）
ISBN978-4-326-50386-5

毎日新聞（12月1日）／朝日新聞（11月17日）書評掲載

アノスミア
わたしが嗅覚を失ってからとり戻すまでの物語

モリー・バーンバウム／ニキ リンコ［訳］

においを感じない、何のにおいかわからない——嗅覚にこうした障害をもつ「アノスミア（嗅覚脱失）」は100人に1、2人ともいわれる。シェフ志望だった著者も、事故でにおいのない世界の住人になった。見えない障害と向き合いながら、オリヴァー・サックスら神経科学者や香料開発者への取材を重ね、未解明な「におい」の面白さを当事者の立場から描く。

四六判上製344頁
定価2520円（本体2400円）
ISBN978-4-326-75051-1

A5判上製 336頁 定価 5565円
ISBN978-4-326-14827-1

ジャン・ニコ講義セレクション8
進化の弟子
ヒトは学んでヒトになった

キム・ステレルニー 著
田中泉吏・中尾 央・源河 亨・
菅原裕輝 訳

ヒトがヒト、なぜ、ヒトは人間になったのか？ 人類進化の謎を長年追い続けてきた一見風変わりな科学哲学者による渾身の著作。

四六判上製 360頁 定価 3570円
ISBN978-4-326-19964-8

実演家概論
権利の発展と未来への道

公益社団法人日本芸能実演家団体協議会
実演家著作隣接権センター (CPRA) 編

国内外の有力な著者が実演家の権利とあり方を理論的に詳細に論じる、わが国における初めての理論書である。

A5判上製 472頁 定価 4200円
ISBN978-4-326-40287-8

四六判上製 232頁 定価 2835円
ISBN978-4-326-19945-7

金融から学ぶ民事法入門【第2版】

大垣尚司

ライブステージの中での具体的事例を通して関連民事法を解説する金融実務に携わる社会人と金融界を志す学生のためのガイドブック。

A5判並製 384頁 定価 3045円
ISBN978-4-326-40286-1

国際金融・経済成長理論の基礎

大瀧雅之

新古典派のミクロ経済動学的要因をみたすケインズ理論を応用して、国際金融論と経済成長理論を論ずるケインズ理論研究の集大成。

A5判上製 196頁 定価 3360円
ISBN978-4-326-50289-6

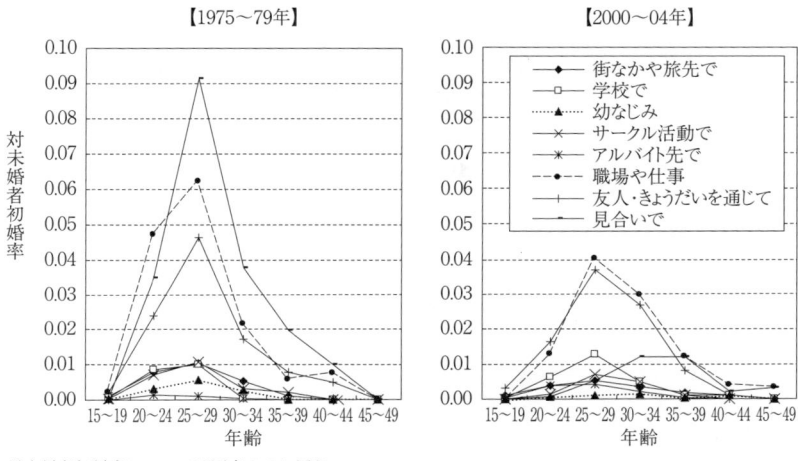

第2章　職縁結婚の盛衰からみる良縁追及の隘路

図表2-3　出会いのきっかけ別にみた女性の年齢別対未婚者初婚率

【1975～79年】　　　　　　　　　　【2000～04年】

凡例：
- 街なかや旅先で
- 学校で
- 幼なじみ
- サークル活動で
- アルバイト先で
- 職場や仕事
- 友人・きょうだいを通じて
- 見合いで

注：対未婚者初婚率については図表2-2に同じ．

職縁とみなせる出会いが含まれる．実際，1940年代から80年代前半までの配偶者選択に関する調査分析をおこなった今泉・金子（1985）によれば，見合い結婚の紹介者は，1950年代までは親族が中心であったが，60年代，70年代を通じて，非親族中心へと移り変わり，とくに職場関係の友人・知人が増えていることが示されている．すなわち見合い自体も当時職縁化していたことが窺える．ちなみに，こうした傾向は農村よりも都市部で顕著であったという．

つまり，1970年代の結婚ブームを支えたのは，職場や仕事に関係したネットワークであったといえる．そして，その後の初婚発生の低迷は，こうした職場のネットワークに何らかの変化があったことを示唆する．

ちなみにこのような職場における出会いというのは，諸外国ではどのような位置を占めているのだろうか．2005年に内閣府が実施した「少子化社会に関する国際意識調査」（内閣府政策統括官（共生社会政策担当）2006）の結果を参照してみよう（図表2-4）．この調査では20～49歳の同居パートナーのいる男女に，結婚相手および同棲相手との出会いのきっかけを訊ねている．職縁結婚は日本では最も多い出会いとなっているが，諸外国では必ずしもそうではない．それぞれの国の特徴を示すと，韓国は親・親戚の紹介，アメリカは学校，フラ

図表2-4　主要国別，結婚・同棲相手との出会いのきっかけの構成

(％)

国	総数(標本数)	偶発型		生活圏型					職縁型	紹介型(インフォーマル)		紹介型(フォーマル)		その他・不詳		
		街なかや旅先で	インターネットで	学校で	幼なじみ・隣人関係	学校以外のサークル・クラブなどで	学生時代のアルバイト先で	同郷ということで	職場や仕事の関係で	友人やきょうだいを通じて	親・親せきの紹介で	上司(仕事の関係者)の紹介で	結婚情報サービス業を通じて	その他	特にない	不詳
日本	100.0(816)	4.8	0.5	7.5	3.4	6.3	2.6	0.6	38.7	25.0	6.5	1.3	0.5	0.6	1.1	0.6
韓国	100.0(667)	3.2	0.9	6.0	2.3	5.1	0.7	0.9	26.9	26.4	20.6	1.4	0.3	1.5	2.7	1.1
アメリカ	100.0(758)	2.8	0.8	18.3	5.1	9.9	2.2	10.3	16.2	24.9	3.8	0.7	―	4.2	―	0.7
フランス	100.0(718)	7.4	1.3	5.8	11.8	7.2	1.1	8.7	9.8	24.2	3.3	0.4	―	13.4	4.6	0.9
スウェーデン	100.0(738)	6.1	2.7	11.2	3.9	11.5	0.3	8.0	13.4	27.4	1.4	―	―	12.5	1.2	0.4

注：「少子化社会に関する国際意識調査」(2005年実施)(内閣府制作統括官(共生社会政策担当) 2006)．

ンスは幼なじみ・隣人関係，スウェーデンはサークル・クラブなどのシェアが他国に比べて高い．さらにここでは示していないが，教育水準別に出会いのきっかけを比較すると，アメリカ，スウェーデンの高学歴者は学校やサークル活動で出会った相手との結婚，同棲が多いことがわかる（岩澤 2006）．日本における職縁結婚の多さは，日本の職場に，男女の出会いを促すような独特な要素が備わっていたとみることができそうである．これについて，配偶者選択の効率性と企業文化との関係に触れながら考えてみたい．

5　職縁結婚低迷の背景

この数十年間著しい変動をみせた見合い結婚と職縁結婚を，結婚市場における配偶者選択の効率性という観点から考えてみると共通点がある．それは両者とも，自分とつり合いのとれた相手が高い密度で存在する比較的狭い結婚市場における配偶者選択であったということである．見合いの場合，紹介者が「似合い」であると判断した相手をあらかじめ選別していることになるし，職場結婚についても，企業の採用基準というフィルターによって，資質の近い男女が密度高く存在していると考えることができる．どのような人に職縁結婚や見合い結婚が多いのかを調べたところ，大企業勤務の事務職や，官公庁勤務者であることがわかった（岩澤・三田 2005）．職縁結婚が隆盛を極めた時代の企業は，

配偶者を効率的に選ぶことができる結婚市場を本人に代わって用意することによって，主力要員である男性従業員が女性従業員や仕事関係先の女性と結婚することを結果的にサポートしたと考えられる．

雇用者側にも特別な事情があった．1960年代後半から70年代初めといえば，地方から都市部への人口移動が今日の2倍ほど生じていた時代である．地元を離れて就職することが多かった当時の若者にとって，職場の同僚との関係は特別なものであったと推測できる．NHK放送文化研究所が継続的に実施している「日本人の意識」調査の結果によれば，職場でのつきあいに関し，「なにかにつけて相談したり，たすけ合えるようなつきあい」といった全面的なつきあいを望ましいと考える人が70年代には過半数を占めており，親せきづきあいよりも重視されていたことがわかる（NHK放送文化研究所 2004）．近年，ソーシャル・キャピタル（社会関係資本）（Putnum 1993）という概念が，開発論やコミュニティ論（佐藤 2001），パーソナル・ネットワーク論（筒井 2008）で注目を集めているが，こうした職場における高い信頼関係や，組合活動・企業内クラブ活動を通じたネットワークが，ある種のソーシャル・キャピタルとして，独身男女に出会いの場を提供し，家族形成を促す原動力となっていた可能性がある．さらに，オッペンハイマーが重要であると指摘した生涯にわたっての社会経済的地位の見通しを判断する上で，仕事ぶりを間近にみることや，仕事関係者からお墨付きをもらうことほど強力な保証はないであろう．

このように1970年代に隆盛を誇った職縁結婚であったが，企業文化の変容とともに，1980年代以降は縮小に向かう．企業は従業員を「個」として位置づけ，従業員の結婚，家族の問題には目を向けなくなった（目黒・柴田 1999）．また，一般職女性が担っていた補助的業務は外部化が進み，仕事内容の専門化，個別化とも相まって，大量の独身男女が同一企業内で交流するという形も難しくなってきたといわれる．終身雇用制が崩れる中で，意識の上でも職場離れが進んだ．職場の同僚とのつきあいも，部分的，あるいは形式的なつきあいを望むものが80年代を通じて増えていくことになる（NHK放送文化研究所 2004）．

こうして職場は，しだいに配偶者選択に関する特別な場所ではなくなってきたと考えられる．では，職場以外の出会いは増えているのだろうか．図表2-3をみる限り，そのような気配は見受けられない．職縁を通じた見合い結婚や恋

愛結婚のような，資質のつりあう独身男女が密度高く存在する結婚市場を構築するためには，多大なコストがかかる．かつては「世話好き」な個人，仕事のネットワークの副次的利用によって，独身男女を結びつけることができた人材が豊富に存在した．また企業も，男性従業員が速やかに家族を持ち安定することは企業にとってプラスであると認識し，配偶者探索コストを肩代わりすることを厭わなかったと考えられる．こうして，広く社会的に負担されていた結婚市場の形成や探索にかかるコストは，今日，結婚を望む当事者にすべて降りかかっている．"合コン"に参加したり，知人に紹介を頼んだり，結婚情報サービスに登録したりといったことは，自らの責任と負担で取り組まなくてはならない．

ただし，全ての人がこうした活動に向いているとは限らない．中には，あまりの負担の多さ（コストの高さ）に，就業意欲喪失者ならぬ，結婚意欲喪失者となってしまう場合もあろう．前述の「出生動向基本調査」によれば「一生結婚するつもりはない」とはっきり回答する割合は，35歳未満の未婚女性のうち6％以下であるが，「不詳」をふくめると10％となる（金子 2007）．さらに，毎日新聞による「全国家族計画世論調査」を分析した阿藤（1998）によれば，異性の交際相手のいない女性のうち，3割が「特に異性の友を必要と感じない」と答えているのに加え，「興味があるがわずらわしい」「欲しいが特に何もしていない」がそれぞれ20％，44％となっており（2つまでの複数回答），具体的に相手をみつける努力をしているものは全体で26.3％しかいなかったという．日本における晩婚化は，理想的な相手の探索期間の長期化のみならず，探索コストの高騰による結婚市場からの離脱によって引き起こされている可能性もある．

6 「婚活」か結婚後の協調か

職縁結婚や見合い結婚が減少する中で，結婚希望者は何をすれば良いのだろうか．山田・白河らのように結婚相手をみつけるための活動，すなわち「婚活」を勧める意見もある（山田・白河 2008）．確かに，これまでは社会的に支払われてきたマッチメーキング・コストは今や当事者自らが負担しなければならない時代に入っている．しかしながら，今日の日本の婚姻率低迷は，必ずし

も「出会えない」だけが原因とは言いきれない側面も存在している．すなわち，そもそも「似合い」の相手が存在しないというミスマッチである．安藏はJGSS（Japanese General Social Surveys）のデータから，未婚男女の結婚観や伝統的な男女の役割分担に対する考え方の男女間ギャップが，年齢が上昇するほどに拡大していることを指摘している（安藏2004）．現状では，自分にあった相手を探すのに時間をかければかけるほど，そうした条件にあった相手の数自体が少なくなっていることを意味する．もちろん数少ない相手をみつけるのにコストに糸目をつけないといった戦略もあろう．しかし，適切な相手がバランスよく存在しない限り，大部分が納得のいく相手をみつけられずに終わることになる．最新の将来推計人口で仮定された1990年生まれ女性の50歳時未婚率が23.5％（中位推計）（国立社会保障・人口問題研究所 2006）という数字は，今日の30歳代前半の未婚者は6割が未婚にとどまるという見通しを意味している．現在の状況が続けば，結婚希望者の多くが生涯未婚に帰結する可能性が高いことを示す．

　ここで冒頭で示したオッペンハイマーによる満足のいく結婚への到達方法を思い出してみたい．満足のいく結婚は，配偶者選択過程のみならず，結婚後における関係の調整，協調によっても接近できるということであった．相手に期待する水準の高まりが結婚後の調整を一層難しくしている状況は，今日の離婚発生の高さ[7]をみても想像できる．仮に，相手探しの活発化によって結婚の成立が押し上げられたとしても，その後に高い解消率が待っている可能性がある．実際に離婚率が高まったアメリカでは，意識の上での結婚の必要性そのものが低下し，さらなる結婚離れを招いたといわれる（Bumpass 1990）．

　もし今後，日本における非婚化の流れが変わるとすれば，結婚後の夫婦の関係性や協調過程に高い関心と努力が注がれるときかもしれない．そういう意味で，夫婦関係満足度や，家庭内の役割構造，家族関係ストレス，離婚の要因といった分野の成果[8]が，未婚化研究や配偶者選択問題と有機的に結びつくことが期待される．

　また，かつてマッチ・メーカー機能を果たしていた職場は，今後は「成婚を支援する」といった狭い意味ではなく，結婚後も含めた従業員の家族生活を支えることが求められる．妻が，夫が，互いが理想とする家庭役割を果たすため

には，職場の配慮，具体的には従業員の家族構成やライフステージにあわせた働き方の受容が欠かせない．満足のいく結婚は良縁のみではなしえない．結婚後の協調と周囲の理解が不可欠なのである．

註
1) 国立社会保障・人口問題研究所による「出生動向基本調査」によれば，25～34歳未婚男女が独身にとどまっている理由として最も多くあげているのが「適当な相手にめぐり会わない」であり，男性の45％，女性の49％がこの項目を選択している（国立社会保障・人口問題研究所 2007b）．
2) 職探し理論にふれた日本の晩婚化研究には安藏（1989），坂爪（1998），阿部・北村（1999），朝井（2006），野崎（2007）などがある．
3) 親や友人の存在が，結婚相手への期待水準を上げるかどうかを直接検証したものではないが，家計経済研究所による調査データを用いて，パーソナル・ネットワークと結婚意欲との関係を分析した野沢（2005）によると，親子関係と結婚の競合仮説は支持されなかったが，友人中心のネットワークは恋人のいない女性の結婚意欲を有意に低める効果が示されている．
4) "結婚のしやすさ"というのは，男女が結婚生活を営むために必要な経済的条件とも言い換えられる．たとえば，若者の独立が難しい社会ほど結婚は遅くなる傾向にある．他方"結婚の望ましさ"は，結婚にどのようなメリットが感じられるか，あるいは結婚と競合するような他のライフスタイルの選択可能性といった事情に左右される．
5) 通常先進国では男児は女児よりも5％ほど多く生まれるが，かつては若年男性の死亡率の高さによって，結婚適齢期になる頃には男女の人口差が消滅していた．しかし戦後の男性死亡率の改善によって，1970年代以降，20歳代，30歳代における男性人口が女性を上回る現象がみられるようになっている．
6) 本章では第8回～第13回の「出生動向基本調査」における夫婦調査の分析結果を示す．各調査は，1982年，1987年，1992年，1997年，2002年，2005年の6月に実施されている．調査対象は，日本全国の妻の年齢50歳未満の夫婦を母集団とし，国勢調査地区を抽出単位とする2段クラスターサンプリングによって抽出された調査区に居住する年齢50歳未満の有配偶女性全てである．調査方法は調査員によって配られた調査票に回答者である妻自らが記入し，密封された調査票を調査員が回収する，配票自計，密封回収方式を採用している．第8回～第13回調査におけるデータ数は，それぞれ，8,359，9,475，9,908，8,148，7,916，6,836である．第14回調査が2010年6月に実施されている．
7) 1985年結婚コーホートでは，結婚後20年までにすでに2割近い結婚が離婚により解消しており（Raymo et al. 2004；石川 2006），この傾向が続くとすれば，結婚経験のある1990年出生コーホートのうち50歳時で離婚経験がある割合は3割を超えると推計される（国立社会保障・人口問題研究所 2006）．
8) 結婚と生活満足度の関係を扱った色川（1999），夫婦関係とパーソナル・ネットワー

クの関係を扱った，野沢（1995；2001），夫婦関係満足度については永井（2005），山口（2007），夫婦の親密性に関する研究に筒井（2008），夫婦の役割関係や満足度を多角的に検証した論文集に永井・松田（2007）などがある．

文献

阿部正浩・北村行伸，1999,「結婚の意思決定モデルとその実証」一橋大学経済研究所．
Akers, D. S., 1967, "On Measuring the Marriage Squeeze," *Demography*, 4(2): 907-24.
Anzo, Shinji, 1985, "Measurement of the Marriage Squeeze and its Application,"『人口学研究』8：1-10.
安藏伸治，1989,「結婚市場と結婚行動―ジョブ・サーチとメイト・サーチ」明治大学『政経論叢』58(3,4)：285-303.
安藏伸治，2004,「少子社会の結婚― JGSS-2000, JGSS-2001, および JGSS-2002 を用いて」『研究論文集［3］JGSS で見た日本人の意識と行動』：13-28.
朝井友紀子，2006,「配偶者サーチ期間と Assortative mating（同類婚）に関する研究」『共働社会の到来とそれをめぐる葛藤―夫婦関係』SSJDA-34：3-25.
阿藤　誠，[1992] 2004,「日本における出生率の動向と要因」河野稠実・岡田實編著『低出生力をめぐる諸問題』原書房（大明堂）：48-68.
阿藤　誠，1998,「未婚女性の伝統的家族意識：シングル化との関連で」毎日新聞社人口問題調査会編『「家族」の未来―ジェンダーを超えて』毎日新聞社：59-80.
Becker, G. S., 1981, *A Treatise on the Family*, Cambridge, MA: Harvard University Press.
Blossfeld, Hans-Peter and Andreas Timm, 2003, "Educational Systems as Marriage Markets in Modern Societies: A Conceptual Framework," H.-P. Blossfeld and A. Timm eds, *Who Marries Whom? Educational Systems as Marriage Markets in Modern Societies*, Dordrecht: Kluwer Academic Publishers：1-18.
Bumpass, L.L., 1990, "What's Happening to the Family? Interactions between Demographic and Institutional Change." *Demography*, 27(4): 483-498.
Dixon, Ruth B, 1971, "Explaining Cross-cultural Variations in Age at Marriage and Proportions Never Marrying." *Population Studies*, 25(2): 215-233.
福田節也，2007,「ジェンダーシステムと女性の結婚選択(2) 日本における「女性の経済的自立仮説」の検証」『家計経済研究』76：54-62.
今泉洋子・金子隆一，1985,「配偶者選択の現状―「結婚に関する人口学的調査」の結果から」『人口問題研究』173：1-21.
色川卓男，1999,「結婚・出産・離婚で女性の〈生活満足度〉はどう変わるか」樋口美雄・岩田正美編『パネルデータからみた現代女性』東洋経済新報社：193-223.
石川　晃，2006,「婚姻・離婚の動向―結婚コーホートによる離婚の分析」国立社会保障・人口問題研究所編『少子化の要因としての離婚・再婚の動向，背景および見通しに関する人口学的研究（第1報告書）』：12-42.
岩澤美帆，2006,「結婚」内閣府政策統括官（共生社会政策担当）編『少子化社会に関する国際意識調査報告書』：73-99.
岩澤美帆・三田房美，2005,「職縁結婚の盛衰と未婚化の進展」『日本労働研究雑誌』535：

51

16-28.
金子隆一, 2007,「結婚の意欲」国立社会保障・人口問題研究所編『わが国独身層の結婚観と家族観』厚生統計協会：12-23.
国立社会保障・人口問題研究所, 2006,『日本の将来推計人口—平成18年12月推計』厚生統計協会.
国立社会保障・人口問題研究所, 2007a,『わが国夫婦の結婚過程と出生力—第13回出生動向基本調査』厚生統計協会.
国立社会保障・人口問題研究所, 2007b,『わが国独身層の結婚観と家族観—第13回出生動向基本調査』厚生統計協会.
Mare, R.D., 1991, "Five Decades of Educational Assortative Mating," *American Sociological Review*, 56：15-32.
目黒依子・柴田弘捷, 1999,「企業主義と家族」目黒依子・渡辺秀樹編著『講座社会学2 家族』：59-87.
三輪 哲, 2007,「日本における学歴同類婚趨勢の再検討」『家族形成に関する実証研究』SSJDA-37：81-94.
水落正明, 2006,「学卒直後の雇用状態が結婚タイミングに与える影響」『生活経済学研究』22-23：167-176.
水落正明, 2007,「若年時の正規就業は結婚を早めるか？」『家族形成に関する実証研究』SSJDA-37：32-44.
永井暁子, 2005,「結婚生活の経過による妻の夫婦関係満足度の変化」『季刊家計経済研究』66：76-81.
永井暁子・松田茂樹編著, 2007,『対等な夫婦は幸せか』勁草書房.
永瀬伸子, 2002,「若年層の雇用の非正規化と結婚行動」『人口問題研究』58(2)：22-35.
内閣府政策統括官（共生社会政策担当）, 2006,『少子化社会に関する国際意識調査報告書』.
NHK放送文化研究所, 2004,『現代日本人の意識構造［第6版］』日本放送出版協会.
野崎祐子, 2007,「雇用不安時代における女性の高学歴化と結婚タイミング—JGSSデータによる検証」大阪商業大学比較地域研究所・東京大学社会科学研究所編『日本版General Social Surveys 研究論文集[6] JGSSで見た日本人の意識と行動』：131-46.
野沢慎司, 1995,「パーソナル・ネットワークのなかの夫婦関係—家族・コミュニティ問題の都市間比較分析」松本康編『増殖するネットワーク』勁草書房：175-232.
野沢慎司, 2001,「核家族の連帯性とパーソナル・ネットワーク—夫婦・親子間紐帯の構造分析」『家計経済研究』49：25-35.
野沢慎司, 2005,「未婚者の結婚意欲とパーソナル・ネットワーク—関係構造の圧力効果と満足度の効果」家計経済研究所編『若年世代の現在と未来』：45-60.
Oppenheimer, Valerie Kincade, 1988, "A Theory of Marriage Timing," *American Journal of Sociology*, 94(3)：563-91.
Oppenheimer, Valerie Kincade and Vivian Lew. 1995, "American Marriage Formation in the 1980s: How Important Was Women's Economic Independence?" K.O. Mason and A. Jensen eds., *Gender and Family Change in Industrialized Countries*, Oxford: Clarendon Press：105-38.

郵便はがき

恐縮ですが切手をお貼りください

112-0005

東京都文京区水道二丁目一番一号

勁草書房
愛読者カード係 行

(弊社へのご意見・ご要望などお知らせください)

本カードをお送りいただいた方に「総合図書目録」をお送りいたします。
HPを開いております。ご利用ください。http://www.keisoshobo.co.jp
裏面の「書籍注文書」を弊社刊行図書のご注文にご利用ください。ご指定の書店様に至急お送り致します。書店様から入荷のご連絡を差し上げますので、連絡先(ご住所・お電話番号)を明記してください。
代金引換えの宅配便でお届けする方法もございます。代金は現品と引換えにお支払いください。送料は全国一律100円(ただし書籍代金の合計額(税込)が1,000円以上で無料)になります。別途手数料が一回のご注文につき一律200円かかります(2013年7月改訂)。

愛読者カード

60230-8　C303

本書名　結婚の壁

お名前（ふりがな）　　　　　　　　　　　（　　歳）

ご職業

ご住所　〒　　　　　　　お電話（　　）　―

本書を何でお知りになりましたか
書店店頭（　　　　　書店）／新聞広告（　　　　　新聞）
目録、書評、チラシ、HP、その他（　　　　　　　　）

本書についてご意見・ご感想をお聞かせください。なお、一部をHPをはじめ広告媒体に掲載させていただくことがございます。ご了承ください。

◇書籍注文書◇

最寄りご指定書店

市　町（区）

書店

(書名)	¥	(　)
(書名)	¥	(　)
(書名)	¥	(　)
(書名)	¥	(　)

※ご記入いただいた個人情報につきましては、弊社からお客様へのご案内以外には使用いたしません。詳しくは弊社HPのプライバシーポリシーをご覧ください。

Oppenheimer, Valerie Kincade, 2000, "The Continuing Importance of Men's Economic Position in Marriage Formation," L. Waite ed., *The Ties that Bind: Perspectives on Marriage and Cohabitation*, New York: Aldine de Gruyter：283-301.

Putnam, Robert D., 1993, *Making Democracy Work: Civic Traditions in Modern Italy*, Princeton, NJ: Princeton University Press.（=2003, 河田潤一訳『哲学する民主主義―伝統と改革の市民的構造』NTT 出版.）

Qian, Zhenchao and Samuel H. Preston, 1993, "Changes in American Marriage, 1972 to 1987: Availability and Forces of Attraction by Age and Education," *American Sociological Review*, 58(4): 482-95.

Raymo, James M., 2003, "Educational Attainment and the Transition to First Marriage among Japanese Women," *Demography*, 40(1): 83-103.

Raymo, James M., Miho Iwasawa, and Larry Bumpass, 2004, "Marital Dissolution in Japan: Recent Trends and Patterns," *Demographic Research*, 11(14): 395-419.

Raymo, James M. and Miho Iwasawa, 2005, "Marriage Market Mismatches in Japan: An Alternative View of the Relationship between Women's Education and Marriage," *American Sociological Review*, 70：801-22.

酒井　正・樋口美雄, 2005,「フリーターのその後―就業・所得・結婚・出産」『日本労働研究雑誌』535：29-41.

坂爪聡子, 1998,「配偶者サーチモデルと晩婚化現象」『経済論叢』162(4): 76-93.

佐藤　寛編著, 2001,『援助と社会関係資本』アジア経済研究所.

Schoen, Robert, 1983, "Measuring the Tightness of a Marriage Squeeze," *Demography*, 20(1): 61-78.

Sweeney, Megan M., 2002, "Two Decades of Family Change: The Shifting Economic Foundations of Marriage," *American Sociological Review*, 67(1): 132-47.

筒井淳也, 2008,『親密性の社会学―縮小する家族のゆくえ』世界思想社.

Tsuya, Noriko O. and Karen O. Mason, 1995, "Changing Gender Roles and Below Replacement Fertility in Japan," Karen O. Mason and A.-M. Jensen eds., *Gender and Family Change in Industrialized Countries*, Oxford: Clarendon Press：139-67.

上野千鶴子, 1995,「「恋愛結婚」の誕生」東京大学公開講座60『結婚』東京大学出版会：53-80.

山田昌弘, 2000,「結婚の現在的意味」善積京子編著『結婚とパートナー関係』ミネルヴァ書房：56-80.

山田昌弘・白河桃子, 2008,『「婚活」時代』ディスカヴァー携書.

山口一男, 2007,「夫婦関係満足度とワーク・ライフ・バランス」『家計経済研究』73：50-60.

第 3 章

なぜ恋人にめぐりあえないのか？
経済的要因・出会いの経路・対人関係能力の側面から[1]

中村真由美・佐藤博樹

1 「少子化」と「恋人にめぐりあえない人々」

　若い世代の晩婚化・未婚化が進行していることで，少子化が進んでいる．日本は欧米とくらべると，結婚していない男女のあいだに生まれる子どもの割合が極端に低い社会である[2]．海外では，同棲カップルなどが，独身のままで子どもを産み育てることが珍しくない国もある．しかし，日本では，そのようなケースは稀である．そのため日本では，若い世代の男女が独身のままでいることが，出生率の低下につながっている[3]．

　ではなぜ日本の若い男女は結婚をしなくなっているのだろうか．調査結果によると，結婚していない男女の大半は，実は恋愛関係にさえ至っていないことが明らかになっている[4]．結婚を希望しているにもかかわらず，結婚していない理由として，未婚者の大多数は，「適当な相手にめぐり会っていない」ことをあげている[5]．つまり，未婚化・晩婚化という社会的な問題を紐解くためには，なぜ「ふさわしいと思う相手とめぐりあえないのか」という原因を明らかにすることが必要となる．

　本章では，晩婚化・未婚化の要因の1つとして，結婚の前段階としての「恋愛」──特に，「恋愛」の成立の条件としての「出会いの機会」──に焦点をあてる．20歳代の未婚者男女を対象にして，彼ら・彼女らを取り巻くどのような要因が，結婚の前提条件である「恋愛」から遠のかせているのかを検証す

る．特に，「供給側の要因（経済的要因）」「経路の要因（異性への距離的アクセス機会と時間的アクセス機会）」および「対人関係能力」という3つの要因に着目し，それらが「恋人との出会い」に与える影響について考察を加えたい．

2　なぜ婚姻率が低下するのか？ ─3つのアプローチ

　なぜ人々は恋愛から遠ざかるのか．本章での関心は「恋愛」であるが，社会学の研究における男女のマッチングの研究では，恋愛を対象としたものは少なく，結婚を対象としたものが多い．そこで主に婚姻率の低下に関する研究をあげ，恋愛との関連について考えてみたい．

　岩澤・三田（2005）の整理によれば，婚姻率の低下の原因は，①需要側の要因，②供給側の要因，および③出会いの経路から説明する，3つのアプローチに大きく分類することができる．

　1つ目のアプローチである「需要側の要因」では，以下のように説明している．近年，結婚によるコストが高まり，一方で結婚によるメリットが減ったために，人々が結婚をしたがらなくなった，つまり結婚の需要が減った，と考える（Becker 1973；樋口・阿部 1999；大橋 1993 など）．

　たとえばベッカー（Becker 1973）の流れをくむ「女性の自立仮説」によれば，結婚のメリットは夫婦が労働と家事を分業することにあり，夫婦のどちらかが家事と労働の一方に専念することで効率が上がるとする．女性は子を産む性であるため，従来女性は育児と共に主に家事を担い，男性は主に労働を担うことが多かった．けれども，女性の学歴が高くなり，雇用機会が増大したため，仕事を続ける女性が増えた．一方，男性の家事分担は大して増えていない．この場合には，女性が家事および労働の双方を担うことになり，結婚することによる分業のメリットがなくなってしまう．この結果，女性にとって結婚がそれほど魅力的でなくなってしまったと考えるのである（加藤 2004）．

　しかしながら，結婚についての調査結果をみる限りでは，実際には，女性の学歴や就業率が上がっても，結婚したいと希望する者の割合はそれほど下がっていない[6]．必ずしも，結婚への需要が激減した訳ではない[7]．

　この需要側の要因による説明を恋愛の分析にあてはめるとどうだろうか．結

婚への需要そのものが減っていないのだとすれば，おそらく「結婚の前段階としての恋愛」への需要も減っていないと思われる．また，結婚する代わりに恋愛を楽しむといったような「結婚の代替物としての恋愛」の需要が増えるということもなさそうである．つまり，需要側の要因による説明だけでは，恋愛の状況を説明するのに十分ではないと考えられる．

次に2つ目のアプローチである「供給側の要因」をみてみよう．この説明では，自分にふさわしいと思える相手が少ないこと，つまり，望ましい結婚相手の供給の低下が婚姻率低下の原因だと考える（Glick et al. 1963；Oppenheimer 1988；Schoen 2003 など）．この説明で特に注目されるのが，経済状況要因である．

たとえば山田（1999）によれば，日本の若い男女の間には，結婚を希望する相手のタイプにミスマッチがあるために，晩婚化が進んでいるという．高学歴化した女性は，自分よりもさらに高学歴で高収入の男性を配偶者として希望している．他方で少なからぬ男性が90年代以降の景気後退の結果，アルバイトや契約社員のような非正規雇用として就業し，低収入になっている．また男性は一般に自分よりも学歴が低い女性を求める傾向がある．その結果として，女性と男性の希望の間にミスマッチが生じることになり，晩婚化を引き起こしているという．つまり，経済的に不安定な男性の割合が増えるにつれて，また女性の男性に求める経済力の期待値が上がるにつれて，「望ましい結婚相手」と思える男性の供給の絶対量が減る．それが婚姻率の低下につながっているとみる．

このアプローチは恋愛の分析にもあてはまる．「望ましい恋愛相手」と思える異性の供給がなければ，恋愛をしなくなるのだと考えられる[8]．

以上，「需要側からの説明」と「供給側からの説明」という2つのアプローチを示した．上記に加えて，3つ目のアプローチでは「需要側」と「供給側」をつなぐ「出会いの経路」に婚姻率の低下の原因があると考える．

岩澤・三田（2005）によれば，過去30年間において日本人の初婚率が減ったうちの9割は，「出会いの経路の変化」によって説明できるという．かつての日本では，仕事や見合いを通じて男女が出会うのが一般的だった．しかし，この仕事や見合いを通じての出会いが過去30年間で大幅に減ったため，初婚率が下がったという[9]．

たとえば高度経済成長期においては，勤め先の上司が部下に結婚の相手を紹介することはよくみられた慣行であった．また，企業は，自社の男性社員の結婚相手の候補となるような若い未婚の一般職女性を雇うことで，社内において結婚への出会いができるよう，配慮していたことも指摘されている．

　しかし，近年では，上司が部下の結婚の面倒をみることを管理職としての役割と考えることは少なくなった．また，男女雇用機会均等法の施行などを背景に，総合職女性の採用を増やし，一般職女性の採用を減らしたり，中止したりする企業が増えた．そのため，職場での出会いが難しくなり，職場を通じて結婚する者の比率が下がったという[10]．

　上記の「出会いの経路」からの説明を恋愛の分析にあてはめた場合はどうなるだろうか．職場内外で異性と接する機会（異性への「距離的なアクセス機会」があるかどうか）が「出会い」に影響を与えるという点は，恋愛の分析にもあてはまる．

　また「出会いの経路」については，労働時間の長時間化によって，出会いにつながる活動に参加する時間や恋愛に割くことができる時間が減ってしまうことが，恋愛や結婚の低下の原因になっているという見方もある（大久保ほか 2006）．つまり，異性に対する「時間的なアクセス機会」の減少が、結婚や恋愛から遠ざかることにつながっていると考えるのである．この考え方は恋愛の分析にそのまま当てはめられる．つまり，労働時間が長い人は，恋愛から遠ざかると考えられる．

　さらに，経路の問題に関連して，若い世代の「対人関係能力」の低さが未婚化・晩婚化の原因になっているという考え方がある．職場での出会いや見合いが減ってきた近年，恋愛結婚の割合が大きくなっている．恋愛結婚では，異性との出会いの機会を自ら作り，それを恋愛に結びつける必要がある．そのためには，コミュニケーション能力などの「対人関係能力」が，きわめて重要になってきているとされる．そして，対人関係能力が低い人は結婚をすることが難しくなっているという（中村 2007；山田・白河 2008 など）．このアプローチもそのまま恋愛にあてはめることができる．コミュニケーション能力が低ければ，恋愛からも遠ざかると考えられる．

　以上の先行研究の流れから，本章では「供給側からの説明」と「経路に関す

る説明」，さらには，「対人関係能力からの説明」に着目して，「恋人との出会い」に与える影響について分析する．具体的には①「経済的要因」，②「距離的および時間的なアクセス機会」，③「対人関係能力」に焦点をあて，これらの3つの側面が「恋人との出会い」に対して与える影響について検証する[11]．

なお，本章の分析では男女差についても着目する．山田（1999）によれば，経済的資源の影響には男女差があり，経済的資源が少ないことによって，主に男性がマイナスの影響を受けるという．また，「対人関係能力」についても，影響には男女差がある可能性がある．日本では，特に恋愛に至る初期段階では，男性から女性にアプローチするという傾向があり，他方で，男性の方がコミュニケーション能力等の平均値は女性より低い．その為，「対人関係能力」が高いことが出会いの機会に与えるメリットは，男性の場合の方が女性の場合よりも大きいと考えられるからである．仮説として示すと以下のようにまとめられる．

仮説1：経済的資源が多い者ほど，恋人がいる．
仮説2：独身異性への距離的なアクセス機会に恵まれている者ほど，恋人がいる．
仮説3：独身異性への時間的なアクセス機会に恵まれている者ほど，恋人がいる．
仮説4：対人関係能力が高い者ほど，恋人がいる．
仮説5：経済的資源の影響は男女で異なり，経済的不安定さの「恋人との出会い」に対する影響は，男性にあらわれるが女性にはあらわれない．
仮説6：対人関係能力の影響は男女で差があり，対人関係能力の「恋人との出会い」に対する影響は，女性より男性に顕著にあらわれる．

分析に使用するデータは，SSJDA（東京大学社会科学研究所附属社会調査・データアーカイブ研究センター）所蔵の「未婚者アンケート調査」である．2005年に経済産業省に設置された「少子化時代の結婚産業の在り方に関する研究会」（座長：佐藤博樹）が行った調査であり，サンプルはインターネットモニターを通じて集められた[12]．分析の対象は20歳代の男女に絞って行った[13]．

第3章　なぜ恋人にめぐりあえないのか？

　本章の分析で説明しようとしている現象は「現在恋人がいるかどうか」である．どういう状況にある人が「現在恋人がいる傾向」があるのかを明らかにしたい．このため，3つの要因——経済的要因・出会いの経路・対人関係能力——の影響を検証し，それぞれの要因において，どういう状況にある人が「現在恋人がいる」状況になりやすいのかということを明らかにする．なお3つの要因については，それぞれ以下にあげるような具体的な項目について分析する[14]（図表3-1参照）．

　【経済的要因】に関しては，①学歴，②収入，③職業，④勤務形態，⑤企業規模という5つの項目について検証する[15]．
　【距離的なアクセス機会】に関しては，①「職場内の独身の異性の人数」と②「職場外で仕事を通じて異性と出会う機会の多さ」という2つの項目について検証する[16]．
　【時間的なアクセス機会】に関しては，①「午後8時以降の残業の頻度（休日出勤を除く）」と②「勤務日でない日の出勤の頻度」という2つの項目について検証する[17]．
　【対人関係能力】に関しては，「友達とのつきあいの頻度」について聞いた設問の選択肢を2つにまとめ，友達とのつきあいが「月1〜2回程度以上」ある人を「対人関係能力」がある程度高いとみなし，友達とのつきあいを「ほとんどしない」人を「対人関係能力」が低いとみなして，指標として使用し，検証する．

　分析手法としては，2項ロジスティック回帰分析という統計分析の方法を用いる．これは今回の分析のように，説明したい現象が2項のカテゴリ（「恋人がいる」，「恋人がいない」）を取る場合に用いられる手法である．説明したい現象に対し，複数の原因との関係を同時に検証することができる[18]．

図表3-1　変数の分布

	男性	女性		男性	女性
学歴			残業		
高校以下	21.30%	22.90%	ほとんどない	0.32%	52.23%
短大・高専・専門卒業	17.70%	34.80%	月に1～2回	9.09%	10.73%
大学以上	64.00%	41.90%	月に3～4回	13.88%	11.54%
			週に2～3回	20.81%	12.75%
収入(対数)	平均5.554	平均5.267	ほとんど毎日	24.16%	12.75%
	S.D..604	S.D..585			
職業			休日勤務		
マニュアル	8.60%	3.30%	ほとんどない	59.20%	75.58%
上層ノンマニュアル	37.50%	25.00%	月に1～2回	25.72%	18.08%
下層ノンマニュアル(参照)	49.20%	66.20%	月に3～4回	10.20%	3.46%
農業・自営	1.80%	0.40%	月に4～5回以上	4.88%	2.88%
勤務形態			職場の独身異性の人数		
パート	21.70%	41.70%	ほとんどいない	29.90%	33.30%
自営	6.20%	3.50%	少ない	41.00%	37.10%
正規雇用(参照)	72.10%	54.80%	やや多い	21.70%	17.50%
			多い	7.30%	9.90%
企業規模					
500人以下	66.50%	69.60%	職場外で独身異性に会う機会		
500-1000人以下	6.20%	7.50%	ほとんどない	39.90%	46.90%
1000人以上	27.30%	16.20%	少ない	35.30%	25.80%
			ある程度ある	20.60%	22.90%
年代(20歳代前半=0,後半=1)			多くある	4.20%	4.40%
20歳代前半	21.10%	25.20%			
20歳代後半	78.90%	74.80%	友人とのつきあいの頻度		
			ほとんどしない	14.90%	8.10%
			月に1～2回以上	85.10%	91.90%

3　だれが恋愛から遠ざかっているのか？

　以下では，「供給側からの要因（経済的要因）」，「経路に関する要因（距離的アクセス機会・時間的アクセス機会）」，「対人関係能力」が，「恋人との出会い」に与える影響について分析した結果を示す．

　図表3-2は分析結果を示したものだが，左の列が，「20歳代の未婚男性を対象とした分析」，中央の列が「20歳代の未婚女性を対象とした分析」，そして右の列が，「つきあいのある友人に異性がいない20歳代男性に限定して行った

第3章　なぜ恋人にめぐりあえないのか？

分析」の結果である.

＊印や†印がついている項目が，統計的に意味のあるレベルで，「恋人がいるかどうか」に影響をあたえている項目である．逆に，＊印や†がついていない項目は，「恋人がいるかどうか」には影響を与えていない項目だと理解すれ

図表3-2　経済的要因・経路・対人関係能力と「現在恋人がいるかどうか」との関連
（ロジスティック回帰分析の結果）

	男性のみ	女性のみ	つきあいのある友人に異性がいない男性
定数	0.04 *	0.35	0.33
年代	0.52 *	1.30	0.46
【経済的要因】			
教育	0.89	1.03	0.45 *
収入	1.68 *	1.25	0.93
職業			
現場労働	1.22	1.12	1.13
専門・管理	0.67 †	0.97	0.64
自営・農業	2.77	0.76	0.00
事務・営業(基底)	―	―	―
勤務形態			
パート	0.57	0.58 *	0.06 *
自営	0.48	1.15	5.24
正社員(基底)	―	―	―
企業規模	0.70 **	0.83	0.68
【時間的アクセス】			
夜8時以降の残業頻度	0.97	0.97	1.23
休日出勤の頻度	1.07	0.74 †	1.42
【距離的アクセス】			
職場の独身異性の人数	1.42 **	1.14	1.55
職場外で独身異性と出会う機会	1.03	1.18	0.84
【対人関係能力】			
友人つきあいの頻度	1.95 *	0.74	7.47 *
カイ2乗　値	41.66	24.89	28.88
DF	14.00	14.00	14.00
有意確率	0.00	0.04	0.01
−2対数尤度	512.42	613.71	97.15
Cox & snell R2乗	0.10	0.05	0.25
Nagelkerke R2乗	0.13	0.07	0.35
N	403	461	99

＊＊：$p<.001$，＊＊：$p<.01$，＊：$p<.05$，†：$p<.10$　表内の変数ごとに示した数字はオッズ比

ばよい．

　この分析では，「どの程度の割合で恋人がいるのか」という状況を示すのに，「オッズ」という表現を使用する．「恋人がいるオッズ」とは，具体的には「恋人がいる人の人数」÷「恋人がいない人の人数」である．「恋人がいる見込み」として理解すればよい．さらにオッズ比とは，この「恋人がいる見込み」をグループごとに較べた場合の比のことである．

　この「恋人がいる見込み」について，グループ間の違いを，図表3-2で*や†がついた項目のみに限り，図表3-3-1から図表3-3-10に図示した．つぎに項目ごとにみていこう．

「経済的要因」の影響

　「経済的要因」に関しては，混在した結果が得られた．「収入」に関しては，仮説で予想されたとおり，男性のみについて，収入が高い者ほど，恋人がいる傾向がみられた．年収100万円未満の男性に較べ，年収1000万円以上の男性に，恋人がいる見込みはなんと22.5倍である（図表3-3-1）．

　しかし，仮説での予想とは違い，経済的要因の影響は女性にもみられた．「勤務形態別」の分析では，パートである女性は，正社員である女性に比べて，恋人がいない傾向がみられた．女子正社員に恋人がいる見込みを1とすると，女子パートに恋人がいる見込みは0.58倍，つまり正社員の約6割しかなかった（図表3-3-6）．

　なお，男性の分析では，勤務形態の影響は統計的にみて有意でないレベルだったものの（p=.11），男性の場合でも，正社員に較べ，パートである男性は，恋人がいる見込みが低くなっている傾向がみられた（図表は省略）．

　しかし，他の経済的要因については，仮説による予想とは反対の関係がみられた．経済的に優位にある男性の方が恋人がいない傾向がみられたことである．従業員規模が大きい企業に勤めている男性ほど恋人がいない傾向がみられた．500人未満の企業に勤める男性に較べ，1000人以上の大企業に勤める男性に恋人がいる見込みは0.49倍であり，約半分であった（図表3-3-2）．

　また，男性の場合，専門・管理職である人は，事務・営業職である人よりも，恋人がいない傾向がみられた．事務・営業職の男性に恋人がいる見込みを1と

第3章 なぜ恋人にめぐりあえないのか？

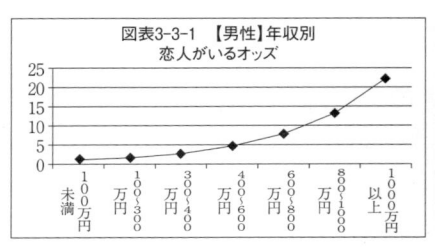

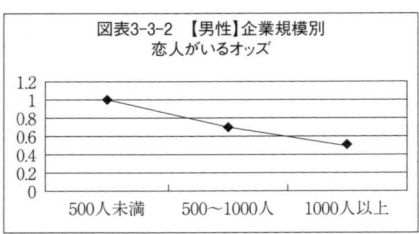

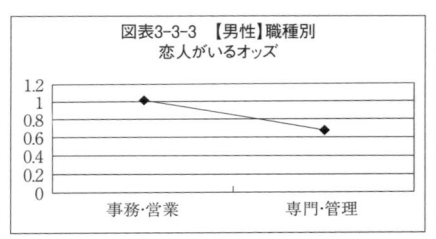

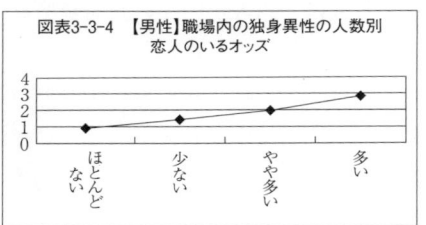

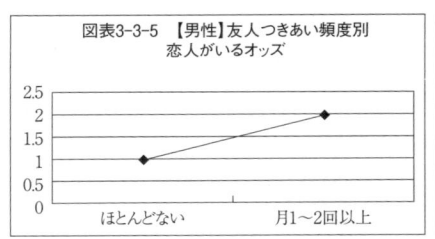

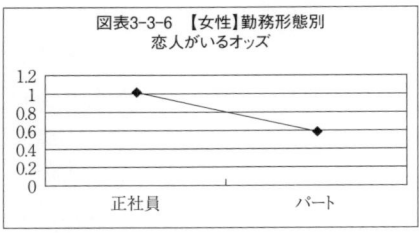

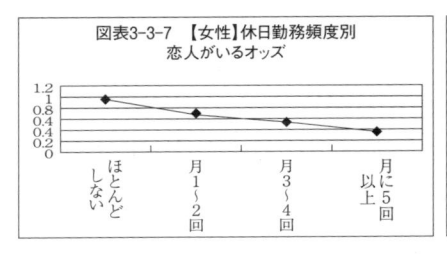

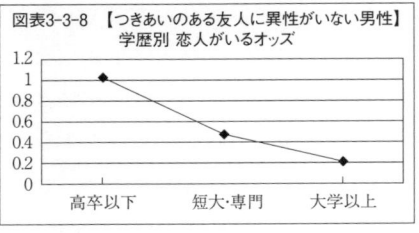

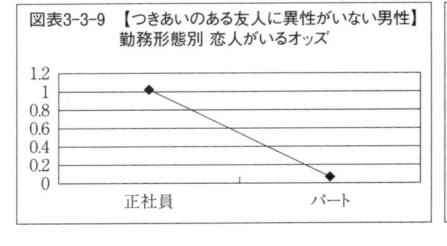

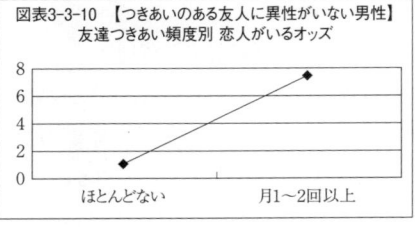

図表3-3-1 【男性】年収別 恋人がいるオッズ

図表3-3-2 【男性】企業規模別 恋人がいるオッズ

図表3-3-3 【男性】職種別 恋人がいるオッズ

図表3-3-4 【男性】職場内の独身異性の人数別 恋人のいるオッズ

図表3-3-5 【男性】友人つきあい頻度別 恋人がいるオッズ

図表3-3-6 【女性】勤務形態別 恋人がいるオッズ

図表3-3-7 【女性】休日勤務頻度別 恋人がいるオッズ

図表3-3-8 【つきあいのある友人に異性がいない男性】学歴別 恋人がいるオッズ

図表3-3-9 【つきあいのある友人に異性がいない男性】勤務形態別 恋人がいるオッズ

図表3-3-10 【つきあいのある友人に異性がいない男性】友達つきあい頻度別 恋人がいるオッズ

63

すると，専門・管理職についている男性に恋人がいる見込みはずっと少なく，0.67であった（図表3-3-3)[19]．

大企業は一般的に中小企業よりも経済的な安定性が高いと思われる．また，専門・管理職は事務・営業職にくらべて職業的地位が高い．これらは経済的な資源として考えられるものである．恋人に出会う際にこれらの点でプラスに働くはずだと考えられるのに対して，男性の場合，専門・管理職で，大企業に勤務する人ほど恋人がいない傾向がある．これは予想外の結果であった．

では，これらの20歳代の専門・管理職の男性や，大企業勤務の男性は，どのような人々で，なぜ経済的なアドバンテージを持っているにもかかわらず，恋愛から遠ざかっているのだろうか．彼らがどのような人たちなのかを知るために，異性との交際に関して「専門家（有料）に相談してみたい内容をすべて選んでください」という設問で，彼らがどのような相談をしたいと思っているのかを分析してみた[20]．その結果，これらの20歳代の専門・管理職の男性や大企業勤務の男性たちは，同年代の他のグループの人々よりも，「異性や交際相手とのコミュニケーション」について外部の専門家に相談してみたいと考えていることがわかった．つまり，異性とうまくコミュニケーションがとれないことを悩んでいるようなのである．

おそらくこれらの大企業勤務や，専門・管理的職業についている男性たちというのは，偏差値が高い大学や，難関学部の出身者が多いと考えられる．これらの学校や学部では女子学生が少ないことも多い．その為に，これらの学歴をたどってきた男性の中には，女性と親しくつきあうチャンスに恵まれず，異性との交際になれていない男性も少なからず含まれているのではないだろうか．その結果，女性とうまくコミュニケーションがとれず，恋愛とも遠ざかっていると考えられる[21]．

恋愛に至る「経路」の影響

「距離的なアクセス機会」については，男性についてのみ，仮説が支持された．男性の場合，「職場内に独身の異性がほとんどいない」と答えた男性に較べ，「職場内に独身の異性が多い」と答えた男性に恋人がいる見込みは2.86倍であった（図表3-3-4)．職場外の異性との出会いの頻度については，男女とも

に，恋人との出会いに有意なレベルで影響していなかった．

「時間的なアクセス機会」の影響については，残業に関しては，男女ともに恋人との出会いには影響していなかった．休日勤務については，女性のみ，恋人との出会いに影響していた．「休日出勤をほとんどしない」と答えた女性に恋人がいる見込みを1とすると，「休日出勤を月に5回以上する」と答えた女性に恋人がいる見込みは0.41であった．つまり休日出勤が多い女性は，休日出勤をほとんどしない女性に較べ，恋人がいる見込みがずっと少ない（図表3-3-7)[22]．

「対人関係能力」の影響

「対人関係能力」の高さに関しては，仮説どおり，男性のみ「恋人との出会い」に影響していた．すなわち，「友人つきあいをほとんどしない」男性に較べ，「友人つきあいを月に1～2度以上する」と答えた男性に恋人がいる見込みは1.95倍であった（図表3-3-5)．

ただし，この結果をみる上で注意が必要である．「友人つきあい」の「友人」の定義の中に恋人が含まれている可能性がある．もしそうであれば，友人つきあいが多い男性に恋人がいるのは当たり前のことである．この可能性を取りのぞくために，「友人とのつきあいの場に独身の異性が全くいない」と答えた男性に限って再分析してみた．その結果が図表3-2の一番右の列と，図表3-3-8から図表3-3-10に示してある．

図表3-2の一番右の列の分析結果をみてみると，「つきあいのある友人に異性がいない男性」の場合でも，「友人つきあいの頻度」が「恋人との出会い」に影響していることがわかる．図表3-3-10をみると，「友人つきあいを月1～2回以上する男性」は，「ほとんどしない男性」に比べ，恋人がいる見込みが非常に大きく，7.47倍もあることがわかる．これは，男性一般を対象に分析した場合の1.95倍という値よりも遥かに大きい[23]．

つまり，「つきあいのある友人に異性がいない男性」の場合であっても，月に1～2回程度以上の友人つきあいをするような，ある程度以上の社交性（対人関係能力）を持っていると思われる男性は，友人つきあいをほとんどしないような，社交性が低いと思われる男性に較べ，恋人がいる傾向にある．

4　どうすれば恋人に出会えるのか？

　本章では,「供給側からの要因（経済的要因）」,「経路に関する要因（距離的アクセス機会・時間的アクセス機会）」,「対人関係能力」に焦点をあて,「恋人との出会い」との関連を検証してきた．以下に順に取り上げ，まとめることにする．

「経済的要因」（階層要因）の影響

　現在，パートや派遣のような非正規雇用である人は，男女共に，恋人がいない傾向にあることが明らかになった．また，男性の場合には，収入が高い人は恋人がいる傾向にあった．従来の研究では，経済的に不安定な人は結婚を先延ばしにするということが知られているが（Oppenheimer 1988 など），本章の知見によれば，経済的に不安定な人は結婚を先延ばしにするばかりでなく,「恋愛」にさえ至ることができていないことが明らかになった．

　また，従来の分析では，経済的要因と晩婚化・未婚化の関連については，男性の側の経済的な不安定要因の影響が主に注目されてきたが（山田 1999；加藤 2004 など），本章の分析によれば，男性の側ばかりでなく，女性であっても，パート・派遣などの非正規雇用である人は，正社員のような正規雇用の女性に比べて，恋人がいない傾向がみられた[24]．

　本章の分析は，男女双方の若者に正規就業の機会が増えれば，若者の出会いの機会が増加し，ひいては婚姻率が上昇するという可能性を示している．また，男女ともに若者個人が周到にライフプランニングを行い，正規雇用を目指すことが，恋愛に近づく一歩であるということも示している．

　ただし，女性に関しては雇用形態と恋愛の関係については2通りの解釈が可能となるため，注意が必要である．1つの解釈としては，パートや契約社員である女性は男性から恋人として望ましいと思われないので（つまり恋人としての「需要」が少ないので），その結果として恋人ができにくいのだという解釈が可能である[25]．もう1つの解釈としては，パートや契約社員である女性の職場では,「望ましい相手である正社員の男性」との「出会いの機会」が少ない

ので，恋愛から遠ざかっているという解釈も可能である．

今後は，上記のうち，どちらが影響しているのかを詳細に検証していく必要がある．

また，経済的な要因の影響は一筋なわでは理解できないということもわかった．経済的な要因に関しては，収入や正規雇用のように恋人との出会いにプラスに働く要因もあるが，大企業勤務や専門・管理職のように，経済面ではアドバンテージのある男性たちに恋人がいない傾向があることが明らかになった．これは予想とは逆の結果である．彼らは「異性や交際相手とのコミュニケーション」に自信がない，女性との交際になれていない男性たちである．このことは，出会いにおいて経済的な資源が重要であるばかりでなく，コミュニケーション能力に代表される対人関係能力が重要であるということをあらためて示している．

「距離的なアクセス機会（職場内外の異性との接触機会）」の影響

本章の分析結果によると，「職場内の独身異性の人数」は男性のみにとって，「恋人との出会い」に影響を与えていた．すなわち，男性の場合にのみ，職場内で出会う独身異性の人数が多ければ，恋人がいる傾向にあることが明らかになった．

女性の場合には，職場に独身の異性がいなくても，職場外で恋人に出会うこともできるが，大多数の男性の場合では，職場の外で恋人に出会うことは難しいようだ．男性が出会いを求めるならば，やはり独身の女性が多くいる職場を選ぶことが1つの大切なポイントかも知れない．また今後，女性の社会進出によって，男女が同じ学校や学部に通い，同じ職場で一緒に仕事をする機会が増えると考えられる．そうなれば，異性の接触機会は増えるので，出会いの面で改善される可能性がある．

「時間的なアクセス機会（残業と休日勤務）」の影響

大久保ほか（2006）による，特に男性の労働時間の長さが未婚化・晩婚化の原因になっているという主張は，本章の分析では支持されなかった．男性の場合，残業や休日勤務していることは「恋人がいるかどうか」と有意に関連して

いなかった．その半面，女性に関しては，残業は関連がなかったものの，休日勤務をしている人は恋人がいない傾向がうかがえた．

長時間労働は，特に男性に関して未婚化の原因になっていると議論されることが多いものの，本章の分析結果では，男性側に関しては，残業削減や実労働時間の短縮が必ずしも恋愛の増加にはつながらない可能性を示した．残業が多くても，出会いを作ることができる男性は恋愛をするものであり，「時間的なアクセス機会」は他の要因に比べて実は未婚化の大きな要因ではないという可能性がある[26]．逆に，女性の側には，休日出勤をしている女性は恋人がいない傾向があるので，女性の側の勤務時間の見直しが恋愛の増加につながる可能性がある．

また，本章で分析した調査では「8時以降の残業の頻度」を聞いているため，残業時間の長さの違いによる影響は測られていないという分析上の制約がある．たとえば，8時30分に仕事が終われば，その後にデートすることは可能であるが，深夜12時まで残業していれば，その後デートするのは難しい．今後の課題として，残業時間の長さの違いによる影響もみていく必要がある．

「対人関係能力」の影響

「友人つきあいを月に1〜2度以上する男性」は，「ほとんどしない男性」に較べて，恋人がいるという傾向が明らかになった．そして，この「友人つきあい」の影響は，予想どおり男性にのみに顕著にあらわれていた．また，「つきあいのある友人に異性がいない20歳代男性に限定して行った分析」でも，「友人つきあいを月に1〜2度以上する男性」は，「ほとんどしない男性」に較べて，恋人がいる傾向がみられた．

これが示唆することは，月に1〜2回くらい友人とつきあう程度の対人関係能力を持つことは，男性にとって，恋人をつくるうえで必要だということであろう．そして，それがたとえ男性同士の友人つきあいであっても，恋愛にも役立つ対人関係能力の訓練にはなりうるということでもあるのではないだろうか．

山田・白河（2008）によれば，「男性の場合，女性とつきあわなければコミュニケーション能力は，なかなか鍛えられません．）」とある．しかし，本章の分析結果をみる限りでは，たとえ男同士の友人つきあいであっても，友人つき

あいをするほうが，ほとんどしないよりは，対人関係能力を磨くのに役立ち，それが恋人との出会いにも役立っているのではないかと思わせる結果となっている．

対人関係が不器用で女性とうまくつきあえない男性は，まず男同士の友人つきあいで対人関係能力を鍛えるのも良いかも知れない．また，本章の結果は結婚紹介サービス業など民間の結婚関連産業による，対人関係能力の改善・支援プログラム等を受けることが，恋人との出会いに役立つ可能性があることを示しているともいえる．

さらにいえることは，出会いの機会を増やすには，女性の側からアプローチするということが有効かも知れないということである．男性の側の対人関係能力不足が問題になるのは，日本では，恋愛の出会いの際には男性の側からアプローチするのが一般的だからである．女性の側からもアプローチするのが一般的になれば，男性の対人関係能力が少々足りなくても恋愛ははじまるかもしれないのである[27]．

謝辞

[二次分析] に当たり，東京大学社会科学研究所附属日本社会研究情報センターSSJデータ・アーカイブから「結婚相談・結婚情報サービスに関する調査，2005」（経済産業省）の個票データの提供を受けました．

註

1) 本章は佐藤・中村 (2006) を再分析および加筆修正したものである．
2) 日本における婚外子の割合は全出生数の中で1.9%であるが，アメリカは34.0%，スウェーデンは56.0%，フランスは44.3%，イギリスは43.1%，ドイツでは26.2%となっている（内閣府「平成16年版 少子化社会白書」）．
3) たとえば，総務省統計局「国勢調査」によると，1970年には，25～29歳の女性の18.1%と30～34歳の男性の11.6%が未婚だったのに，2005年にはそれぞれ59.9%と47.7%が未婚となっている．また，未婚化を含めて少子化の要因分析に関しては，社会保障審議会人口の変化に関する特別部会 (2007) を参照されたい．
4) 18歳から34歳の未婚者のうち，恋人だけでなく，友人を含めて，「交際している異性がない」者の比率は，2005年で男性が52.2%（1987年48.6%）で，女性が44.7%（同39.5%）にもなる．国立社会保障・人口問題研究所「第13回・出生動向基本調査（結婚と出産に関する全国調査）独身者調査」(2005年実施)．
5) 国立社会保障・人口問題研究所「第13回・出生動向基本調査（結婚と出産に関する

全国調査）独身者調査」（2005年実施）によると，「適当な相手にめぐり会わない」は，25歳から34歳では男性の45%，女性の49%で，18歳から24歳では男性の30%，女性の37%になる（理由は3つまで選択）．
6) 未婚の男女の結婚意思は，80年代よりもやや低下しているものの，2005年でも男女のそれぞれ約90%とその多くが，「いずれは結婚するつもり」と回答している（82年は男女それぞれが約95%）．国立社会保障・人口問題研究所「第13回・出生動向基本調査（結婚と出産に関する全国調査）独身者調査」（2005年実施）．
7) 高学歴女性の場合は，20歳代前半においては，在学中の者が多いことも，結婚タイミングを遅らせることにつながっている．
8) ただし，これらの説を恋愛分析にあてはめた場合には3つの適用段階があると考えられるので留意が必要である．(1)結婚したいと思うような異性と出会い，結婚する（または結婚を予定した交際をする）場合，(2)結婚はしないが（する予定はないが），交際だけならしても良いと思える異性と出会い，交際だけをしている場合，(3)結婚も交際もしたいと思える異性と出会わず，結婚も恋愛も先延ばしにする場合である．つまり，(2)のようなタイプの人は，結婚はしないが，恋愛はする，という状況にある人たちであり，結婚の分析の場合とは区別が必要である．経済状態が不安定であったり，将来の展望がみえなかったりする人々でも，結婚には進むことができなくても，恋愛だけはしているという可能性も十分ある．本章の分析では，経済的に不安定な人々が結婚しないまでも特定の相手との交際を行っているのか，それともそのような交際さえもしていないのか，経済的な不安定さが「恋愛」に与える影響について検証したい．
9) 岩澤らは仕事を通じた出会いのことを「職縁結婚」と総称している．
10) 見合い婚姻率は，1935年の69%から，2000年には7.1%まで減っている．（国立社会保障・人口問題研究所「出生動向基本調査」）
11) 冒頭で述べたように，未婚者の大多数は結婚を希望している．よって，「結婚への需要はある」という前提から分析するため，本章では需要側からの説明についての検証は対象としない．
12) 本章の分析では，インターネットモニターを利用したデータを使用している．インターネットモニターを利用した調査では，その代表性に問題がある点が指摘されている．本多（2005）によるインターネット調査と他の代表性のある調査の比較分析によれば，従来型の調査とインターネット調査では調査結果の大半が有意に異なるという知見が得られている．また，インターネット調査では，従来の調査と比較して共通の特徴（高学歴，労働時間が短い，不安・不満が強い）という傾向がみられた．インターネット調査を用いた本章の分析の結果をもって，日本全国の未婚者の代表とみなすことは難しい．本章は，仮説検証型の体裁をとっているが，実際には今後より代表性の高いデータを入手して再分析する際の仮説を探りだすための，いわば仮説抽出型の研究として位置づけたい．
13) 分析の対象を20歳代に限定した理由は，本データの調査対象が「未婚者」のみであるということによる．30歳代になると人口全体の中で既婚者の割合がかなり高くなってくるため，未婚者のみの調査対象からは落ちるケースが多くなり，調査対象に残っている30歳代の人々にはかなりの偏りが発生することになる．この偏りを避けるために，

結婚している者の絶対数が比較的少ない20歳代のサンプルのみを分析に使用した.
14) 被説明変数は「恋人がいるかどうか」であり, 説明変数は「経済的要因」「経路の要因」「対人関係能力」に関連する具体的な項目である. なお, 因果関係を証明するには, 説明変数が被説明変数に時間的に先行している必要があるが, 本章の分析ではデータの制約上, 同時点に得られた両者の情報を使用した. 今後, パネルデータ等で再検証していきたい.
15) ①学歴に関しては, 高卒以下, 短大・専門, 大卒以上の3段階に分けた. 次に②「収入」に関しては, 7階級に分け ((1) 100万円未満, (2) 100〜300万円未満, (3) 300〜400万円未満, (4) 400〜600万円未満, (5) 600〜800万円未満, (6) 800〜1000万円未満, (7) 1000万円以上), その「階級値」を対数化して使用した. ③職業に関しては, 「専門・管理職」, 「事務・販売」, 「自営・農業」, 「現場労働」の4分類にまとめて分析した. ④「勤務形態」については, 「パート・派遣」「自営」「正規雇用」の3分類にまとめて分析した. ⑤「企業規模」については, 「(1) 500人以下, (2) 500人以上1000人以下, (3) 1000人以上」の3分類にまとめて分析した.
16) 「職場内の独身の異性の人数」の回答については再コード化し, 「(1) ほとんどいない, (2) 少ない, (3) やや多い, (4) 多い」の4件法として分析した. 「職場以外で独身の異性と出会う機会」についても選択肢を再コード化し, 「(1) ほとんどない, (2) 少ない, (3) ある程度ある, (4) 多くある」の4件法とした.
17) 「残業」については「午後8時以降の残業の頻度」について聞いた設問を使用した(選択肢は再コード化して, (1) ほとんどしない, (2) 月に1〜2回, (3) 月に3〜4回, (4) 週に2〜3回, (5) ほぼ毎日). さらに「休日出勤」に関しては, 「勤務日でない日の出勤の頻度」について聞いた設問を使用した (選択肢は再コード化して, (1) ほとんどしない, (2) 月に1〜2回, (3) 月に3〜4回, (4) 月に5回以上).
18) 「恋人の有無」の原因となる項目 (説明変数) の中には「年代」も含め20歳代前半の人たちと20歳代後半の人たちを比較した (20歳代前半=0, 20歳代後半=1).
19) 男性の職種に関しては, 有意確率90%レベル (危険率10%) という緩い基準で辛うじて統計的に有意であるにすぎない. つまり, この分析でみられたような, 職種間での「恋人との出会い」の差は, サンプリングの際の偶然によるもので, 母集団においては, このような職種間における「恋人との出会い」の差はみられないという可能性も10%程度はあるのである.
20) 独立性の検定・残差分析, 結果省略.
21) 山田・白河 (2008) は, 「女環境のない (女性と縁がない) 人の典型的な例としては, 男兄弟で育って, 学校もずっと男子校, 大学もほとんど男ばかりの理系で, そのまま研究所などに就職して, やはりそこでも周りは男だらけというケースです.」と述べている. 本章の分析の恋愛から遠ざかっている20歳代の専門・管理職や大企業勤務者というのも, このようにたどってきた経路に異性が少なかったタイプの人々である可能性がある.
22) 女性の休日出勤が「恋人との出会い」に与える影響については, 有意確率90%レベル (危険率10%) という緩い基準で辛うじて統計的に有意であるにすぎない. この分析でみられたような, 休日出勤の頻度による「恋人との出会い」の差はサンプリングの

際の偶然によるものであり，母集団においては休日出勤の頻度による「出会いの差」がないという可能性も10%程度あるということである．
23) 興味深いことに，「つきあいのある友人に異性がいない20歳代男性に限定して行った分析」では，正社員と較べた場合の，パート男性の恋人がいるオッズが，一般男性の場合よりも極端に小さくなっている（一般男性では0.57なのに，「つきあいのある友人に異性がいない20歳代男性に限定して行った分析」では0.06という極端な値になっている）．また，一般男性では有意にならなかった「学歴」が，「恋人の有無」にマイナスの影響を与えており，高学歴の方が，恋人がいるオッズが低くなっている．「つきあいのある友人に異性がいない20歳代男性」というのは非常に特殊な集団だということがうかがい知れる．
24) 従来の研究でも，女性側の経済的な不安定さが婚姻率の低さに与える影響について述べているものもある．（樋口・酒井2003；白波瀬2005）
25) 例えば，脇坂（1990）は，「いくら腰掛けであっても働いていれば，働いた経験がない女性よりも結婚市場において『人間ができている』と社会的に認知される．」と述べ，働いた経験が，結婚相手としての需要をアップさせる可能性を指摘している．つまり，労働市場での経験が，結婚相手としての望ましい人物であることを知らせる，「シグナル」になっているのである．これが事実であるならば，恋愛に関しても，同じようなことが起きている可能性がある．パートや契約社員として働くよりも，正社員で働いた経験がある女性の方が「より人間ができている」という「シグナル」となり，そのことによって，より望ましい恋愛相手として認識されるという可能性がある．また，正社員である女性の経済力が，恋愛相手として，さらに将来の結婚相手として，好もしいと認識されている可能性がある．
26) 長時間労働が異性との親密な関係を築く機会を奪うというメカニズムは，労働時間の長さと既婚者のセックスレスの関係においても指摘されている．労働時間があまりにも長いと，セックスレスにつながるという．しかし，この問題に関しても，玄田（2007）によれば，実は労働時間の長さは既婚者のセックスレスとは有意な関係がないことが明らかになっている．分析によると，セックスレスには勤務時間の長さではなく，挫折経験，劣悪な職場環境，経済的な不安によるストレスが関わっていることが示されている．
27) この点に関して，山田・白河（2008）は「女性たちよ，狩に出でよ．」という表現を用いて，同様の指摘をしている．

文献

Becker, G. S., 1973, "A Theory of Marriage Part I," *Journal of Political Economy*, 81：813-46.

玄田有史，2007，「仕事とセックスレス」玄田有史・斎藤珠里『仕事とセックスのあいだ』朝日新聞社：63-98.

Glick, P. C., D. M. Heer and J.C. Beresford, 1963, "Family Formation and Family Composition: trends and Prospects," M. B. Sussman, ed., *Sourcebook in Marriage and the Family*, New York: Houghton Mifflin：30-40.

Goldthorpe, J. H. 1987, *Social Mobility and Class Structure in Modern Britain*, Clarendon

Press.
樋口美雄・阿部正浩, 1999,「経済変動と女性の結婚・出産・就業のタイミング」樋口美雄・岩田正美編著『パネルデータからみた現代女性』東洋経済新報社：25-65.
樋口美雄・酒井正, 2003,「女性フリーターの増加要因とその後の生活への影響」財団法人家計経済研究所編『家計・仕事・暮らしと女性の現在 消費生活に関するパネル調査―平成15年版（第10年度）』：55-69.
本多則恵・本川明, 2005,『インターネット調査は社会調査に利用できるか―実験調査による検証結果』労働政策研究報告書 No.17. 労働政策研究・研修機構.
本田由紀, 2005,『多元化する「能力」と日本社会―ハイパー・メリトクラシー化のなかで』NTT出版.
岩澤美帆・三田房美, 2005,「職縁結婚の盛衰と未婚化の進展」『日本労働研究雑誌』535：16-28.
加藤彰彦, 2004,「配偶者選択と結婚」渡辺秀樹・稲葉昭英・嶋崎尚子編『現代家族の構造と変容―全国家族調査［NFR98］による計量分析』東京大学出版会：41-58.
三浦展, 2005,『下流社会―新たな階層集団の出現』光文社.
永井暁子, 2006,「友達の存在と家族の期待」玄田有史編著『希望学』中央公論新社：85-110.
中村真由美, 2007,「結婚の際に男性に求められる資質の変化―対人関係能力と結婚との関係」永井暁子・松田茂樹編『対等な夫婦は幸せか』勁草書房：15-27.
大橋照枝, 1993,『未婚化の社会学』NHK出版.
大久保幸夫・畑谷圭子・大宮冬洋, 2006,『30代未婚男』NHK出版.
Oppenheimer, V. K., 1988, "A Theory of Marriage Timing", *American Journal of Sociology*, 94: 563-91.
佐藤博樹・中村真由美, 2007,「なぜ「パートナーに出会えない」のか？―出会いを可能とする要因・阻害する要因」*SSJ Archive Research Paper Series* 37：1-11.
社会保障審議会人口構造の変化に関する特別部会, 2007,「『出生等に対する希望を反映した人口試算』の公表に当たっての人口構造の変化に関する議論の整理」.
Schoen, R., 2003, "Partner Choice," P. Demeny and G. McNicoll, eds., *Encyclopedia of Population*, New York: Macmillan Reference USA：723-724.
少子化時代の結婚産業の在り方に関する研究会, 2006,『少子化時代の結婚関連産業の在り方に関する調査研究 報告書』経済産業省商務情報政策局サービス産業課.
白波瀬佐和子, 2005,『少子高齢社会のみえない格差―ジェンダー・世代・階層のゆくえ』東京大学出版会.
山田昌弘, 1999,『パラサイト・シングルの時代』筑摩書房.
山田昌弘・白河桃子, 2008,『「婚活」時代』ディスカヴァー・トゥエンティワン.
脇坂明, 1990,『会社型女性―昇進のネックとライフコース』同文舘出版.

第 II 部
揺らぐ結婚意識

第 4 章

同棲経験者の結婚意欲

不破麻紀子

1 同棲の普及とライフコースの多様化

　同棲をしている人は，結婚をどのようにとらえているのだろうか．現在の同棲関係を将来の結婚に向けての前段階ととらえているのだろうか．それともこのまま同棲という形で同居を続けたいと考えているのだろうか．はたまた交際の延長線上のカジュアルな同居で，結婚については「不透明」な状態なのだろうか．本章はそんな疑問に，同棲経験と結婚意欲の関連という角度から答えていきたい．

　かつて同棲は日本では稀であるといわれ，同棲経験が人口動向に及ぼす影響は少ないと考えられてきた．しかし，近年日本でも徐々にではあるが，同棲経験者が増加してきている（国立社会保障・人口問題研究所 2005）．また，同棲に対する意識も変わりつつある．かつてはどちらかといえば暗いイメージを持たれることも多かったが，2004 年の 18 歳から 49 歳までの女性を対象にした調査では，およそ半数が同棲に「抵抗がまったくない，またはあまりない」と答えており，特に若い世代で寛容度が高くなっている（岩澤 2005）．今後，同棲に抵抗のない世代が増えるにしたがって，日本でも同棲が徐々に普及していくことが考えられる．欧米では，過去にも日本に比べ同棲が広くみられたが，この数十年でさらに一般化してきている．たとえば，アメリカでは 1990 年代半ばには，30 歳代の女性の半数が同棲を経験している（Bumpass and Lu 2000）．

同棲の増加は近年のアメリカでの晩婚化傾向に直接影響を及ぼしており，Bumpass, Sweet, and Cherlin（1991）は25歳までの女性の結婚率の低下のほとんどは，同棲の増加によって説明しうるとしている．同棲の普及にともなって，かつて逸脱行為とみなされていた同棲は，一般的なライフコースの一部となりつつある．また，スウェーデンなどでは，同棲を法律婚と同等に扱う制度が整備され，家族形態の1つとして定着している．

さて，近年欧米を中心に同棲研究が盛んになってきた背景の1つには，同棲の普及が家族形成過程に与える影響への関心の高まりがある．アメリカの研究では，同棲の増加が晩婚化のみならず，再婚率の低下につながっていることが指摘されているほか（Bumpass et al. 1991），地域によっては，同棲の増加が少子化を促進することも考えられる．たとえば，スウェーデンなど婚外出生割合が高い国では，同棲の増加が出生率に及ぼす影響は小さいといわれているが，日本のように婚外出生割合が極端に低い社会の場合，同棲の増加は出生率の低下に直接つながってくる．このため，日本でも欧米と同様に同棲が普及し始めた場合，晩婚化や少子化に与える影響は大きくなると考えられる．

2　日本の同棲の状況

近年，日本の同棲経験率はわずかながらではあるが増加している．国立社会保障・人口問題研究所によると1987年の18歳から34歳の独身者を対象にした調査では，現在または過去に同棲を経験した人は男性3.2％，女性2.8％であったが，2005年の調査では男性7.9％，女性7.3％にまで上昇している（国立社会保障・人口問題研究所 2005）．しかし，同棲経験者の価値観や社会経済的特徴などを大規模なデータを用いて分析した研究はまだ蓄積が浅く，最近のものでは，岩澤（2005）の20歳から49歳の女性を対象にしたデータを用いた研究を除いてほとんど存在しない．そこで岩澤（2005）の研究結果をここで短くまとめてみる．それによると，まず，30歳代前半の女性のおよそ2割が同棲を経験していることが明らかになっている．また，回答者の30％が「今後同棲をしてみたい」と答えており，特に20歳代前半の女性では過半数の52％にものぼっている．このような若年層の意識の変化は，同棲が魅力的なパートナ

一関係の1つとなりつつあることを示している．同棲の継続期間については，平均継続期間は23ヵ月，中央値は15ヵ月となっており，結婚しているカップルに比べ短いが，継続期間にはばらつきも大きく，およそ2割が半年未満の継続である一方，2年以上続いている同棲カップルも3割あり，同棲が社会に浸透するに従い，同棲することの意義や目的が多様化していることも考えられる．

続いて同棲経験者の社会経済的特徴についてであるが，年齢は1970年代生まれの女性が最も同棲を経験している確率が高く，それより古いコーホートでは低くなっている．学歴については，学歴が低い人の方が同棲を経験しやすいという知見がある一方（岩澤2005），いわゆる事実婚の人を対象とした善積（1994）の研究では高学歴の人が大多数を占めていることが明らかになっている．結婚観や家族観などの価値観と同棲経験との関連については，高学歴の父親を持つ女性が同棲を経験しやすいということから，父親のリベラルな考え方が，娘の同棲を促進する可能性が指摘されている．また，事実婚のカップルを対象とした研究では，特に女性の間でリベラルな価値観を持つ傾向がみられている（善積1994）．アメリカなどの研究でも，同棲している人は，結婚している人に比べリベラルな価値観を持ち，性役割分業の度合いも低いとされている（Casper and Bianchi 2002）．しかし，「男性が家族を養うべき」などの伝統的な価値観を持っている同棲カップルが，男性パートナーの「主な稼ぎ手」としての収入が十分でないために結婚に踏み切れないでいるという指摘もあり（Smock, Manning and Porter 2005），同棲経験者の価値観の二極化も考えられる．

3 同棲のタイプ

一口に日本の同棲カップルといっても，結婚カップルと同様の安定的な関係から一時的な同居までさまざまなカップルが存在するであろう．同棲の目的や同棲している人の属性，そして，結婚に対する意欲もさまざまであることが考えられる．そこで，本節では先行研究で指摘されてきた同棲のタイプについて検討する．

従来の同棲研究の中では，同棲のタイプとして結婚前の前段階型と結婚代替型があることが指摘されてきた．同棲が社会に普及する前は，結婚前のトライ

アル・準備期ともいえる結婚前の前段階型が多くを占め，社会に浸透するにつれて，同棲が安定した家族形態として定着する結婚代替型が多くなるとされている．たとえば，スウェーデンでは1960年代半ばに始まった同棲は，妊娠などを機に結婚に移行する結婚の前段階的なものが多くを占めたが，1970年代後半に始まった同棲は，子どもを持つカップルも多い安定的なものが多くなったとみられている (Hoem and Hoem 1988)．

しかしこのように同棲を結婚の前段階または代替的な関係ととらえる見方には批判も出ており，Rindfuss and VendenHeuve (1990) は，同棲をむしろ独身者同士の交際の延長線上の形態で，「独身でいることの代替」ととらえるべきと主張している．このような独身代替型の同棲のタイプでは，同棲は長時間一緒に過ごしたり，親密な関係を結婚というコミットメントを経ずに提供する場ととらえられているとされる．

また，Casper and Bianchi (2002) は，アメリカの同棲の類型として独身代替型と結婚代替型に加え，結婚前段階型を2タイプに細分化した結婚の先駆け型と結婚試行段階型を提案している．結婚の準備段階としての同棲である結婚の先駆け型の同棲は，現在の同棲相手との確定的な結婚への計画があり，結婚に移行する割合も高いが，結婚前の試行段階型は，相手との相性などを確かめるための同居で，将来，現在の相手と結婚するかどうかは不確かな状態である場合が多いとされる．以下では，Casper and Bianchi (2002) の分類に基づき，これら結婚代替型，結婚先駆け型，試行段階型，独身代替型の4つの同棲のタイプと結婚意欲の関連について検討する[1]．

結婚代替型

結婚代替型の同棲は，文化的，歴史的に同棲が広く認知されている民族や社会で多くみられ，アメリカ本土在住のプエルトリコ人や (Landale and Fennely 1992)，カナダのケッベク地方 (Le Bourdais and Lapierre-Adamcyk 2004)，フランスなどではこの型の同棲が多いとされている．同棲関係は比較的安定的であり，子どもを持つカップルも多い．アメリカでは同棲カップルのおよそ40％が1年以内に解消されるか，結婚に移行しているのに対し (Bumpass and Sweet 1989)，フランスでは同棲カップルの半数は推定継続期間が4年以上

と，他の欧米10ヵ国に比べても最も長くなっている（Heuveline and Timberlake 2004）．結婚代替型は結婚よりも同棲という形態を選ぶ選択型といえ，将来の結婚に対する意欲も低いことが考えられる．

結婚先駆け型

　この型の同棲は結婚に先駆けての同居と考えられ，同棲相手と確定的な結婚の計画を持ち，現在の同棲相手との相性や関係についても良好だと考えているカップルとされる．さらに，この型の同棲カップルは，結婚代替型と異なり，現行の婚姻制度についても高く評価しているとされる．この型の同棲では結婚に移行する割合も他の型に比べて最も高く，およそ半数が5～7年以内に結婚に移行している（Casper and Bianchi 2002）．すなわち，結婚先駆け型では，同棲中の人は，結婚を前提としていると考えられることから，結婚意欲は高いことが予想される．

試行段階型

　試行段階型の同棲は，結婚前のトライアル同棲といえ，結婚前に相手との相性を確かめる目的で同棲している場合が多いとされる．結婚先駆け型の同棲と同様に，全般的な結婚意欲は高く，「いずれ結婚したい」と考えているが，現在の同棲相手と結婚するかどうかは不確かなカップルがこの型にあてはまる（Casper and Bianchi 2002）．継続期間は結婚先駆け型と共に短いが，結婚先駆け型の同棲の多くが結婚に移行するのに対し，試行段階型では，結婚に移行せずに解消される割合が高くなっている．

独身代替型

　上記3つの型は，同棲を婚姻関係と比較対照する角度からとらえているが，近年の研究では，同棲を独身者の交際の最終段階で，独身でいることの代替としてみる指摘がなされている．Rindfuss and VandenHeuvel（1990）は，この数十年で婚前性交渉への寛容度が高まるなど交際の形や内容が変わってきており，同棲は「同居をともなう交際」とみるべきと主張している．彼らの研究結果によると，アメリカの同棲中の人は社会経済的特徴や価値観が既婚者よりも

むしろ未婚者と類似しており，たとえば，同棲中の人は親から経済的な援助を受けている割合や在学中である割合なども既婚者に比べて高くなっている．このような独身代替型では，同棲の継続期間が短く，結婚に移行する割合も低くなっている．さらに，同棲中の人は同棲相手との関係や相性などについては「不透明」な状態で，現行の婚姻制度についても明確な見解を持っていないとされる（Casper and Bianchi 2002）．

日本の同棲経験者の結婚意欲

日本の同棲経験者の結婚意欲については，岩澤（1999）が現在同棲をしている人の90％以上が「いずれ結婚するつもり」と考えていることを明らかにしている．このため，日本では同棲中の人の多くは高い結婚意欲を持っていることが考えられる．しかし，この調査では，結婚意欲に関する質問の選択肢が「いずれ結婚するつもり」と「一生結婚するつもりはない」の2つのみであるため，意欲の高さの度合いについてここから判断することは難しい．

また，同棲中の人の結婚意欲の高さは，同棲の有無ではなく，結婚の可能性がある交際相手がいるということに起因している可能性がある．このため，同棲自体と結婚意欲の関連を分析するには，同棲している人の結婚意欲を，同棲はしていないが交際相手がいる人の結婚意欲と比較する必要がある．しかし，従来の研究では同棲経験者と交際相手のいる（同棲はしていない）人との結婚意欲の比較は，データ上の制限などからほとんど行われてこなかった．本章では同棲経験者の結婚意欲を交際相手のいる人の結婚意欲と比較することにより，同棲経験と結婚意欲の関連の分析を試みる．

また，同棲経験率が高まる中で，現在の同棲関係のみならず，過去の同棲経験が将来の結婚意欲に影響を与えることも予想される．岩澤（2005）によると，25歳から49歳の同棲を経験した女性のうち，同棲から初婚に移行した割合は半数程度に過ぎないことがわかっている．そのため，過去の同棲経験（および同棲関係の解消経験）が結婚に与える影響も考慮する必要性がでてくる．たとえば，同棲が結婚を前提として始まったものであっても，同棲関係が結婚に至らずに解消された場合，その後の結婚への意欲が低くなる可能性も考えられる．そこで，分析では，現在同棲中の人だけでなく，過去に同棲を経験した人の結

婚意欲も探っていく．

4　同棲経験者は結婚をどのようにとらえているか

データ

　分析に使用するデータは，平成17年に経済産業省が実施した結婚相談・結婚情報サービスに関する調査である．本章の分析では未婚（離婚・死別を含まない）の3,819人（男性2,142人，女性1,677人）をサンプルとした．年齢の高い層でオーバーサンプリングになっているため，未婚者の性別・年齢別人口分布に沿って重みをかけたデータを使用している．今回の分析では，サンプル中の同棲経験者の割合を分析したのち，同棲経験者の社会経済的特徴や結婚観，家族観などの価値観についても検討する．さらに，本章の焦点である同棲経験と結婚意欲との関連を探るため，同棲経験者の結婚意欲を，現在交際相手がいる（同棲経験なし）人の結婚意欲と比較する．

　本章の分析の焦点は同棲経験者が同棲経験のない人に比べてどのような結婚意欲を持っているかであるが，本調査には回答者の結婚意欲について尋ねた項目があり，分析の中ではこの質問に対する回答を結婚意欲の指標として使用する．選択肢は4「ぜひ結婚したい」，3「できれば結婚したい」，2「結婚してもしなくてもよい」，1「結婚するつもりはない」となっている．残念ながらこの質問は一般的な結婚意欲の高さのみを尋ねているため，たとえ回答者の結婚意欲が高い場合でも，現在の同棲相手と結婚したいと考えているかどうかを知ることはできない．そのため，本章では一般的な結婚意欲の高さの比較に分析を限定せざるを得ない．今後，質的調査などを通して，同棲経験者の結婚意欲の詳細な分析・研究の蓄積が望まれる．また，わが国でも，同棲はさまざまな社会経済的背景を持った人々によって経験され，その目的もさまざまであると考えられる．本章の分析では，日本の同棲を1つの型にはめることを試みるのではなく，日本の同棲経験者がどのような属性を持ち，結婚をどのように考えているのかという平均的なイメージを探る場としたい．

　多くの先行研究でも指摘されているように，「同棲」を客観的に定義することは難しい．婚姻のようにはっきりとした開始・終了時が特定できず，また，

どのような同居状態を「同棲」ととらえるかは、回答者によって異なってくる（岩澤 2005）[2]。本調査でも、同棲経験の有無は、回答者の主観的判断にゆだねられている。また、残念ながら、本調査では、過去の同棲継続期間や回数についての情報を欠いている。そのため、同棲経験者の中には、同棲期間が1、2ヵ月の短い関係から、事実婚のような安定的な関係までを含む可能性がある。さらに、同棲を1回のみ経験している人と複数回経験している人では、属性や結婚に対する考え方などが異なっていることが考えられる[3]。

分析結果①　同棲経験者の属性

それでは、まず、どのくらいの人が同棲を経験しているのかからみていこう。図表4-1は、本サンプル中の同棲経験者の割合を示したものである。現在同棲中の人は4.3%（男性3.3%、女性5.7%）、過去に同棲経験がある人は13.3%（男性12.3%、女性14.7%）となっており、現在と過去をあわせて、およそ18%の回答者が同棲の経験があると答えている。2割弱の未婚者が同棲を経験していることになり、同棲が従来いわれてきたような稀な事象ではなくなってきていることを示唆している。

では、どのような社会経済的特徴を持った人が同棲を経験しているのだろうか。図表4-2は、現在同棲中の人（以下、同棲中と略記）と現在交際相手があり、同棲経験がない人（以下、交際有（同棲無）と略記）の属性を比較したものである[4]。図表4-2の中の†や*印は、同棲の有無により、社会経済的特徴に統計学的に意味のある違いがあることを示している。まず年齢については、同棲中の人が28歳であるのに対し、交際有（同棲無）の人が27歳と、現在同棲中の人の年齢がやや高くなっている。学歴についてみると、男性に関しては同棲経験の有無による差はみられないが、女性は同棲中の人の方が高校卒以下の占め

図表4-1　同棲の経験

	現在同棲中	過去に同棲	同棲したことはない
総数	4.3%（166人）	13.3%（509人）	82.3%（3,145人）
男性	3.3%（70人）	12.3%（263人）	84.5%（1,809人）
女性	5.7%（96人）	14.7%（246人）	79.6%（1,335人）

N=3,819

る割合が高く,大卒以上の割合が低くなっている[5].これは,低学歴層がより同棲を経験しやすいという岩澤(2005)の知見と一致する.就業状況に関しては,同棲中の男性は正規雇用の割合が56%であるのに対し,交際有(同棲無)の男性は50%と,統計学的に有意な差ではないものの,同棲中の男性の方がやや高くなっている[6].しかし,同棲中の女性は,交際有(同棲無)の女性より正規雇用の割合が低く,逆にパートタイム雇用や無職の割合が高くなっている.また,同棲中の女性のうち学生の占める割合が低くなっている.これは1970年代アメリカにおける「同棲は学生同士のカップルの間で多くみられる」というイメージと異なる(善積 1997).大都市に居住している割合は同棲中の男性がほぼ半数の48%と高くなっている.

全体的にみると,同棲中の男女の特徴の違いが際立っている.同棲中の男性は,学歴に関しては交際有(同棲無)の男性とあまり違いがなく,就業状況も正規雇用の割合がやや高いなど安定しているのに対し,同棲中の女性は交際有(同棲無)の女性より低学歴で,就業状況もパートタイム雇用や無職が多いなど不安定である.ここから,同棲を経験している人の特徴は男女で異なることが示唆された.また,仮に男女の就業状況の違いが同棲中に形成されたとすると,同棲中の男女の就業状況の違いは,既婚カップルのあいだで多くみられる

図表4-2 社会経済的特徴

	男性			女性		
	同棲中	交際有(同棲無)	有意差	同棲中	交際有(同棲無)	有意差
年齢	28	27	†	28	27	**
学歴						
高校以下	30.1%	25.4%		39.1%	16.8%	***
短大・高専・専修学校	14.5%	14.3%		26.7%	24.2%	
大学以上	55.5%	60.3%		34.2%	59.0%	**
就業状況						
正規雇用	55.9%	50.5%		23.3%	45.3%	**
パートタイム	13.1%	11.5%		44.2%	18.0%	***
自営	3.9%	4.4%		5.5%	4.6%	
学生	20.8%	29.5%		11.5%	27.4%	***
無職他	6.4%	4.0%		15.4%	4.8%	†
収入(万円)	286.2	250.9		210.6	197.1	
居住地(東京または政令指定都市)	48.2%	34.7%	*	35.9%	34.0%	

†p<.1, *p<.05, **p<.01, ***p<.001

性役割分業を反映しているとみることも出来る．つまり，法律的に婚姻関係にあるかどうかにかかわらず，異性との同居自体が，性別による役割分業を促進している可能性も考えられる．

次に，現在交際相手がいる人を対象に，現在同棲中の人，過去に同棲を経験した人，そして同棲経験がない人の意識・価値観の違いをみてみよう．図表4-3は同棲中の人，過去に同棲経験があり，現在交際相手がいる人（以下，過去同棲（交際有）と略記），そして交際有（同棲無）の人の結婚観・家族観を比較したものである．図表4-3中の灰色の横棒は交際有（同棲無）の人，白黒の斜線の横棒は過去同棲（交際有）の人，そして黒の横棒は同棲中の人の結婚観・家族観を示している．図表4-3中の白黒の斜線と黒の横棒の横についている†や*印は，過去同棲（交際有）の人と同棲中の人の結婚観・家族観が，交際有（同棲無）の人と比べて統計学的にみて有意に異なる（設問に対して賛成する度合いが有意に高いまたは低い）ことを示している．9項目のうち，結婚および結婚前の交際についての考え方について聞いたものが3項目（図表4-3中，結婚観と略記），残り6項目が結婚後の家族観，性分業意識についての項目（図表4-3中，家族観と略記）である．これらの変数のレンジは1「まったく反対」，2「どちらかといえば反対」，3「どちらかといえば賛成」，4「まったく賛成」となっている．

結果をみると，まず，同棲中の男性は結婚および結婚前の交際に関する3項目全てで交際有（同棲無）の男性より革新的な考え方を持っている．「生涯を独身で過ごすのは望ましい生き方ではない」という考え方や「男女が一緒に暮らすなら結婚すべき」という考え方に対して賛成する度合いが低くなっており，婚前の性交渉についても寛容度が高くなっている．しかし，過去同棲（交際有）の男性は，結婚および結婚前の交際に関する考え方について現在交際有（同棲無）の男性と違いはみられない．女性に関しては，同棲中の人と過去同棲（交際有）の女性は，「男女が一緒に暮らすなら結婚すべき」という考え方に賛成する度合いが低くなっている．つまり，同棲が必ずしも結婚に結びつかなくてもよいと考えている人が多いことがわかる．また，過去同棲（交際有）女性は結婚前の性交渉に関する寛容度も高くなっている．

続いて，結婚後の家族観についてであるが，同棲中の男性は結婚後も必ずし

第4章 同棲経験者の結婚意欲

図表4-3 同棲経験別（経験無・過去・現在）結婚観・家族観

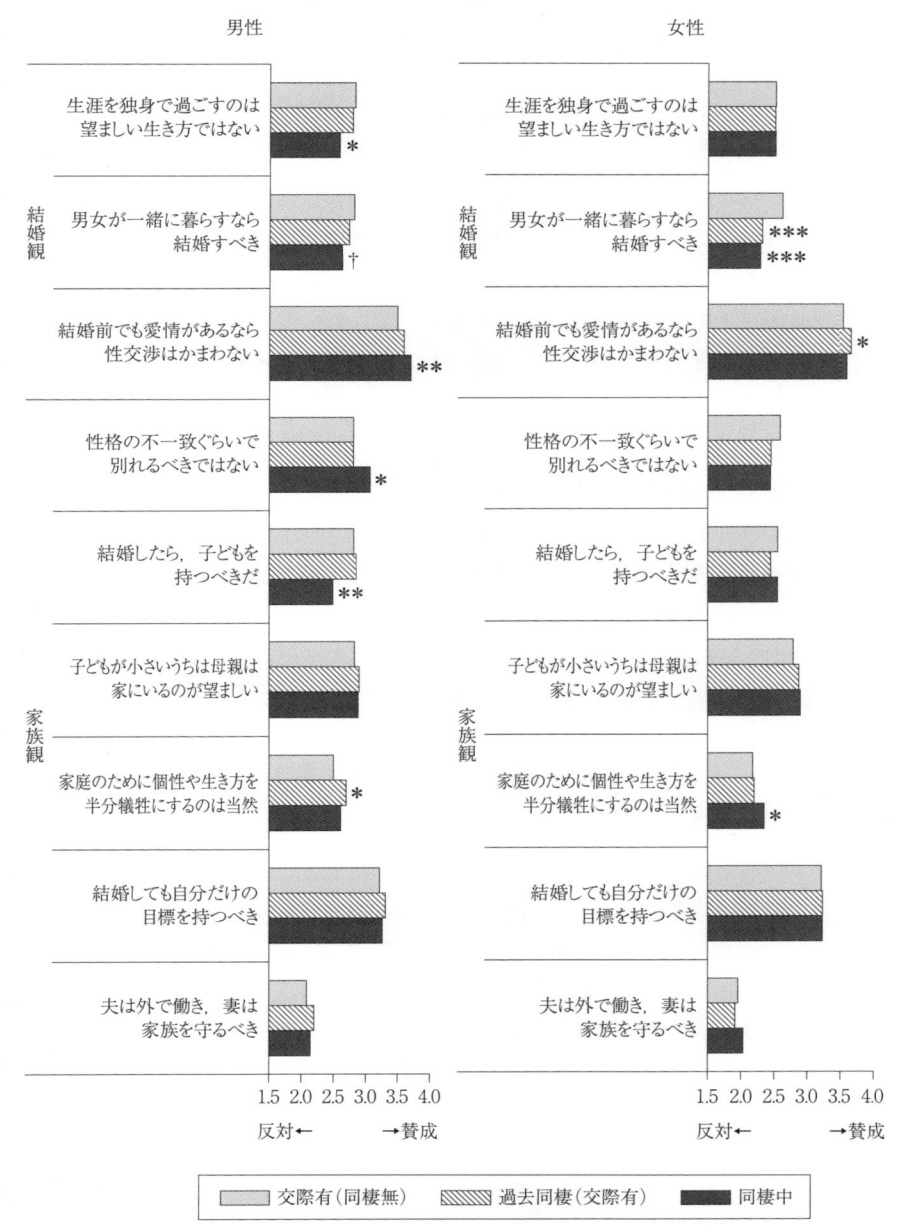

男性／女性

結婚観
- 生涯を独身で過ごすのは望ましい生き方ではない
- 男女が一緒に暮らすなら結婚すべき
- 結婚前でも愛情があるなら性交渉はかまわない

家族観
- 性格の不一致ぐらいで別れるべきではない
- 結婚したら，子どもを持つべきだ
- 子どもが小さいうちは母親は家にいるのが望ましい
- 家庭のために個性や生き方を半分犠牲にするのは当然
- 結婚しても自分だけの目標を持つべき
- 夫は外で働き，妻は家族を守るべき

1.5 2.0 2.5 3.0 3.5 4.0
反対← →賛成

凡例：交際有（同棲無） ／ 過去同棲（交際有） ／ 同棲中

男性の有意差：
- 生涯を独身で過ごすのは望ましい生き方ではない *
- 男女が一緒に暮らすなら結婚すべき †
- 結婚前でも愛情があるなら性交渉はかまわない **
- 性格の不一致ぐらいで別れるべきではない *
- 結婚したら，子どもを持つべきだ **
- 家庭のために個性や生き方を半分犠牲にするのは当然 *

女性の有意差：
- 男女が一緒に暮らすなら結婚すべき ***／***
- 結婚前でも愛情があるなら性交渉はかまわない *
- 家庭のために個性や生き方を半分犠牲にするのは当然 *

第Ⅱ部　揺らぐ結婚意識

も子どもを持たなくても良いと考えている度合いが高くなっている．しかし，離婚許容性についてはやや保守的な意識を持っており，「性格の不一致ぐらいで別れるべきではない」という考え方に賛成する度合いが高い．また，過去同棲（交際有）の男性と同棲中の女性は，交際有（同棲無）の人に比べ，「家庭のために個性や生き方を半分犠牲にするのは当然」という考え方に賛成する度合いが有意に高くなっている．この他の項目については意識に有意な差はみられない．これらのことは，同棲経験のある人は，結婚前の交際に関する考え方は革新的であるが，いったん結婚した後の家族観に関しては，交際有（同棲無）の人と同様か，やや保守的な考え方を維持していることを示唆している．しかし，このデータは未婚者のみに限られており，今後，既婚者との考え方の違いについても比較，検討する必要がある．

分析結果②　同棲経験と結婚意欲

次に，本章の焦点である同棲経験と結婚意欲の関連について検討する．図表4-4は現在および過去の同棲経験者と未経験者の結婚意欲を，交際相手の有無別に比較した結果である．図表4-4の左から，交際有（同棲無）の人，同棲中の人，過去に同棲経験があり，現在交際相手がいない人（以下，過去同棲（交際無）と略記），過去同棲（交際有）の人，そして同棲経験がなく，現在交際相

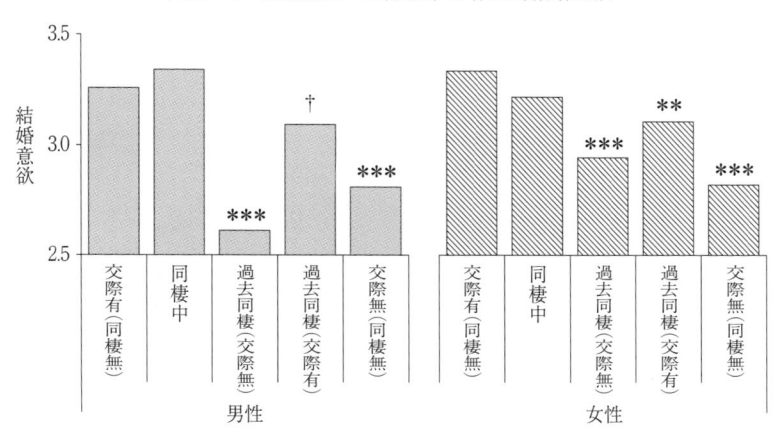

図表4-4　同棲経験・交際相手の有無別結婚意欲

手もいない人（以下，交際無（同棲無）と略記）の結婚意欲をあらわしている．図表4-4の中の†や*のマークは，交際有（同棲無）の人とくらべて，結婚意欲の高さが有意に異なる（有意に低い）ことを示している．

　まず男性の結婚意欲からみると，同棲中の男性の結婚意欲が最も高くなっているが，交際有（同棲無）男性と統計的に有意な差は無い（3.34対3.26）．これに対し，過去に同棲を経験した男性は，現在交際相手がいるかどうかにかかわらず，交際有（同棲無）の男性に比べて結婚意欲が有意に低くなっている．特に過去同棲（交際無）の男性の結婚意欲（2.61）は，交際無（同棲無）の男性に比べても低くなっている．

　女性についてみると，交際有（同棲無）女性の結婚意欲が最も高く，続いて同棲中の女性となっているが，この2つのグループの結婚意欲の平均値に有意な差はみられない（3.34対3.22）．しかし，男性の場合と同様に，過去に同棲経験がある女性は交際相手の有無にかかわらず，交際有（同棲無）の女性より結婚意欲が低くなっている．

　以上のことから，同棲中の人は男女共に交際有（同棲無）の人と同程度に高い結婚意欲を持っていることが明らかになった．同棲中の人が，交際有（同棲無）の人に比べて心理的に結婚に近い状態にあるとはとらえにくいといえる．また，逆に結婚に対しての強い否定的な態度も認められず，同棲中の人が同棲を結婚の代替ととらえているとも考えにくい．むしろ，交際有（同棲無）の人と同程度の結婚意欲を持っていることから，日本の同棲の多くが交際の一過程としての同居である可能性も考えられる．

　しかし，今回の分析では過去の同棲経験者は，交際有（同棲無）の人と有意に異なった結婚意欲を持っていることも明らかになった．過去に同棲経験がある人は現在交際相手がいるかどうかにかかわらず，男女ともに結婚意欲が低くなっており，将来の結婚に消極的であるといえる．今回使用したデータはクロスセクションデータであるため，因果関係について分析することは出来ないが，過去の同棲経験（および同棲の解消経験）が結婚意欲低下の一因となっている可能性も考えられる．

　ここまでの分析では結婚意欲の平均値をみてきたが，結婚意欲は年齢や収入など社会経済的特徴によっても異なることが考えられる．そこで，補足的に，

同棲経験のある人とない人の結婚意欲を社会経済的特徴別に分析する．図表4-5は，現在交際相手がいる人を対象に，現在同棲中の人，過去同棲（交際有）の人，そして交際有（同棲無）の人の結婚意欲を年齢・学歴・収入別に示したものである．●で示した折れ線は交際有（同棲無）の人，■で示した折れ線は過去同棲（交際有），そして△で示した折れ線は同棲中の人の結婚意欲をあらわしている．

まず年齢についてみると，男性は20～24歳代で，同棲中の人と過去同棲（交際有）の人の結婚意欲が，交際有（同棲無）の男性に比べ高くなっている．しかし，25歳以上の年齢層では，過去同棲（交際有）の男性の結婚意欲は，交際有（同棲無）の男性より一貫して低くなっている．続いて女性であるが，交際有（同棲無）の女性は，年齢が上がるにつれて結婚意欲がなだらかに低くなっている．これに対し，同棲中の女性は25～29歳代では高い結婚意欲を持っているが，30～34歳と40～44歳代の年齢層では低くなっている．25～29歳代の同棲中の女性は，現在の同棲関係を結婚に向けた準備段階と考えているのに対し，30～34歳と40～44歳代の年齢層の同棲中の女性は現在の同棲関係をより安定的なものととらえているのかもしれない．過去同棲（交際有）の女性は40～44歳代の年齢層で結婚意欲が特に低くなっている．これらのことから，高年齢層の同棲経験者は男女ともに結婚に消極的になっていることも考えられる．しかし，本調査には既婚者は含まれていないため，若い年代で同棲を経験した結婚意欲の高い人がすでに結婚に移行してサンプルから抜けてしまっている可能性もある．このため同棲経験者の結婚意欲が低くあらわれているということも考えられ，年齢との関係についてはさらに分析を進める必要がある．

次に，学歴との関係をみると，同棲中の男性は学歴にかかわらず高い結婚意欲を持っているのに対し，過去同棲（交際有）男性は高卒以下で低くなっている．女性については，交際有（同棲無）の人の結婚意欲が学歴にかかわらずほぼ同じであるのに対し，同棲中の人，過去同棲（交際有）の人は高卒以下の低学歴者の間で結婚意欲が低くなっている．

おしまいに収入と結婚意欲との関係であるが，まず，同棲中の男性は，年収300万円未満の低収入層と年収600万円以上の高収入層で結婚意欲が高くなっている．高収入の男性は経済的には結婚に移行するのに支障が少ないため，高

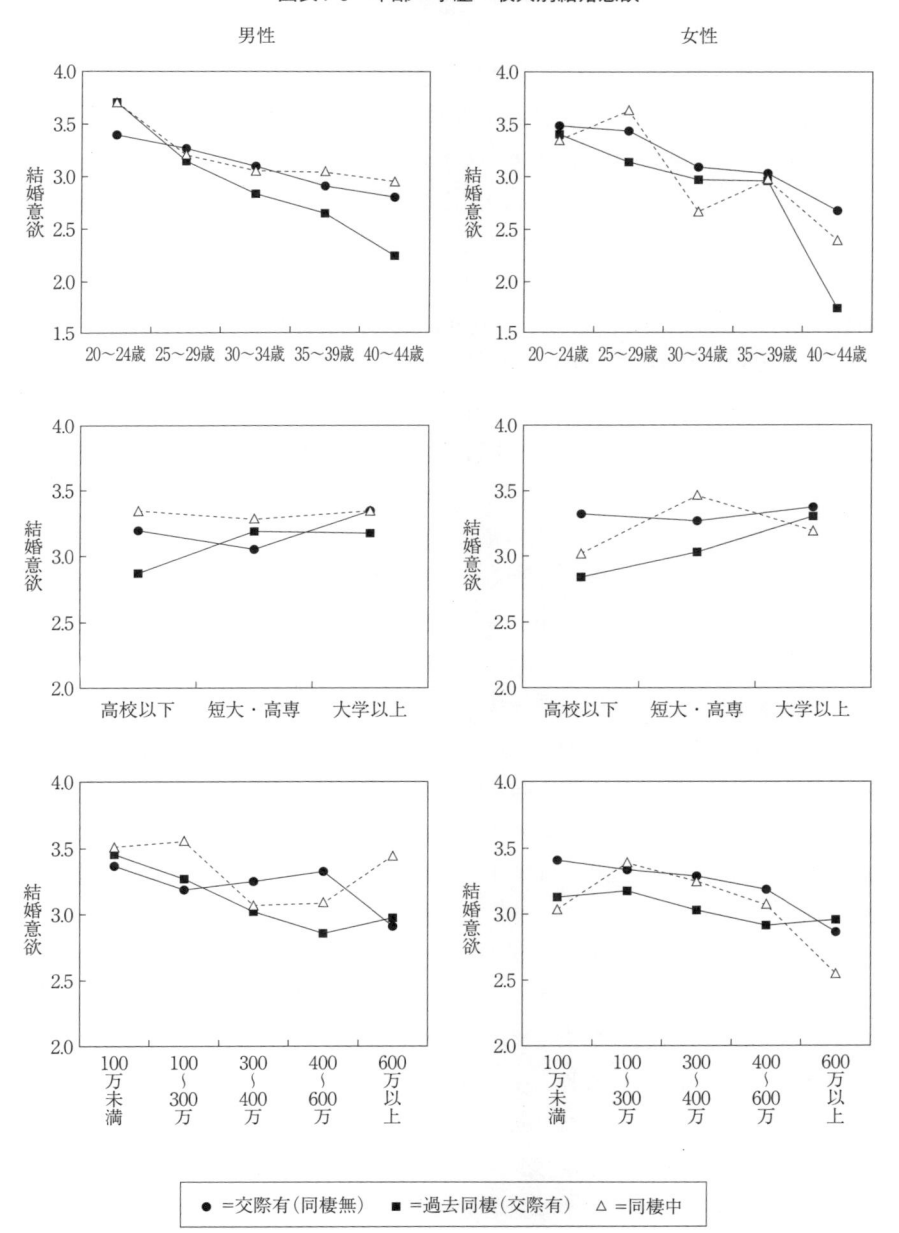

第4章　同棲経験者の結婚意欲

図表4-5　年齢・学歴・収入別結婚意欲

●＝交際有（同棲無）　■＝過去同棲（交際有）　△＝同棲中

い結婚意欲を持っていることが予想されたが，図表4-5にみられるように，高収入の男性のみならず，年収300万円未満の男性も高い結婚意欲を持っていることが明らかになった．低収入の同棲中の男性は，アメリカの同棲研究で指摘されているように，結婚意欲は高いが経済的な理由から結婚に移行できないでいる（Smock et al. 2005）ことも考えられる．交際有（同棲無）の男性については，年収600万円以上で結婚意欲が低くなっており，年収600万円以上の同棲中の男性の結婚意欲の高さと対照的である．過去同棲（交際有）の男性についてみると，年収300万円から600万円未満の人の結婚意欲が低くなっており，特に400～600万円の中流階級層で意欲が最も低くなっている．年収600万円以上の交際有（同棲無）の男性と過去同棲（交際有）の中流階級の男性は，むしろ積極的に独身状態を選択しているとみることも出来る．

続いて女性についてみると，交際有（同棲無）の人と過去同棲（交際有）の人は，高収入層で結婚意欲が若干低くなっているが，大きな違いはみられない．これに対して現在同棲中の女性の結婚意欲は，年収100～300万円の人をピークに，収入が高くなるにつれて低くなっており，特に年収600万円以上の同棲中の女性の結婚意欲は過去同棲（交際有）の女性や交際有（同棲無）の女性と比べても低くなっている．Becker（1981）は女性の経済的な自立が結婚のメリットを減らすため，女性の結婚離れにつながっていると説明しているが，今回の結果では，100～300万円未満の同棲中の女性の間で結婚意欲が高く，それ以下やそれ以上の収入の女性の間で低いという非線形的な関係が示された．ただし，本データの中で年収が600万円以上の女性は全体の2%に過ぎないため，より確かな知見を得るためには，サンプル数の大きいデータで再検証する必要がある．

まとめてみると，同棲中の男性は年収300万円以下の低収入層と600万円以上の高収入層で交際有（同棲無）の男性より高い結婚意欲を持っているが，その他の特徴については交際有（同棲無）の男性と結婚意欲に大きな差はないことがわかった．同棲中の女性も全体的には交際有（同棲無）の女性と同程度の結婚意欲を持っているが，高年齢層と年収600万円以上の同棲中の女性は交際有（同棲無）の女性より結婚意欲が若干低くなっており，これら特徴を持った同棲中の女性は結婚にやや消極的であることが示された．また，過去同棲（交

際有）の人に関しては，男女共に高年齢層で意欲が低くなっている．さらに，過去同棲（交際有）の男性は400～600万円の収入層で結婚意欲が特に低いことが明らかになった．

5 同棲か，交際相手の有無か？

結果のまとめ

本章では，同棲経験と結婚意欲との関連を，交際相手がいる人の結婚意欲との比較を焦点として分析をおこなった．欧米で一般的になった同棲は，わが国でも徐々に広がっており，未婚者を対象とした本サンプルでも2割近くの人が同棲を経験していることが明らかになった．同棲はこれからも増加すると考えられ，同棲がわが国の家族形成過程に与える影響も大きくなってくることが考えられる．

分析結果を要約すると，まず，同棲中の人の経済社会的特徴については，男性の学歴は，交際有（同棲無）の人と同程度，就業状況については交際有（同棲無）の男性よりやや安定しているのに対し，女性は交際有（同棲無）の人より低学歴で，就業状況も不安定であることが示された．結婚観については，同棲経験者のうち特に現在同棲中の男性は，結婚および結婚前の交際について革新的な考え方を持っていることが明らかになった．同棲経験者は，男女が同居する場合でも必ずしも結婚という形をとらなくてもよいと考える人が多く，また，結婚前の性交渉についてもより高い寛容性を示している．Rindfuss and VandenHeuvel (1990) は交際の形や内容の変化が同棲の増加につながっていることを指摘しているが，日本でも同棲経験者は，交際の内容（交際相手との同居や性交渉）について，交際有（同棲無）の人に比べ，革新的であることが明らかになった．しかし結婚後の家族観に関しては保守的な面も持ち合わせており，必ずしもより革新的な価値観を持つ人が同棲を経験しているとはいえない．

本章の焦点である結婚意欲については，現在同棲中の人は，交際有（同棲無）の人と同程度に高い結婚意欲を持っていることがわかった．現在同棲中の人に関しては，同居をしているか否かより，現在交際相手がいるという事実が，結

婚意欲の高さにつながっているとみることができる．また，結婚意欲が現在交際相手がいる人と同程度の高さであることや，前述したように，同棲経験者は結婚前の同居や性交渉についての寛容性が高いことから，日本の同棲の多くが，交際の延長線上の同居であることも考えられる．

しかし，今回の分析では，過去に同棲経験を持つ人は現在の交際相手の有無にかかわらず，低い結婚意欲を持っていることも明らかになった．このことから，同棲経験者が増加することによって未婚化が促進される可能性も考えられる．しかし，過去の同棲経験者の結婚意欲については，もともと結婚意欲の低い人が同棲という関係を選択している可能性や，同棲を経験する人の特徴が異なるなどの可能性も考えられる．残念ながら，今回使用したデータは同棲経験者の同棲以前の社会経済的特徴や価値観などについての情報を欠いており，こういった因果関係の分析ができなかった．今後，同棲経験者のライフコースを追跡し，各時点での情報を集めたパネルデータの集積が危急の課題となってくる．

日本でも同棲経験者が増加しており，また同棲カップルのおよそ半分が結婚に移行せずに解消されている．このようなパートナー形成の多様化に伴って，現在および過去の同棲経験が未婚化や少子化に与える影響は今後大きくなるものと考えられる．今後の日本の同棲動向について，全国標本データの収集・分析など，同棲研究の発展が望まれる．

謝辞

二次分析に当たり，東京大学社会科学研究所附属日本社会研究情報センターSSJ データ・アーカイブから「結婚相談・結婚情報サービスに関する調査」（経済産業省）の個票データの提供を受けた．謹んで感謝申し上げます．

註

1) これらに類似した型を含め，Heuveline and Timberlake (2004) は，同棲のタイプを継続期間や子どもの有無などをもとに，6 タイプに分類しているが（①同棲がごく少数の人にしか経験されていない段階での「マージナル」型，②結婚前段階型，③結婚前段階型より継続期間が長く，同棲中の出生率も高い「結婚ステージ型」，④結婚代替型，⑤独身代替型，⑥同棲が結婚と区別がつかなくなるまで社会に定着した「区別不能」型），本節では今後の日本の結婚動向に影響が大きいと考えられる「試行段階」型，「結婚先駆け」型，「結婚代替」型，「独身代替」型の 4 つの同棲のタイプ (Casper and Bianchi

2002）に焦点を絞って検討する．
2）そのため，たとえば，数週間程度の同居でも同棲と認識される場合もありうる一方で，数ヵ月の同居でも同棲と認識されない場合もありうる．本サンプルの中でも，図表 4-1 にみられるように，女性は「同棲経験がある」と回答する割合が男性よりも高くなっているが，実際に女性の同棲率が高いのか，男女の主観的な同棲の定義の違いによって同棲率が高くあらわれているのか判別は難しいなどの問題がある．
3）たとえば，同棲を複数回経験している人は，もともと結婚に対する意欲が低く，同棲というパートナー関係を積極的に選択している可能性も考えられる．
4）過去に同棲経験がある人に関しては，同棲当時の社会経済的特徴についてのデータがないため，分析から除いた．
5）学歴は「高卒以下」，「短大・高専・専修学校」，「大学卒業以上」の3分類に分けた．学歴について「その他」と回答した人が少数ながらおり，それらの人々は「高校以下」のカテゴリーに分類した．
6）就業状況は「正規雇用」，「パートタイム」，「自営」，「学生」，「無職」の5分類とした．「パートタイム」のカテゴリーはパート・アルバイト・嘱託・派遣，「自営」のカテゴリーは自営業主・家族従業者・内職を含む．また，家事・その他は「無職」に分類した．

文献

Becker, Gary S., 1981, *A treatise on the family*, Cambridge, MA: Harvard University Press.
Bumpass, Larry and Hsien.-Hen Lu, 2000, "Trends in Cohabitation and Implications for Children's Family Contexts in the United States," *Population Studies*, 54（1）: 29-41.
Bumpass, Larry, James. A. Sweet, and Andrew Cherlin, 1991, "The Role of Cohabitation in Declining Rates of Marriage," *Journal of Marriage and the Family*, 53 : 913-927.
Bumpass, Larry, & James. A. Sweet, 1989, "National Estimates of Cohabitation," *Demography*, 26（4）: 615-625.
Casper, Lynne M., and Suzanne M. Bianchi, 2002, *Continuity and change in the American family*, Thousand Oaks, CA: Sage.
Heuveline, Patrick and Jeffrey M. Timberlake, 2004. "The role of cohabitation in family formation: The United States in comparative perspective," *Journal of Marriage and Family* 66 : 1214-1230.
Hoem, Britta and Jan M. Hoem, 1988, "The Swedish Family: Aspects of Contemporary Developments," *Journal of Family Issues*, 9 : 397-424.
岩澤美帆，1999，「人口統計分析手法―独身青年層の同棲の現状」『統計』50（6）: 70-73.
岩澤美帆，2005，「日本における同棲の現状」毎日新聞社人口問題調査会編『超少子化時代の家族意識―第一回人口・家族・世代世論調査報告書』毎日新聞：71-106.
国立社会保障・人口問題研究所，2005，『平成17年第13回出生動向基本調査（結婚と出産に関する全国調査）第Ⅱ報告書　わが国独身層の結婚観と家族観』調査研究報告書第24号．
Landale, Nancy S. and Katherine Fennelly, 1992, "Informal Union among Mainland

Puerto Ricans: Cohabitation or an Alternative to Legal Marriage?," *Journal of Marriage and the Family*, 54 : 269-280.
Le Bourdais, Céline and Évelyne Lapierre-Adamcyk, 2004, "Changes in Conjugal Life in Canada: Is Cohabitation Progressively Replacing Marriage?," *Journal of Marriage and Family*, 66 : 929-942.
Rindfuss, Ronald R., and VandenHeuvel, Audrey, 1990, "Cohabitation: A Precursor to Marriage or an Alternative to Being Single?," *Population and Development Review*, 16 (4) : 703-726.
Smock, Pamela. J., Manning, Wendy D., and Porter, Meredith, 2005, "Everything's There except Money : How Money Shapes Decisions to Marry among Cohabitors," *Journal of Marriage and Family*, 67 : 680-696.
善積京子, 1994, 「選択動機から見た日本の非法律婚カップル」『追手門学院大学文学部紀要』29 : 95-114.
善積京子, 1997, 「アメリカ合衆国における同棲の研究 (1)」『追手門学院大学創立三十周年記念論集—人間学部編』: 211-225.

第 5 章

結婚願望は弱くなったか

水落 正明・筒井 淳也・朝井 友紀子

1 結婚意識と実際の結婚

近年の結婚意識と結婚の変化

　本章では，女性を分析対象に，結婚意識が結婚にどのような影響を与えるのかをデータを使って明らかにする[1]．

　近年，問題視されている少子化の要因の1つとして，晩婚化・非婚化がある．特に女性の晩婚化・非婚化が少子化に大きな影響を及ぼしていることはよく知られていることである．しかしながら，いくつかの調査から明らかなように，意識の面では結婚願望を大半の人が持っているといわれ，結婚に対する需要はあまり衰えていないように表面上はみえる．そうした中で，晩婚化・非婚化が生じているということは，結婚願望の強さに変化が生じている可能性がある．

　そこで最初に，国立社会保障・人口問題研究所が行った「第13回出生動向基本調査」の独身者調査の結果概要から，未婚女性の結婚意識について確認してみる[2]．1982年から2005年までの5年ごとの女性の結婚意識をみたところ，「いずれ結婚するつもり」の割合は1982年の94.2％から2005年の90.0％へとわずかに減少している．一方，「一生結婚するつもりはない」の割合は1982年の4.1％から2005年には5.6％とやや上昇している．また，不詳の割合が1982年の1.7％から2005年の4.3％と上昇している点も目を引く．

　したがって，未婚女性の約9割が結婚願望を持っている状況は，ここ20年

以上にわたって変化はほとんどなく，結婚にネガティブな割合もそれほど増加していない．結婚に対する需要は現在でも強いといえよう．ただし，不詳が増えていることから，結婚に対して態度を決めかねている層が増加していることが推測され，女性全体としては，結婚に対する願望はやや弱くなっているともいえる．

また，同調査で結婚願望のある未婚女性の結婚に対する考え方をみると，「理想的な相手がみつかるまでは結婚しなくてもかまわない」とする消極的な回答割合が1987年の44.5％から2005年には49.0％と増加している．つまり，結婚願望がある女性でも，結婚に対して積極的でない女性が増加していることがわかる．

こうした事実から，結婚願望が弱くなっていることが，晩婚化や非婚化の背景にあると考えられる．そこで，そうした結婚に対する意識が，実際に結婚の意思決定にどのような影響を与えているかどうかについて確認しておく必要があるが，一時点のアンケート調査（クロスセクションデータ）で明らかにすることは難しい．なぜなら，通常，結婚に対する意識は未婚者にしかないデータであるから，それが，その後に生じる結婚に与える影響は分析することはできない[3]．したがって，結婚意識と実際の結婚との関係を分析するためには，個人を何時点かにわたって追跡した調査であるパネルデータが必要になる．これによって，結婚願望を持っている女性がその後，結婚できたかどうか，その影響はどの程度なのかを明らかにすることができる．

これまでに明らかになっていること

パネルデータを用いて女性の結婚願望と結婚の関係について分析した研究には，滋野・大日（1997），Sassler and Schoen（1999），坂本（2005）がある．滋野・大日（1997）は，本章と同じように公益財団法人家計経済研究所の「消費生活に関するパネル調査」（以下，「家計研パネル」と称する）を使って分析し，結婚したいと思っている相手がいる場合，女性のその後の結婚確率が高くなることを明らかにしている．ただし，この研究では2時点のデータを使って1年後の結婚について分析している．通常，結婚前年には結婚が確定していることが多いため，結婚願望が結婚に影響を与えているとは必ずしも言えない．

Sassler and Schoen（1999）は米国のNSFH（National Survey of Families and Households）の数年空いた2時点データで分析し，結婚に対して積極的な意識を持っている場合，女性の結婚確率が高くなることを確認している．坂本（2005）は家計研パネルを使って分析し，強い結婚意欲を持っている女性は，その後の結婚確率が高くなっていることを指摘している．しかしながら，坂本の分析は単純に結婚意識とその後の結婚確率の関係をみるにとどまり，他の要因の影響を取り除いた上でも，結婚願望が結婚に対して影響力を持つのかまでは確認されていない．

以上で紹介したように，結婚願望は結婚を促進しているようにみえるが，わが国においては，厳密なデータ分析によってその影響が確認できているわけではない．さらに，先に指摘したように，単純に結婚願望があるといっても，その強さが以前とは変わっており，結婚に与える影響が変わっている可能性がある．その点についても分析をおこなう必要があると考える．

そこで，本章のねらいは次のとおりである．第1に，パネルデータを用い，いくつかの要因をコントロールした上でも，結婚願望がその後の女性の結婚に影響を与えているかについて検証する．第2に，そうした分析をとおして，世代間の結婚願望の強さの変容について検証する．

2　2つのコーホートと結婚意識の設問

本章の分析では，家計研パネルの1994年から2001年までのパネルデータを用いる[4]．

パネルデータとは，既に述べたように，個人を追跡調査して得られたデータのことである．本章で使用する家計研パネルの構造は図表5-1のようになっている．

家計研パネルは1993年に全国の24～34歳の女性を対象に調査が開始された（コーホートA）．毎年1回，追跡調査がおこなわれており，これらの女性は2001年時点で32～42歳に達している．このようなパネル調査の特徴として，サンプルの脱落によってサンプル数が減少していくというものがある．そこで，1997年にコーホートBとして24～27歳の女性が追加されている．本章では，

第Ⅱ部　揺らぐ結婚意識

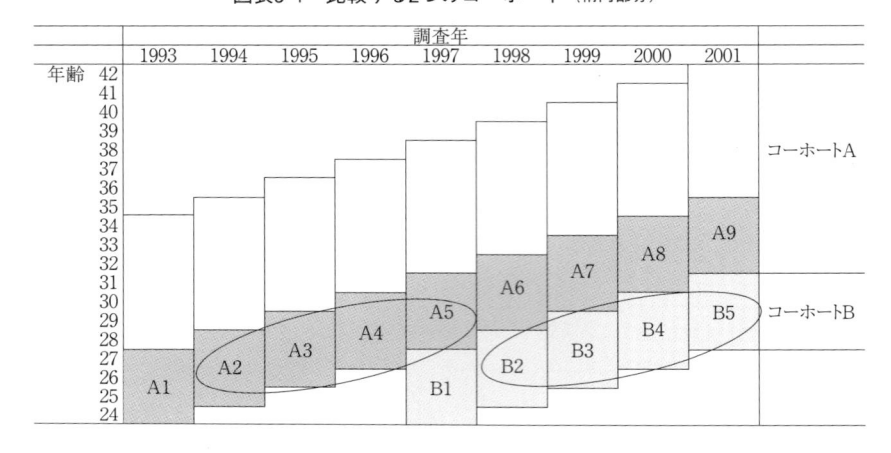

図表5-1　比較する2つのコーホート（楕円部分）

この追加されたコーホートBを基準に，それに対応するコーホートAの年齢層を用いて分析をおこなう．

ここで，本章で用いる結婚意識に関する家計研パネルの設問とその回答の選択肢について紹介する．この調査の無配偶者用の質問として，「結婚（法律にもとづくもの）はしたいですか．」というものがある．この質問に対する選択肢は以下のとおりである．本章の以降では，（　　）内の省略形を表記する．

1．まもなく結婚することが決まっている（結婚確定）
2．すぐにでもしたい（すぐにでも）
3．今はしたくないが，いずれはしたい（いずれは）
4．必ずしもしなくてよい（必ずしも）
5．したくない（したくない）

さて，コーホートBは1年目（B1）からこの質問をしているが，コーホートAは2年目からこの質問をしている[5]．したがって，コーホートAでは1993年のデータ（A1）は使用できない．そのため，コーホート間比較をする際は，対応するB1の部分のデータも使用できないことになる．したがって，コーホート間比較をする際には，図表5-1の楕円で示した部分A2〜A5とB2

～B5 を用いて分析を行うこととする．

3 結婚意識の変化のコーホート間比較

　本章の目的は，結婚願望が結婚に与える影響について明らかにすることであるが，その前に本節では，図表5-1でみたコーホートA（A2～A5）とコーホートB（B2～B5）を使って，歳をとることで結婚意識がどのように変化しているのかについてコーホート間の比較をする[6]．

　ただし，観察スタート時点（A2とB2）でコーホート間の配偶状態や結婚意識にあまりにも大きな違いがあると分析結果の解釈が難しくなる．そこで最初に，観察スタート時点のコーホート間の有配偶率の違いについて，クロス表を作成し独立性の検定をおこなった．その結果，コーホート間に有配偶率の違いがあるとはいえないことが確認された．さらに，結婚意識について同様にクロス表を作成して独立性の検定をおこなった．その結果，コーホート間で結婚意識の構成比に違いがあるとはいえないことも確認された[7]．

　したがって，2つのコーホートを比較するうえで，観察スタート時点で結婚に関する状態に違いはなく，単純に比較可能であるといえる．

　そこで，結婚意識の変化についておおまかに図にまとめた．図表5-2はA2

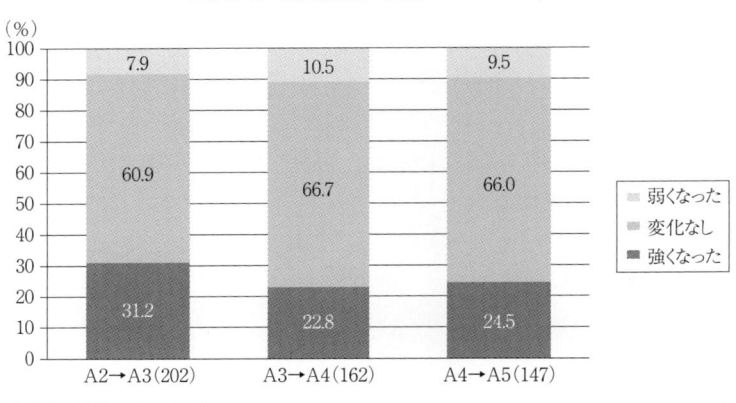

図表5-2　結婚意識の変化（コーホートA）

	A2→A3(202)	A3→A4(162)	A4→A5(147)
弱くなった	7.9	10.5	9.5
変化なし	60.9	66.7	66.0
強くなった	31.2	22.8	24.5

（　）内の数値はサンプル数

第Ⅱ部　揺らぐ結婚意識

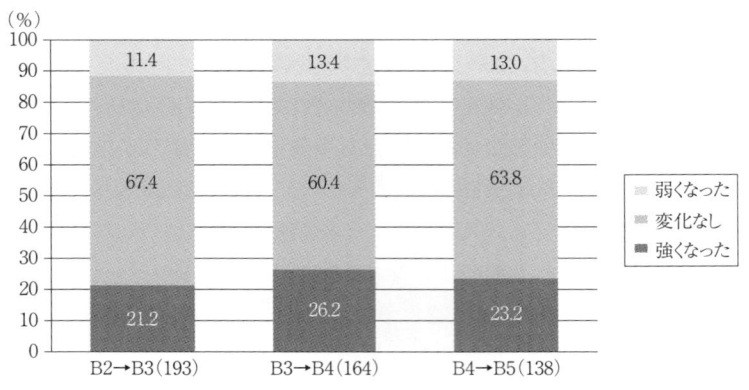

図表5-3　結婚意識の変化（コーホートB）

	B2→B3(193)	B3→B4(164)	B4→B5(138)
弱くなった	11.4	13.4	13.0
変化なし	67.4	60.4	63.8
強くなった	21.2	26.2	23.2

（　）内の数値はサンプル数

からA3，A3からA4，A4からA5の3つの時点間で，結婚意識がどのように変化したか，変化しなかったのかの構成比をまとめたものである[8]．項目の1つとして「弱くなった」に分類されるのは，例えばある年の結婚意識が「いずれは」であった女性が翌年，「必ずしも」や「したくない」に変化した場合である．同様に図表5-3はB2からB3，B3からB4，B4からB5の3つの時点間の変化の構成比を示している．

　コーホートAとコーホートBの同じ年齢時の変化をみると，25〜28歳層から26〜29歳層への変化（2から3）では，コーホートAの「変化なし」60.9%に対し，コーホートBの「変化なし」は67.4%とコーホートAのほうが変化した割合が大きい．それでは，コーホートAの変化したサンプルの結婚意識がどうなったかというと，「強くなった」のが31.2%とコーホートBの21.2%を10%ポイント上回っている．同様に，「弱くなった」のはコーホートAが7.9%，コーホートBが11.4%となっている．つまり，25〜28歳層から26〜29歳層への変化においては，コーホートAのほうが結婚に対する意識が強くなっていることがわかる．

　続いて，26〜29歳層から27〜30歳層への変化（3から4）をみると，今度は「変化なし」の割合はコーホートBの60.4%に対して，コーホートAでは66.7%と，コーホートBのほうが変化した割合が高い．結果として結婚意識が「強

くなった」割合もコーホートBでは26.2％とコーホートAの22.8％を上回っており，結婚意識が遅れて強くなっていることがみて取れる．ただし，「弱くなった」割合もコーホートBは13.4％，コーホートAは10.5％とコーホートBが上回っている．つまりコーホートBでは，コーホートAより遅れて結婚意識が強くなると同時に，結婚意識が弱くなるケースも多くなっていることから，2極化傾向が強まっていることもわかる．

最後に，27～30歳層から28～31歳層への変化（4から5）をみると，「変化なし」はコーホートAが66.0％，コーホートBが63.8％とややコーホートAのほうが高い．しかし，結婚意識が「強くなった」のはコーホートAの24.5％に対し，コーホートBの23.2％とコーホートAのほうが高くなっている．一方，結婚意識が「弱くなった」割合はコーホートAが9.5％，コーホートBが13.0％と，コーホートBの結婚意識の弱体化が明らかになっている．

以上の分析でわかるのは，コーホートAのほうがコーホートBに比べてわずかではあるが，早い年齢で結婚意識が強くなっている．それに対して，コーホートBはキャッチアップをしているが，同時に結婚意識が弱くなっているということである．

4　結婚意識が結婚の決定に与える影響

結婚意識をどうとらえるか

本節では，結婚に対する意識が結婚の意思決定にどのような影響を与えているかについて，回帰分析を行い確かめる．

さて，結婚意識はどのように結婚に影響を与えると考えられるだろうか．経済学的に考えると，主に以下の2つの経路があると考えられる．

第1は配偶者探しへの努力を通じた影響である．

強い結婚願望を持った女性は，より早く結婚市場に参入し，結婚相手を積極的に探すことになる．その結果として，他の要因（個人属性など）をコントロールしたうえでも，強い結婚願望は結婚確率を高めるだろう．ただし，強い結婚願望を持った女性がより積極的に結婚相手探しをおこなうかどうかについては，今回のデータでは検証できない．データとしてわかるのは，そうした配偶

者探しの結果として結婚が生じたかどうかである．

　第2に留保水準に与える影響である．

　わが国で晩婚化，非婚化が生じている背景には，高学歴化による女性にとっての結婚（それにともなう出産・育児）の機会費用[9]が高まっていることがある．したがって，結婚を決定するにあたって，結婚によって失ってもよい費用を埋め合わせるだけの結婚相手をさがすことが重要になる．その際の基準になるのが留保水準である．

　この留保水準に結婚意識が影響を与えると考えられる．たとえば強い結婚願望は留保水準を引き下げて結婚確率を高める効果があると想定される．ただし，実際に留保水準を引き下げるのかは，先の配偶者探しへの努力と同様に今回のデータではわからない．ここで観察されるのは，結婚意識とその後の結婚の有無のみである．

　このように，結婚意識が結婚に与える影響については，ブラック・ボックス的な部分も残っているのは否めない．本章の分析によって，結婚意識と結婚の関係が明らかにできた際には，別の機会でのさらなる分析が必要となる．

コーホート間で変化した結婚願望の強さ

　ここでは先の分析枠組みに基づいて行った推定の結果を示す．回帰モデルの被説明変数には有配偶か否かのダミー変数（有配偶＝1，無配偶＝0）を用いる．

　説明変数として用いる結婚意識には，2年前のものを用いる．1年前のものを使わないのは，既に述べたように，一般的に考えて1年前には結婚が決まっているケースが少なからずあるからである．この結婚意識について，「いずれは」をベースに，「すぐにでも」「必ずしも」「したくない」という各結婚意識を持つ場合を1としたダミー変数を作成した．

　それ以外の説明変数には前年の居住地ダミー，前年の就業ダミー，学歴ダミー，前年の年齢を用いる．両コーホートをまとめて回帰した場合はコーホートダミーを使用する．推定方法は，ランダム効果モデルによるパネルロジット推定である[10]．推定結果のうち，結婚意識に関するオッズ比のみ図表5-4に示した[11]．「＊」がついているものが，結婚確率に影響ありと推定された変数である．

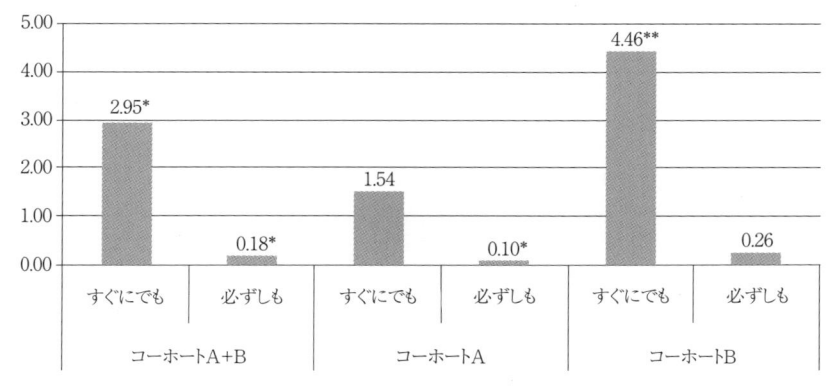

図表5-4　結婚意識が結婚に与える影響に関するオッズ比

	コーホートA+B		コーホートA		コーホートB	
	すぐにでも	必ずしも	すぐにでも	必ずしも	すぐにでも	必ずしも
	2.95*	0.18*	1.54	0.10*	4.46**	0.26

**：1％水準で有意，*：5％水準で有意．ベースは「いずれは」

　最初に両コーホートのサンプルを合わせたコーホートA+Bに関する推定結果をみると，「すぐにでも」が1より大きくて有意，「必ずしも」が1より小さく有意である．つまり，「いずれは」に比べて「すぐにでも」の結婚確率は高くなっていることがわかる．逆に「必ずしも」は「いずれは」に比べた結婚確率は低くなっていることがわかる．すなわち，推定前の予想どおりの結果が得られていることがわかる．強い結婚願望を持っている女性のその後の結婚確率は高く，弱い結婚願望の女性のその後の結婚確率が低くなることが確かめられた[12]．

　続いてコーホート別の推定結果についてみると，コーホートAでは，「必ずしも」が1より小さく有意である．「すぐにでも」は有意ではなかった．一方，コーホートBでは，「すぐにでも」が1より大きく有意になっているのに対し，「必ずしも」は有意とはならなかった．ただし，有意とならなかった意識ダミーのオッズ比も，1との大小関係は両コーホートを合わせた回帰の結果と一致している．

　以上でみたように，コーホート間で結婚意識変数の推定結果が異なった．すなわち「すぐにでも」はコーホートAでは有意でなかったが，コーホートBでは有意に正に推定された．これはより新しいコーホートで，強い結婚願望を持つものが，結婚しやすくなっていることを示していると解釈できるのだろう

第Ⅱ部　揺らぐ結婚意識

図表5-5　結婚意識の変化のイメージ

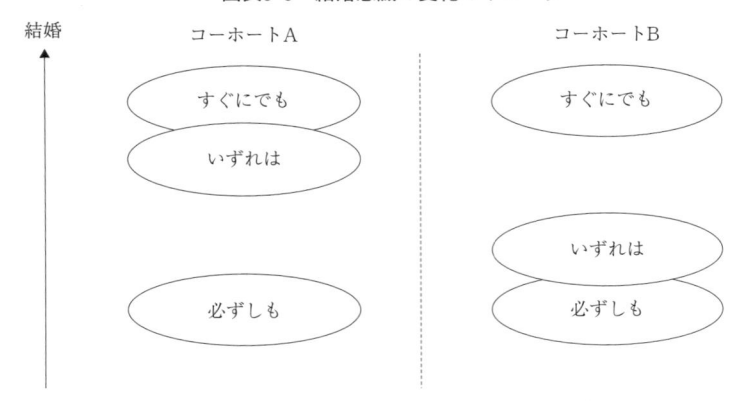

か．今回の分析結果は，ダミー変数という観点から，図表5-5に示したような状況が生じたと考えられる．

つまり，コーホートAの結果から，ベースである「いずれは」と「すぐにでも」には結婚確率に差があるとはいえず，「必ずしも」の場合，結婚確率が有意に低かった．したがって，コーホートAの女性においては「いずれは」と「すぐにでも」の結婚願望の強さは近いものであったと考えられる．

一方，コーホートBの結果からは，「いずれは」と「必ずしも」には結婚確率に差があるとはいえず，「すぐにでも」の場合，結婚確率が有意に高かった．すなわち，コーホートAではあまり差があるとはいえなかった「いずれは」と「すぐにでも」の間に，コーホートBでは大きな差が生じたといえる．コーホートBでは「いずれは」と「必ずしも」が近いものに変化している．

ただし，ここでは便宜的に「すぐにでも」と「必ずしも」の結婚への距離が両コーホートで等しいように描いているが，実際には各コーホートで結婚への意識距離は異なるものと考えられる．

以上の結果から示唆されているのは，「いずれは」という結婚願望のとらえ方を，少なくともこの2つのコーホート間では変える必要があるということである．すなわち，より最近のコーホートにおいて「いずれは」という結婚願望が「必ずしも」と同程度の強さになっている可能性が指摘されたことは重要な意味があるといえる．

5 なぜ女性の結婚願望は弱くなったか

　本章の目的は，結婚願望は結婚に影響を与えているか，さらに結婚願望は弱くなっているのかについて明らかにすることであった．

　家計研パネルを使った推定の結果，他の要因をコントロールしても，結婚願望は結婚の決定に影響を与えていることが明らかになった．さらに，コーホート別に推定を行った結果から，結婚願望が弱くなっていることが示唆された．

　一般的には，第1節で述べたように，近年でも結婚願望は表面上，衰えていないとみられている．しかしながら，今回の分析結果からは，実際には結婚がより生じにくい状況になっているといえる．したがって，結婚願望を持っている女性が大半であるから，晩婚化・非婚化について，それほど心配することはないという楽観的な見方には注意が必要であると考えられる．

　しかし，女性の結婚願望はなぜ弱くなったのだろうか．考えられる理由として，コーホートの特性が出た可能性がある．コーホートAの大半はバブル期に学卒しているのに対し，コーホートBの大半はバブル崩壊期に学卒している．つまりコーホートBのほうが，社会経済の状態が厳しい時期に社会に出ている．このことが結婚願望を弱くしていると考えられる．その根拠として，佐藤(2006)は，仕事に対する希望がある人のほうが恋愛・結婚にも希望を持ちやすいことをデータから明らかにしている．コーホートBはAに比べて就職状況が厳しい時期に学卒しており，希望する仕事につけないなど，仕事に対してあまり希望を持っていない可能性がある．そのことが，恋愛や結婚に対する願望の弱さにつながっていると推察される．

　もちろん，こうした考察には推測の部分も多く，データによって具体的な分析がさらに行われる必要がある．とはいえ，繰り返しになるが，結婚に関する意識を表面的にとらえることの危険性を認識することは重要である．今後は，こうした結婚意識がどのように形成されるのかについても明らかにされる必要もある．

第Ⅱ部　揺らぐ結婚意識

註
1) 本章は，公益財団法人家計経済研究所が実施した「消費生活に関するパネル調査」の個票データを用いた水落・筒井・朝井（2006）を加筆・修正したものである．
2) 同調査の対象は18～34歳である．設問は「自分の一生を通じて考えた場合，あなたの結婚に対するお考えは，次のうちどちらですか．」で，1．いずれ結婚するつもり，2．一生結婚するつもりはない，のいずれかを選択する形式になっている．
3) もちろん，「以前は結婚に対してどのように考えていましたか」などと質問することはできるが，そうした回答は現在の状態に影響される可能性が高いため，結婚への正確な影響を測ることはできない．
4) 水落・筒井・朝井（2006）を執筆した時点では，2001年が借りられる最新年のデータであった．
5) 1年目（A1）の設問での選択肢は3項目になっている．
6) ここでは詳細には述べないが，水落・筒井・朝井（2006）では，コーホートAの女性で調査初年度（1993年）に未婚だったケースについて，第9年度（2001年）までの結婚意識の変化（結婚したケースも含む）を調べた．その結果，「すぐにでも」と考えていてもなかなか結婚にいたらないケースもあれば，「必ずしも」の人が翌年，結婚するなど，変化のパターンは非常に多様で一定の傾向をみつけることは難しかったが，1つだけはっきりとした事実があった．それは，第1年度に「すぐにでも」と考えていた女性が最終的に「したくない」となるケースはなく，逆に「したくない」という女性が最終的に「すぐにでも」，「結婚確定」と変化するケースも全くなかった．すなわち，結婚願望の変化には一定の上下限があることがわかった．
7) 有配偶率については $\chi^2(1) = 1$ より $p = 0.194$，結婚意識については $\chi^2(3) = 3.95$ より $p = 0.267$ となった．「結婚確定」は結婚意識とは言えないためここでは除いている．
8) 各結婚意識からどの結婚意識へ変化したかの詳細は水落・筒井・朝井（2006）に詳しい．
9) 機会費用とは，ある選択をしなかったら，もしかしたら得られたかもしれない費用のことである．つまり，ここでは，結婚しなかったら得られたはずの収入などの総額のことを意味している．
10) パネルデータの分析では，個人の観察できない（データではとらえられない）特徴の扱いが問題になる．そうした影響を無視した単純な分析も可能であるが，ここでは，パネルデータ用の推定方法を採用した．
11) 「したくない」という結婚意識を選択した回答者は，このデータセットでは1人も結婚せず，有効なパラメータを得られなかったため，結果は表示していない．
12) それ以外の変数については，居住地ダミーでは大都市居住で結婚確率が低いことが確認された．また，仕事の影響では，前年に何らかの仕事についていた場合，無職に比べて結婚確率が低くなっていることがわかった．学歴についてはいずれのダミー変数も有意にはならなかった．また，年齢，コーホートダミーも有意とはならなかった．

文献

Sharon Sassler and Robert Schoen, 1999, "The Effect of Attitudes and Economic Activity

on Marriage," *Journal of Marriage and the Family*, 61 (1) : 147-159.
坂本和靖, 2005, 「未婚で居続けるリスク」『リスクと家計 消費生活に関するパネル調査 ―平成17年版 (第12年度)』国立印刷局 : 17-31.
佐藤香, 2006, 「恋愛と結婚の希望学」玄田有史編著『希望学』中央公論新社 : 111-128.
滋野由紀子・大日康史, 1997, 「女性の結婚選択と就業選択に関する一考察」『季刊家計経済研究』36 : 61-71.
水落正明・筒井淳也・朝井友紀子, 2006, 「結婚願望は結婚を左右するか」日本人口学会報告, 慶應義塾大学.

第 6 章
結婚についての意識のズレと誤解

筒井淳也

1　結婚への躊躇　—なぜ一歩踏み出せないのか

　日本でも，結婚をしない人が徐々に増えている．単に「今はまだ結婚するつもりはない」と考えているのではなく，「自分は一生結婚をしない」と考えている人も増えている．その背景には，結婚に対する意識の変化が大きく作用している．もちろん昔も今も，多かれ少なかれ結婚を幸福の条件だと考えている人はたくさんいる．むしろ昔と今で違うのは，結婚を幸福の「最低条件」だと考えているかどうか，という点だ．かつては多くの場合，結婚をしない人生とは異常な人生だと考えられていた．しかし今は違う．結婚は幸福の条件というより，幸福の１つの手段になった．だから結婚することが幸せだと感じられなければ，人は結婚しない．現代の結婚は，いってみればコース料理のデザートのようなものだ．食べなくても空腹で困るわけではないが，それが美味しければ食べた方が幸せになれる．美味しくなければ，食べない方がよい．

　「結婚はデザートだから美味しくなければ食べない方がよい」という態度は，結婚をしなくてもよいと考える人が増加していることの背景にある考え方の変化であろう．しかし実際には，どちらかといえば結婚をしたいが，一歩踏み出せないと考えている人の方が多い．では，なぜ人はその一歩が踏み出せないのだろうか？

　結婚がお見合い婚から自由恋愛に基づいた結婚（恋愛結婚）に変わっていく

につれて,「結婚市場」ということばが巷でも聞かれるようになってきた.市場という言葉には,「多くの選択肢の中から選ぶことができる」「何らかの価値尺度によって需給の調整がおこなわれる」といった意味が込められている.多様な出会いと自由恋愛から発展する現代の結婚には,そういった側面がみられることもたしかである.しかし「結婚市場が確立しつつあるのに婚姻率が低下している」という現状は,どう説明したらいいのだろうか.労働市場における失業や二重化(正規雇用と非正規雇用の分断)と同じような現象が起こっているのだろうか.

結婚においても「格差」が広がっていると考えることももちろんできるだろうが,ここでまず考えておかなければならないのは,そもそも結婚市場というのはきわめて不完全な市場である,ということだ(筒井 2008b).結婚市場が不完全である最大の理由は,恋愛や結婚においては出会いがローカルなものにならざるを得ないということにある.自分が現在つきあって結婚しようとしている男性よりももっと条件の良い男性がいるかもしれないのに,自分の周囲にはたまたまいないために出会いが生まれないということが起こりうる.市場が完全ならば,こういう悩みはない.すべての異性の情報が与えられた上で,順にマッチング(経済学用語でこれを assortative matching という)がおこなわれ,自分の手持ちの資源(自分の魅力を含む)に見合った人が必ずみつかるはずである.現実にはこんなことは起こらず,結婚市場は不完全なままだ.自分の価値以上によりよい相手と出会うこともあれば,逆に自分の価値に見合った人と会うことができない人も出てくる.

このような「他のもっとよい人があらわれるかもしれない」という思いは,人が結婚を引き延ばす大きな要因になっているといえるだろう.とはいえ別の要因も考えることができる.近年の日本の晩婚化現象については,女性が高い地位の男性を求めるのにそういった男性がいない,というミスマッチが原因だ,という主張がある(加藤 2004;山田 2007).市場が不完全であるというよりは,人々の意識と社会の実態(特に経済的情勢)がズレている,という見方である.これと同様に,人々が結婚に対して持っているイメージにもなんらかのズレが生じている可能性がある.そもそも結婚というものがどういうものかについては,経験してみなければわからないものだ.未婚者は,異性が持っている結婚

のイメージと，既婚者が考えている結婚の実際について，どの程度知っているのだろうか．またそれらはどの程度一致し，どの程度異なっているのだろうか．

2　結婚の意味の変化と多様性

　時代による結婚の意味の「変化」については多くの研究がなされてきた．が，同時代に生きる私たちの中での結婚に対する意識の「違い」，つまり同時代における考え方の多様性については，それほど明らかになっているわけではない．人間は多様であり，それぞれにいろいろな考え方を持っている．結婚についての考え方も人それぞれである．とはいえ，こと結婚をめぐっては，考え方の対立が目立つだろうと思われるグループ分けを2つ考えることができる．1つは「男女」であり，もう1つは「未婚者と既婚者」である．

　まずは結婚についての男女の意識の違いについて考えてみよう．少し話がそれるが，社会学者が社会調査等で集めたデータを分析するときは，何よりも性別が真っ先にいろいろな現象を説明する候補となる，という事実をご存じだろうか．というのは，男性と女性ではほんとうにさまざまなことが違うからだ．男女では働く形も違うし，収入の大きさも違う．最近問題になっている派遣労働は，ほとんど女性が占めている．「格差社会」が喧伝される中，男性の派遣労働がメディア等で問題視されることが多いのに，女性の派遣労働がそれほど問題にならないのは，人々が意識的・無意識的に女性と男性を最初から区別してものを考えているからだ．とはいえ男女で違うのは生活の実態や行動だけではない．態度・意識も大きく異なっている．デパートにいくと，次のような光景をよく目にする．女性が買い物に夢中になっている間，パートナーの男性は（つまらないので）エスカレーターのそばのベンチで所在なさげに座っているのである．また，つきあいだした当初は特に，女性は男性との会話で「今日，何があったか」をよく聞く．しかし男性はたいてい1日で経験したことをよく覚えていないので，「何もない，普通だった」と答える．男性からすれば，男性と女性では記憶の構造が違うのではないか，といいたくなるほど，女性は1日のことをよく覚えていて，その話ができる．

　当然，結婚についての考え方も男女で違うことが予想できる．先進国では結

第 6 章　結婚についての意識のズレと誤解

婚する人が徐々に減ってきたとはいえ，それでも多くの人は異性と結婚している．そして時代の変化にもかかわらず，まだまだ男女間の結婚に対する意識も違うはずである．だとすれば，男女は互いに異なった結婚イメージを抱いたまま結婚に突入していることになる．このミスマッチは深刻な事態，たとえば離婚の増加につながっているかもしれず，そうだとすれば放ってはおけないことだ．

　次に未婚者と既婚者の結婚についての考え方の違いについて考えてみよう．すでに述べたように，先進国では結婚する人が減ってきている．しかしそれでも，同棲を含めればほぼすべての国において，異性とパートナー関係にある人の方がそうではない人よりもずいぶんと多い．世の中のたいていの人間は，男性と女性に分けることができるのと同様，未婚者と既婚者にも分けることができる．そして結婚（あるいは同棲）というものが人々の人生にとって大きな経験であることを考えれば，これを機に考え方が変わるということも大いに考えられる．そして当然，結婚についての考え方も変わるに違いない．

　最初に述べたように，結婚をしないと決めている人の多くは，結婚に幸せをみいだしていないはずだ．しかし結婚の幸福を客観的に確かめた上で判断しているような人はほとんどいないだろう．本章は，以上のような問いに，実際のデータを使ってわかる範囲で答えていこう，という試みである．

　ここで，本章の分析枠組みについて説明しておく．最初に分析するのは未婚者における男女の意識のズレである．これを「ミスマッチ」と呼んでおく．結婚の社会学的・経済学的な研究では，ミスマッチとは男女が結婚相手に求めるもの（学歴，収入，考え方など）が異なるために結婚に至るカップルが少なくなることをいうが，ここでは単純に意識のズレのことをミスマッチとよぼう．このズレは当然結婚している男女どうしでも生じうる．

　次に，男と女それぞれについて，未婚者と既婚者の意識の違いを分析する．これを「思い違い（誤解）」と呼んでおこう．聞かれていることが結婚についての意識であれば，未婚者と既婚者の意識のズレとは，要するに未婚者の側の「結婚についての誤解」である．

　この「ミスマッチ」と「思い違い（誤解）」を，国際比較データを利用して客観的に測ることが，ここでの第 1 の目的である．日本以外の国についても適

113

宜みていくが，重点的にみていくのは日本のデータについてである．使用したデータは「少子化社会に関する国際意識調査」である．フランスと韓国のデータについては国勢調査を元に作成されたウェイトを利用している．これにより，データが本来の人口構成に近くなるように補正をしている．

3 各国の「パートナー状態」の比較

　結婚を巡る意識のズレについて詳しくみていく前に，多様化する男女関係のかたちについて国際比較したデータをみておこう．

　特に先進国において，親密な関係のかたちは多様化している．異性との関係は，単なる友人関係から，交際関係，同棲，結婚などがあるが，ここでは異性との関係を「パートナー状態」と呼んでおこう．このパートナー状態を国と年齢階層別にグラフにしたのが図表6-1である．まず一見してわかるのが，欧米3ヵ国での同棲の多さである．実にアメリカでは31%，フランスで18%，スウェーデンで30%の人たちが同棲している．欧米諸国において同棲が増えていることは家族社会学では有名なことだが，日本の一般の人は，結婚していないカップルが同居するというパートナーシップの形がこれほど「ふつう」のことになっていることを知らないのではないだろうか．図表6-1をみればわかるように，同棲についてみれば，アメリカ，フランス，スウェーデンの3ヵ国において同棲は若者を中心に増加しているものというよりは広い年齢層でみられるものであるということがわかる．日本でも同棲経験者は徐々に増えつつある (M. Iwasawa & J. M. Raymo 2009；本書4章)．ただ，図表6-1に示したのは「現在同棲中」の者のデータであることもあり，割合は小さい．

　日本と韓国の違いとしては，韓国においては20歳代の結婚が日本よりもずいぶん少ないことがある．徴兵の影響もあるのかもしれないが，不況などの時代的な変化による未婚率の上昇の影響であると考えられる．日本ではバブル後の1990年代後半から2000年前後にかけて，不況の影響から若年層の失業率が非常な高まりをみせた．このことが若年層の婚姻を遅らせた一因になったと考えられているが（池田2007；坂口2009），韓国でも同時期に1997年のアジア通貨危機の影響で若者の多くが職に就くことができず，この傷跡がいまだに若年

第6章 結婚についての意識のズレと誤解

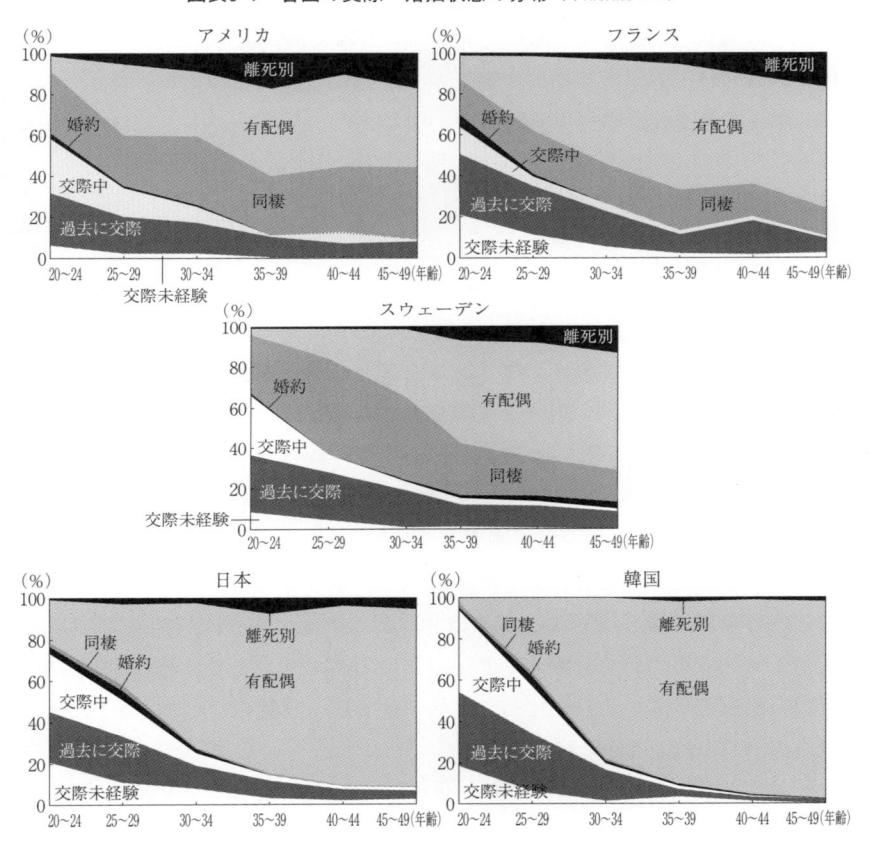

図表6-1 各国の交際・婚姻状態の分布（年齢階層ごと）

層の苦境と婚姻率の低下を生み出している（Eun 2003）。

家族社会学ではよく知られている事実だが，欧米諸国で結婚が減っているということは，そのままパートナー関係が減っているということを意味しているわけではない（Bumpass 1991）。欧米各国では，同棲が結婚に取って代わっているのである。純粋に結婚だけをみると，たとえば日本では25歳から49歳までで68％の人が結婚しており，それに対してアメリカでは結婚しているのは34％だけだ。ところが，結婚と同棲を合わせた数字になると，日本で69％，アメリカで65％となり，差が大きく縮まることがわかる。対象を34歳未満に絞

ると，同棲と結婚を合わせた割合はアメリカ，フランス，スウェーデンの数値（いずれも60%以上）が日本と韓国の数字（いずれも50%台）を上回る．つまり，同棲という「パートナー状態の中間形態」が存在する社会の方が，全体としてパートナー関係を持つ者の割合が大きいのである．

4　結婚をめぐるミスマッチ

ここからは本題の，意識のズレの分析に移ろう．まずは「結婚に対する考え方」の男女間ミスマッチを国際間比較する．ミスマッチが大きいと無配偶者や同棲者が結婚を避ける可能性が高くなると考えることができる．というのも，恋人どうしが結婚について語り合う機会があるとして，お互いが結婚に対して持っている期待やイメージがかけ離れていれば，両者とも結婚に二の足を踏むかもしれないからだ．

「少子化社会に関する国際意識調査」では，「結婚生活を円滑に送っていく上で，大切だと思われること」について，以下のような項目から3つまでを選択するという形式で尋ねている．本来はすべて合わせて13項目について尋ねているが，すべてについて分析すると煩雑になるので，ここではその中から6項目を選んで分析する．これらについて，パートナー状態によってどれほど違いがでるのかを分析してみよう．

・夫または妻に対して誠実であること（誠実）
・十分な収入があること（収入）
・性的魅力を保ち続けていること（魅力）
・家事・育児を分担しあうこと（家事分担）
・子どもを持つこと（子ども）
・共通の趣味や興味を持っていること（趣味）

たとえば「アメリカ・配偶者無し」グループでは，結婚において「相手に誠実であること」を重視するという質問に対する回答において，男性では「重視しない」が40人で「重視する」が136人，女性では「重視しない」が32人で

第6章　結婚についての意識のズレと誤解

「重視する」が141人であった．この違いを1つの数値でシンプルにあらわす方法がある．それは「オッズ比」という数字である．男性が「誠実さ重視」と答えたオッズは136/40（=3.4）で，女性では141/32（=約4.41）である．オッズ比とはこれらオッズの比をとったもので，この場合は男性のオッズを女性のオッズで割って得られる0.77である．ややこしいと感じるなら，オッズ比が1より大きいほど男性がその項目を重視している割合が高く，逆に1より小さければ女性の方がその項目を重視していると考えておくとよい．

　さて，この数値（オッズ比）だけみると「アメリカの無配偶グループでは，女性の方が男性よりも結婚の誠実さを重視している」といいたくなるかもしれない．しかしグループ全体の人数が少ない場合，この結果は偶然かもしれない．統計学の手法を使って，この結果が偶然ではない（厳密に言えば男女のオッズが同じであるという仮説が否定される）確率を合わせて示しておこう．図表6-2は，他の国，他のパートナー状態について，オッズ比とその統計学的な有意性を一覧にしたものである．日本と韓国では同棲は非常に少ないので，結果を省いてある．また，ここでは男女間の差をみることを優先している．たとえばスウェーデンと日本では「家事分担」を重視する割合が大きく異なる場合でも，男女間の差がない（たとえばスウェーデンは男女とも家事分担を重視し，日本や韓国ではどちらも重視しない）場合もあることに注意してほしい[1]．

　「誠実」「収入」についてはあまり意識の差はみられないが，他の項目では男女間で有意な差がみられることが多い．まず「魅力」であるが，フランスとスウェーデンの同棲グループで「男性の方が結婚において性的魅力を重視する」という結果が出ている．フランスもスウェーデンも，結婚グループにおいては有意差がみられないことから，魅力については特に男性同棲グループが重視していることだということがわかる．また，韓国では既婚男性が女性に比べて性的魅力を重視する傾向が強い．同じ東アジアの日本ではこういった傾向が存在しないため，韓国特有の文化が作用していることが推測される．

　「家事分担」は男女間の意識差が最も顕著にあらわれている項目である．いずれのグループでも，女性の方が男性よりも家事分担を結婚において大事なことだと考えている割合が高い．特に韓国では，結婚前の差よりも結婚後の差の方が大きくなっている．これは，韓国の既婚男性が家事分担をほとんど重視し

図表6-2　男女間の「結婚」に対する重点のズレ（国，パートナー関係別オッズ比）

関係	国	誠実	収入	魅力	家事分担	子ども	趣味
独身	アメリカ	0.77	1.42	0.86	0.42 **	1.63	1.51 †
	フランス	0.80	1.67 *	1.39	0.77	1.11	0.66 †
	スウェーデン	0.64	1.14	1.02	0.60 *	2.15 *	0.96
	日本	0.73	1.31	2.04	0.49 **	2.01 *	0.61 *
	韓国	0.86	0.75	1.17	0.53 †	1.28	0.96
同棲	アメリカ	0.77	1.30	1.30	0.53 *	1.02	1.53
	フランス	1.16	0.79	1.87 *	0.52 †	0.83	0.89
	スウェーデン	0.97	0.95	1.72 †	0.53 *	2.30 *	0.54 *
	日本	—	—	—	—	—	—
	韓国	—	—	—	—	—	—
結婚	アメリカ	0.71	1.22	0.93	0.72	0.79	1.06
	フランス	0.73	1.00	1.21	0.74	1.02	1.12
	スウェーデン	0.98	1.24	0.92	0.61 *	1.82 *	0.68
	日本	0.93	1.05	1.05	0.72 *	1.89 ***	0.71 †
	韓国	0.95	1.04	2.01 *	0.38 ***	1.67 **	0.87

***：$p<.001$，**：$p<.01$，*：$p<.05$，†：$p<.10$

ない（重視すると答えたのはわずか6％である）からだ．儒教文化の根強い影響があるとみるべきだが，問題なのはその度合いが男性に強い，ということである．アメリカや日本では既婚者よりもむしろ無配偶者で「家事分担」についての男女間の意識の違いが目立つ．このズレが結婚や同棲を始めるにあたって懸念事項になっていることが考えられる．

　次に「子ども」をみてみよう．有意な差がみられる場合，いずれも男性の方が女性よりも結婚において子どもを重視している．無配偶グループでは，スウェーデンと日本で差が目立つ．結婚グループでは，日本において差が顕著だ．

　最後に「趣味」であるが，これは国によって男女どちらが重視しているかが異なっているという珍しい例である．配偶者無しグループで差がみられるが，アメリカでは男性が重視しているのに対して，フランスでは女性が重視している．日本では無配偶グループでも既婚者グループでも差（女性が重視）がみられる．

　以上から，さしあたって日本の無配偶グループについては次のようにまとめ

ることができるだろう．女性が男性よりも重視しているのは家事・育児の分担と趣味，逆に男性が女性よりも重視しているのは子どもである．もう少しいえば，女性は対等な立場で，場合によっては友人のように付き合う結婚をイメージしているのに対して，男性は結婚＝子どもと考える度合いが強いといえる．こういった違いは結婚グループにもみられるため，かなり深刻なミスマッチが証明された，と考えてもよいのではないだろうか．

5 結婚をめぐる思い違い

　未婚の男女の間には，結婚において重視したいことについて，無視できない違いがあることがわかった．では未婚者と既婚者の間には結婚に対する意識の違いはあるのだろうか．この節ではパートナー状態による結婚重視点の違いについて統計学的に明らかにしていくことにしよう．

　前節の「男女の結婚に対する意識の違い」については，男女を比べればよいので比較的単純であったが，パートナー状態は大きく分けて未婚未同棲・同棲・結婚があるため，この3つについて比べると少々数値が煩雑になってしまう．したがってこの節では同棲については考慮せず，未婚未同棲グループ（以下では面倒なので未婚グループと呼ぶ）と既婚グループを比較することにする．そもそも一番知りたい日本については同棲者がデータの中にほとんどいないため，このように単純化してもそれほど大きな問題はないだろう．したがって「未婚グループ／既婚グループ」によって，たとえば「誠実さ」を重視すると答えた人の割合がどの程度違うのか，ということをみていくのが基本的な分析方針である．分析する「結婚生活における重視点」は，前節と同じく「誠実さ」「収入」「魅力」「家事分担」「子ども」「趣味」の6つである．

　たとえばアメリカにおける「誠実さ」についてみてみよう．未婚者では「重視しない」が58人で「重視する」が175人，既婚者では「重視しない」が45人で「重視する」が296人であった．前節と同じようにオッズ比を計算すると，約2.2となる．つまり既婚グループが「誠実さ」を重視すると答えるオッズは，未婚グループが「誠実さ」を重視すると答えるオッズの2.2倍だ，ということだ．それだけアメリカの既婚者は未婚者に比べて結婚生活における「誠実さ」

図表6-3 未婚・既婚の「結婚」に対する重点のズレ （オッズ比，国別）

	誠実	収入	魅力	家事分担	子ども	趣味
アメリカ	2.13 ***	0.78 —	0.43 ***	1.59 *	1.54 —	0.99 —
フランス	2.11 ***	0.67 *	1.11 —	1.09 —	2.45 ***	0.58 ***
スウェーデン	1.35 —	0.89 —	0.44 ***	1.59 **	1.54 *	0.68 *
日本	1.38 *	0.98 —	0.29 **	0.88 —	1.47 *	0.48 ***
韓国	1.33 —	0.96 —	0.89 —	0.65 †	1.01 —	0.38 ***

***：p＜.001，**：p＜.01，*：p＜.05，†：p＜.10

を重視している，ということになる．とはいえ，これだけだと性別の影響をみて取ることができない．つまり，まず男女ともに「未婚者より既婚者の方が『誠実さ』を大事にしている」という傾向があるにせよ，そのレベルは全体的に（未婚者も既婚者も）女性の方が高いのかもしれない．また，少し複雑だが，「未婚／既婚」が重視点に及ぼす傾向は，男女によって異なっている可能性もある．たとえば既婚グループが「誠実さ」を重視すると答える度合いが女性の方が大きい，といったことが考えられる．このように，AがBに影響を及ぼす，というだけではなく，AがBに及ぼす影響の大きさが第3の変数Cによって異なるという場合，これを統計学では「交互作用効果がある」という．

交互作用効果がなければ，単純に「未婚／既婚」で比較してもよいということになる．結論からいえば，交互作用が統計学的に有意であったのは，アメリカの「家事分担」の項目だけであった．したがって上記の「誠実さ」について言えば，既婚者が未婚者にくらべて「誠実さ」を重視する度合いには男女による統計学的に有意味な差は見いだせない．男女どちらの場合でも「既婚者の方が未婚者よりも誠実さを重視している」ということになる．

他の組み合わせについてもまとめたものが図表6-3である．結果の数値は，計算によって性別の効果を除去し，純粋に未婚／既婚による影響を取り出した値である．また，上記理由から今回は交互作用効果は考慮せずに計算した．

数値が1より小さいものは「未婚者が既婚者よりも重視」している項目，1より大きいものは「既婚者が未婚者より重視」している項目になる．国ごとにばらつきがあることがわかる．たとえばフランスをみてみると，既婚者は「誠実さ」と「子ども」を重視しているのに対して，未婚者は結婚においては「趣

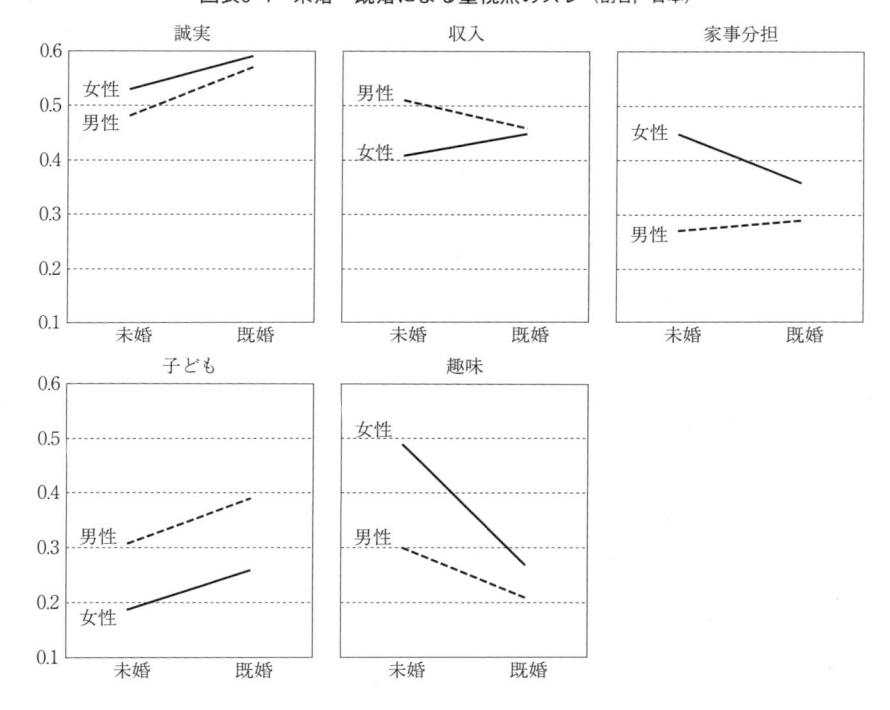

第6章　結婚についての意識のズレと誤解

図表6-4　未婚・既婚による重視点のズレ（割合，日本）

味」が大事だと考えている．「魅力」については日本を含む3つの国で大きなズレが認められる．すなわち，現に結婚している者は未婚者に比べて相手の魅力はたいして重要ではない，と答える傾向が大きい．同じことは「趣味」にもいえる．

もう少し視覚的にわかりやすく表現するために，日本のデータについてだけ図示をしてみよう（図表6-4）．「魅力」については有意差がみとめられているが，度数自体が多くない（未婚も既婚もこの項目を選んだ人が少ない）のでこの図表6-4からは省いてある．図表6-3では「未婚対既婚」で比較したために性別の差は省略したが，図表6-4からは性別の影響もみてとることができる．

まず「誠実さ」であるが，他の項目よりも，未婚者も既婚者も重視すると答えた割合が高い（5割〜6割）ことがまずわかる．男女とも未婚グループより既婚グループで重視すると答えた割合が高い．「収入」については，図表6-3

でみたように，統計学的に未婚者と既婚者の差が有意というほどではない．

次に家事分担についてであるが，未婚者と既婚者のズレのほとんどは女性に起因するということがみてとれる．つまり日本の女性は，結婚前は「結婚したら家事分担は重要！」と考えているのに，いったん結婚してしまうと「そうでもない」と考えているのである．これはなぜだろうか？　データ自体からはみてとることは難しいが，比較的未婚率の高い若年層で家事分担の意識が高いのか，あるいは結婚年数が経るにつれて男性の家事のあまりの無能ぶりに「あきらめ」の心情になっているか，といった理由を考えることができるだろう．もしかすると，結婚したから家事分担を重視しなくなったのではなく，家事分担を重視していない保守的な女性の方が多く結婚しているのかもしれないが，データからはわからない．

「子ども」についてはグラフでは既婚者で重視する割合が高い傾向がみられるが，その傾向は全体的に男性の方が大きい．

日本の未婚者と既婚者で最も顕著な差が出たのは，結婚で「趣味」を重視するかどうかであった．グラフからもみて取れるように，女性でも男性でも，未婚者に比べて既婚者では「共通の趣味を持っていることを重く見る」と答えた人の割合がかなり少なくなっている．既婚者が「趣味の一致は思ったほど重要ではなかった（だから未婚者はそれほど気にしなくてもよい）」と考えるべきなのか，それとも「趣味の一致は重要だと思うが，現実の結婚生活でそれを求めるのは非現実的だと悟った」と考えるべきなのかわからないが，いずれにしろ未婚者と既婚者では思惑にずれが生じていることはみてとれる．

6　やっぱり結婚は幸せなのか？

最後に，単刀直入に「既婚者は未婚者より幸せか」という質問に対する答え（「そう思わない」から「そう思う」までの4件法）がパートナー関係や性別によってずれているかどうかをみてみよう．

図表6-5は，日本におけるパートナー状態ごとの「結婚＝幸福」ポイントの平均値を性別にプロットしたものである．性別差が顕著に認められ，性別とパートナー状態の交互作用はみられない（実際，交互作用は統計学的に有意な影響

第 6 章　結婚についての意識のズレと誤解

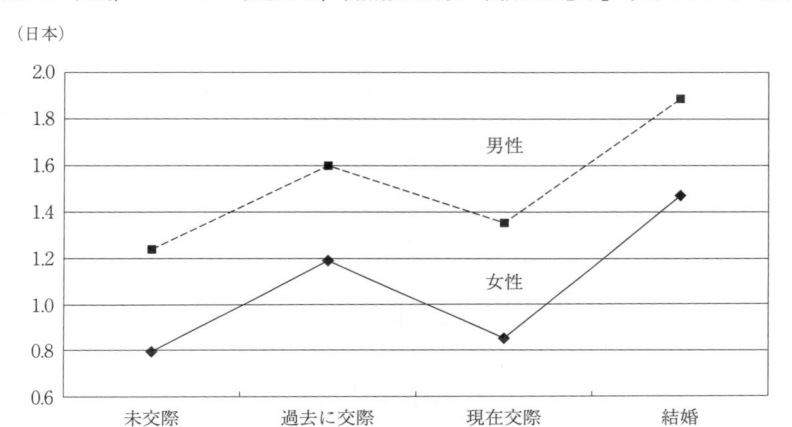

図表6-5　性別，パートナー状態ごと，「結婚した方が幸福だと思う」平均ポイント（日本）

（日本）

を認められなかった）．なぜか「過去に交際していた」グループのポイントが高い．また，これは予想通りといってよいと思うが，結婚グループでのポイントが最も高く，「未交際」「現在交際」グループと比べて統計学的にも有意に高いという結果であった．これについても「結婚して初めて結婚の大事さがわかった」と考えられているのか，あるいは「現に結婚しているから肯定的に考えざるを得ない」と考えられているのかはわからない．あるいは「結婚を肯定的に考えている人が現に結婚している」ということも考えられる．もし多くの人が「結婚して初めて結婚の良さがわかった」と考えているのなら，未婚者と既婚者の間で何らかの意識のズレが生じている，もう少しいえば未婚者の側が結婚の良さを十分に理解していない，ことになる[2]．

7　案ずるより産むが易し？

社会学には「アノミー」という概念がある（Merton 1957）．単純にいえば，アノミーとは「欲望を満たす手段がないのに欲望ばかりが拡張する」ことによって生じる無秩序状態である．これを結婚に置き換えると，「幸福という目的の手段として結婚を考えても，そんな結婚は存在しない」ということになる．図表6-5をみるかぎり，日本での現状はこのアノミーの逆であるようにみえる．

「既婚者は結婚したから結婚を幸福だと考えざるを得ないのだ」「結婚を幸福だと考える人が結婚しているに過ぎないのだ」という人たちの効果を差し引かなければならないにせよ，現に結婚している人は結婚が幸福だと答えていることに違いはない．年齢による経済的な条件を勘案すべきだということもあるが，未婚者は結婚に対して過剰に警戒しているという可能性も捨てきれない．「案ずるより産むが易し」といったところであろうか．

　図表6-3にあるように，結婚において何が大事だと考えるか，ということについてもところどころにズレが生じている．特に「趣味や興味が一致していること」を未婚者は大事だと考えるが，既婚者はそう考えていないというズレが顕著だ．「友達のような夫婦」を未婚者は幸福な結婚だとイメージするが，いったん結婚するとそういったことは大事ではないということがわかるのか，あるいは趣味や興味は結婚してから一致させていけば良い，ということになるのかもしれない．ここにも，未婚者が結婚に対して思い違いをしている可能性をみいだせる．

　男女間のミスマッチも無視できないことがわかった．図表6-2からみて取ったように，日本においては，男性が結婚と子どもを結びつける傾向が強いのに対して，女性は配偶者である夫との関係を重視している．女性上昇婚願望が強い日本において，それに応えることができる男性が減っているという問題の他に，未婚男女のあいだに存在するこのギャップが，結婚への障壁，あるいは結婚後の生活の障害になっていることは大いに考えられる．

　最初の方で，自由恋愛婚がほとんどになった日本で「結婚市場」という言葉が聞かれるようになったが，結婚の現状は「市場」と呼ぶには非常に不完全なものだ，ということを述べた．本章で確認してきた男女および未既婚のあいだのズレは，結婚についての情報の不完全性・非対称性を意味しており，これが強く存在している度合いに応じて，結婚を巡って人が適切な判断を下すことができなくなってしまう．未婚の男女がお互いの結婚観について話し合うこと，未婚者が既婚者の結婚生活のことを聞く機会は，個人的には確かにあるのかもしれないが，社会全体としてある程度客観的な実態を知る機会はあまりないので，場合によってはこういった情報を提供する仕組みを制度的に作っていくことが重要になるのかもしれない．

謝辞

「少子化に関する国際意識調査」のデータの入手に際しては，内閣府政策統括官付企画官玉城敦氏および国立社会保障・人口問題研究所の岩澤美帆氏のお世話になった．深くお礼を申し上げる．

註

1) 図表6-2のアスタリスク等のマークは，表の下にあるようにアスタリスクが一つで「この数値が母集団で1である（男女のオッズに差がない）ならば，この数値が得られる確率は0.5未満である（つまりこの数値は偶然とは考えにくい）」ということを意味している．逆に言えばマークが付いていない数値は「母集団で1である」ということがかなりありえてしまうということである．
2) ここでは日本のデータのみをとりあげたが，どの国でも男女ともに未婚者よりも既婚者の方が「結婚した方が幸せだ」と答えている．が，その程度に国ごとのばらつきもみて取ることができる．対象となっている国の中では，韓国の男性が結婚の幸せを最も強く支持している．結婚に対して最もしらけているのは，フランスの女性である．韓国男性は「結婚したほうが幸福か」に対して47%が「はい」と答えているのに対して，フランスの女性のうち「はい」と答えたのはわずか4%だ．同じ経済先進国なのにこれほど結婚に対する価値観が異なるということは特筆すべきであるが，本章の主要目的は日本のデータをみることだから，国際比較の詳細については別稿にゆずることにする．より詳細な分析については筒井（2008a）を参照してほしい．

文献

Bumpass, L. L., J. A. Sweet, and A. J. Cherlin, 1991, "The Role of Cohabitation in Declining Rates of Marriage," Journal of Marriage and the Family, 53 (4): 913-27.

Eun, K.S., 2003, "Understanding Recent Fertility Decline in Korea," Journal of Population and Social Security: Supplement to Volume 1: 574-95.

池田心豪，2007,「未婚期の雇用環境と女性の結婚・出産—初職勤務先に注目して」『仕事と生活—体系的体系的両立支援の構築に向けて』労働政策研究機構．

Iwasawa, M.& J. M. Raymo, 2009, "Cohabitation and Family Formation in Japan," Demography, 46(4): 785-803.

加藤彰彦，2004,「未婚化・晩婚化と社会経済的状況」渡辺秀樹・稲葉昭英・嶋崎尚子編『現代家族の構造と変容：全国家族調査［NFRJ98］による計量分析』東京大学出版会：41-58.

Merton, R., 1957, Social Theory and Social Structure, New York: Free Press.（＝1961, 森東吾・金沢実・森好夫・中島竜太訳『社会理論と社会構造』みすず書房．）

坂口尚文，2009,「均等法後世代の女性のライフコース—パネルデータによる検証」『家計経済研究』84：7-16.

筒井淳也，2008a,「「未婚」の国際比較分析—結婚についての意識のズレの様相」『SSJDA

Research Paper Series』39：59-73.
筒井淳也，2008b,『親密性の社会学――縮小する家族のゆくえ』世界思想社.
山田昌弘，2007,『少子化日本――もうひとつの格差のゆくえ』岩波書店.

第 III 部

結婚を左右する要因

第 7 章

男性に求められる経済力と結婚

水落正明

1 男女間の経済力の関係は結婚に影響するか

　結婚の意思決定に影響を与える経済的要因として，男女間の賃金（収入）格差という視点がある．これは，男性が労働市場での生産性（賃金）が高く，女性が家庭内での生産性が高いと仮定すると，2人が結婚することで男性は市場での労働に特化し，女性は家庭内労働に特化することができ，その結果，世帯としてより多くの利得が得られるとするものである．さらにいえば，男女間で生産性の格差が大きいほど分業による結婚のメリットが増加し，結婚を促進する効果が大きくなる．

　また，別の見方をすれば，女性にとっては，結婚および出産・育児による就業中断等で生じる損失（機会費用）がある．そのため，稼得能力の高い女性がそうした損失を受け入れて結婚に踏み切るためには，その損失を十分に補償できる経済力を持った男性が結婚相手として必要となる．

　以上のような観点から考えると，わが国で晩婚・非婚化が進んでいる背景には，女性の社会進出などによる男女間の経済格差の縮小があると考えられる．

　このような男女間の経済関係の結婚への影響を確かめた分析には，小椋・ディークル（1992）がある．小椋・ディークルはわが国の都道府県データを使って分析しているが，男女の賃金格差が女性の結婚確率に与える影響は確認できなかった．一方，米国の州データを使ったKeeley（1979）の分析では，男女間

の賃金比（女性／男性）の上昇は，男女の有配偶率を下げ，初婚年齢を引き上げていることが確認されている．つまり，相対的な女性の経済力が高まることで，女性が結婚しなくなっているということである．これは，女性の結婚による機会費用が高まる中で，男性に対してより高い経済水準を求めるものの，そうした男性に巡り合う確率が低くなっているとも考えられる．

さて，小椋・ディークルの分析結果は，日本では男女間の経済力の関係が結婚に影響を及ぼしていないことを示唆しているのだろうか[1]．このような結果が得られる1つの原因として，こうした男女間の経済関係の指標は地域の結婚市場の特性をとらえきれていない，ということが考えられる．つまり，機会費用としての女性の賃金が，女性が結婚相手である男性に求める経済水準をうまく反映していない可能性がある．女性の賃金には地域によってばらつきがあり，高い地域があれば低い地域もある．しかしながら，情報化の社会の中で，賃金の低い地域でもそれなりの経済水準を女性は男性に求めていると考えられる．したがって，男女間の賃金格差が大きく結婚のメリットが大きいと思われる地域でも，結婚が生じにくい地域が存在する可能性もある．つまり，単純な男女の賃金格差ではなく，女性が結婚相手である男性に求める経済水準に対して，実際に男性にどの程度の経済力があるのかという観点で，男女間の経済力の関係の影響をみる必要がある．

後述するように，結婚を望む女性の大半は，結婚相手である男性にある程度以上の経済水準を求めている．また，一般的に結婚相手を探す場合，地域的な制限があり，自身の居住都道府県とその隣接都道府県を対象とすることが多いと考えられる．そこで本章では，地域によって，どの程度の経済水準が男性に対して求められており，どの程度の男性がその水準をクリアーし，そうした状況が女性の結婚確率にどのような影響を与えているかについてデータを使って明らかにする．

以下，第2節では本章で用いるデータと分析対象の基本的特徴について概観する．第3節では，女性が結婚相手に望む経済水準と実際の男性の収入が，各地域でどのような状況になっているのかをみる．第4節では，そうした男女間の経済力の関係が女性の結婚確率に与える影響について推定する．第5節は本章の分析結果のまとめである．

2　一定以上の経済力を求める女性はどの程度いるか

使用するデータと設問

　本章では，主として「結婚相談・結婚情報サービスに関する調査」の個票データを利用する[2]．この調査では，一般独身者を対象にしたアンケートと，結婚情報サービス会員を対象としたアンケートの2つが実施されている．本章ではこのうち，一般独身者のデータを用いる[3]．

　このデータは，独身者のみという点で偏りのあるデータだが，その分，結婚に対する考え方や結婚相手に求める条件（年齢，学歴，収入）などについて詳細な質問をしているという点で，貴重な情報を有している．

　分析にあたっては，結婚を望む一般的な未婚者像をとらえるために，離死別サンプルと学生は分析データから除いた．また，結婚の意思のないサンプルも除いた．なぜなら，結婚意思のない場合，たとえば相手の収入について気にしないと回答した場合に，それが本当に収入条件を気にしないのか，単に結婚を意識していないだけなのか判別できないため，分析対象としては不適と考えられるからである．同様に，婚約中のサンプルも，既に結婚が確定していることから相手の収入を気にしないと回答する割合が高かったため，分析対象から除いた．したがって本章では，結婚意思はあるが，結婚の確定していない一般的な未婚者（20〜44歳）を分析対象とする．

　本章では既に述べたように，収入という結婚条件にしぼって分析をおこなう．この調査には，結婚相手の年収を気にするか，という結婚の経済的な条件に関する質問があり，回答は以下のような選択肢になっている．

(1)　少なくとも何万円以上という具体的な金額がある
(2)　自分より年収が高い
(3)　自分より年収が低い
(4)　その他
(5)　気にしない

これらの選択肢から (1) を選択した回答者は，さらに「(1) 100 万円以上」から 100 万円きざみで「(10) 1000 万円以上」まで選択する形式になっている．本人の年収データもあるため，(2) の「自分より年収が高い」を選択した回答者についても，結婚相手の男性にいくら以上を望んでいるかが判別できる[4]．

また，本章では地域による収入条件に着目するが，地域をあまり多くするとサンプル数が少なくなってしまうため，今回の分析では全国を以下の5つの地域に分けることとした．すなわち (1) 北海道・東北，(2) 関東，(3) 中部，(4) 近畿，(5) 中国・四国・九州である．

収入条件と基本的属性

次節で地域ごとの結婚条件についてみるが，その前に，ここでは女性回答者の就業状態や年収と結婚相手の年収に関する意識間の関係などについてまとめる[5]．その際，先ほどの経済的な条件の選択肢の (1)〜(3) には，以下のように省略した表現を用いる．(4) と (5) はそのまま使用する．

(1) 少なくとも何万円以上という具体的な金額がある→少なくとも
(2) 自分より年収が高い→自分より高い
(3) 自分より年収が低い→自分より低い

さらに，(1) 少なくとも，と (2) 自分より高い，を合わせたカテゴリーを「一定以上」と表現する[6]．

最初に女性回答者の全体的な傾向をみてみると，「一定以上」の年収を求める女性は 80.6% である．一方，「気にしない」割合は 15.6% となっている．「自分より低い」は 0.4% しかいない．

就業状態と結婚相手の年収に関する回答の関係については，正規社員，パート等，派遣では約8割が「一定以上」を求めている．ただし，内訳をみると「少なくとも」を選んでいるのは正規社員 (13.2%) よりパート等 (28.6%) と派遣 (25.4%) のほうが多い．この後でも述べるように，パート等と派遣は正規社員に比べて年収が低いため，こうした就業形態の女性は「自分より高い」より「少なくとも」と自分以外の水準を基準にしている．そして，その水準は

自身の年収を上回るケースが多くなっている．自営業等は「一定以上」を求める割合は69.8％と最も低く，3割近くが「気にしない」と回答している．無職・家事は「少なくとも」が多く28.1％となっている．

次に就業状態別にみた本人の年収を確認しておくと，無職・家事以外ではすべて100～300万円未満に最も分布が集中している．ただし，雇用者では正規社員，派遣，パート等の順に分布が年収の高いほうに伸びており，正規社員の平均的な年収が最も高いことを示している．自営業等は分布がなだらかだが，300～400万円未満への集中度は正規社員についで多く，比較的収入のある女性が多い．このことが先に述べたように，相手の年収を「気にしない」と回答した割合の高さに影響しているとも考えられる．

さらに，女性本人の年収別に相手の年収を気にするかの回答をみると，「一定以上」を求める割合は，100万円未満（77.0％），100～300万円未満（83.1％），300～400万円未満（84.9％）と上昇したあと，400～600万円未満（71.7％），600～800万円未満（66.7％）と低下している．すなわち，横軸に年収階級，縦軸に回答割合をとった場合，逆U字型をしており，年収が多くなるほど「一定以上」を求める人が多くなる，といった直線的な関係が必ずしもあるわけではないことがわかる．

このように，女性自身の年収と「一定以上」を求める割合は線型の関係にはないことが示唆されたが，年齢との関係はどうなっているだろうか．年齢階級別に相手の年収を気にするかの回答をみると，20～24歳（83.8％），25～29歳（85.3％），30～34歳（82.4％）と，この3階級では，「一定以上」の割合は80％台を維持しているが，35～39歳（74.5％），40～44歳（71.3％）と，35歳に入ったところで大きく減少していることがわかる．

以上では，基本的な属性によって，結婚相手に求める経済条件にどのような違いがあるかなどについてみた．そこで最後に，地域別にこれらの基本的な属性に違いがどの程度あるのかを確認しておきたい．

最初に，地域別に就業状態をみると，正規社員の割合は近畿以外では概ね53％前後と同様の傾向をみせている．近畿は41.4％と他の地域に比べて10％ポイントほど下回っており，その分，パート等の割合と無職・家事の割合が高めになっている．その他の特徴としては，関東の派遣の割合が18.1％と他の

地域に比べて高い割合となっている．

　地域別に本人の年収をみると，既に述べたように，派遣はパート等よりも収入が高いこと，さらに先ほどの就業状態とも合わせて，関東の本人年収が高いことがわかる．近畿は非正規就業と無職・家事が多かったことから100万円未満の分布が全地域の中で最も高くなっている．

　地域別の年齢構成をみると，近畿で20～24歳がやや多いことがわかる．このことが先に述べたように，近畿でのパート等や無職・家事の多さの原因かもしれない．しかしながら，年齢構成の地域間の違いはそれほど大きくはない．

3　地域ごとにみた女性の希望と男性の現実

　前節では就業状態と相手の年収を気にするかなどの関係についてまとめた他，地域ごとの就業状態，年齢構成など基本的な属性の確認をおこなった．そこでここでは，本題の地域別の経済条件について分析していく．

　図表7-1は地域別にみた相手の年収を気にするかの回答である．図表7-1によれば，「一定以上」の水準を求める女性は中部で最も少なく78.1％，次いで中国・四国・九州で78.8％であった．つまり中部の女性は相手の経済的な条

図表7-1　相手の年収を気にするか（女性回答者）

	少なくとも A	自分より高い B	自分より低い	その他	気にしない	計	一定以上 A+B
北海道・東北	24	89	0	4	24	141	113
	17.0	63.1	0.0	2.8	17.0	100.0	80.1
関東	61	176	1	9	41	288	237
	21.2	61.1	0.4	3.1	14.2	100.0	82.3
中部	30	95	1	10	24	160	125
	18.8	59.4	0.6	6.3	15.0	100.0	78.1
近畿	37	97	1	5	22	162	134
	22.8	59.9	0.6	3.1	13.6	100.0	82.7
中国・四国・九州	30	129	1	4	38	202	159
	14.9	63.9	0.5	1.9	18.8	100.0	78.8
計	182	586	4	32	149	953	768
	19.1	61.5	0.4	3.4	15.6	100.0	80.6

各地域，上段がサンプル数，下段が地域ごとに占める割合．

件について寛容だといえそうである．ただし「気にしない」の割合は中国・四国・九州の 18.8％が最も多く，次いで北海道・東北の 17.0％であった．中部は 15.0％とそれほど高い数値ではない．前節でみたように近畿は非正規就業等が多かったこともあり，相手の年収については「一定以上」を求める割合が全地域の中で最も高く 82.7％，「気にしない」が最も少なくなっている．関東と近畿は，就業状態などに大きな違いがあるものの，相手の年収を気にするかの回答割合は似通っているという事実があることもわかる．

それでは，これらの条件を年収の額としてみた場合，どのようになっているであろうか．次のように求める．「少なくとも」を選択した女性は具体的な金額を回答しているので，その額をあてはめる．同様に「自分より高い」の女性には自身の年収を，「気にしない」の女性には「0円」をそれぞれあてはめた．「自分より低い」，「その他」の回答者は除いたがサンプル数は非常に少ないため，分析に与える影響はほとんどないであろう．これらの年収の数値は，結婚相手に求める経済力の最低ラインを示していることになる．図表7-2は，地域ごとの平均値を低い順に累積させた曲線とその数値である．

この図の見方としては，累積曲線が下にあるほど，相手に求める経済水準が

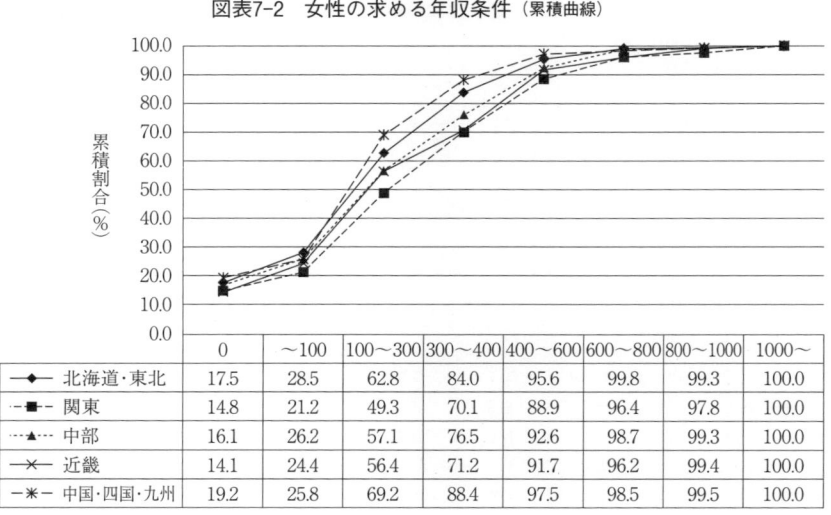

図表7-2　女性の求める年収条件（累積曲線）

	0	～100	100～300	300～400	400～600	600～800	800～1000	1000～
北海道・東北	17.5	28.5	62.8	84.0	95.6	99.8	99.3	100.0
関東	14.8	21.2	49.3	70.1	88.9	96.4	97.8	100.0
中部	16.1	26.2	57.1	76.5	92.6	98.7	99.3	100.0
近畿	14.1	24.4	56.4	71.2	91.7	96.2	99.4	100.0
中国・四国・九州	19.2	25.8	69.2	88.4	97.5	98.5	99.5	100.0

厳しいことを意味している．例えば，中国・四国・九州では，年収条件が100〜300万円未満のときには累積割合が約70％に達しているが，関東ではまだ約50％程度となっており，約20％ポイントの大きな差がある．したがって，この累積曲線の形状から，経済水準に関する条件が最も厳しいのが関東であり，最も緩いのが中国・四国・九州である．厳しい順に関東，近畿，中部，北海道・東北，中国・四国・九州となっていることがわかる．

それでは，女性が男性に求める年収条件に対して，実際の男性の年収はどのように分布しているだろうか．このデータの男性サンプルの年収をまとめたのが図表7-3である．これはさきほどの女性の経済条件と同様に，地域ごとに男性の年収を低い方から順に累積させた曲線である．

図表7-3をみるとおおむね，2つのグループに分かれていることがわかる．すなわち，年収が高いグループが関東，中部，近畿，低いグループが北海道・東北，中国・四国・九州である．年収300〜400万円未満のところで見ると，関東，中部，近畿では約55％であるが，北海道・東北，中国・四国・九州では約75％に達している．

さて，図表7-2と図表7-3を比較すると，中部の男性は関東，近畿の男性と

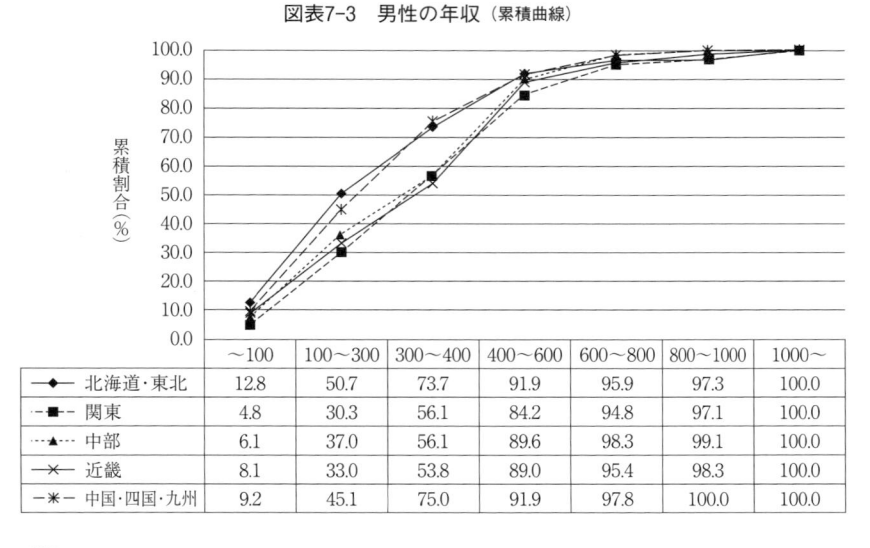

図表7-3　男性の年収（累積曲線）

	〜100	100〜300	300〜400	400〜600	600〜800	800〜1000	1000〜
北海道・東北	12.8	50.7	73.7	91.9	95.9	97.3	100.0
関東	4.8	30.3	56.1	84.2	94.8	97.1	100.0
中部	6.1	37.0	56.1	89.6	98.3	99.1	100.0
近畿	8.1	33.0	53.8	89.4	95.4	98.3	100.0
中国・四国・九州	9.2	45.1	75.0	91.9	97.8	100.0	100.0

年収の分布が似ている．それに対して，女性の求める収入水準の累積曲線は関東，近畿の2地域に比べてやや上方にあり，収入条件はやや緩かった．

前節で述べたように，中部は男性年収の高い3地域の中で，女性の経済水準に関する回答で「一定以上」人の割合が最も少なかった．したがって中部は，経済面からみて，他の地域に比べて結婚しやすい条件が整っていると考えられる．

ただし，ここでは図表を一見した印象に過ぎないため，具体的な数値として地域間の比較を行う必要がある．そこで，ここで「収入合格率」なる指標を導入する．

収入合格率は年収という条件について男性がどれだけの女性に受け入れられているかを地域ごとに計算したものである．例えて言えば，オーディションのように，男性が自身の年収を書いたボードを手に地域の未婚女性が全員集まった場所に出たとき，どの程度の女性が合格の札をあげてくれるかの割合である．

この数値の計算に際しては，先ほどの収入条件の累積割合を利用する．具体的には，年収が100万円未満の男性は，「気にしない」つまり収入条件が0円という女性のみに受け入れられることとする．最低ラインとして100万未満と回答した女性にも受け入れられるとしてもよいかもしれないが，「自分より多い」を厳密に考えれば，同じ年収階級では受け入れられないとしたほうが妥当であろう．したがって，たとえば，関東の年収100万円未満の男性の収入合格率は14.8％，100～300万円の男性の収入合格率は21.2％である．他の地域についても同様に計算した．こうして男性1人ずつ計算した数値を地域ごとに単純平均したものを地域の収入合格率とする．

図表7-4にはこのように計算した地域別の収入合格率の他，女性20～44歳の地域別有配偶率を「国勢調査」（総務省）の2005年調査データとJGSS2005から計算したもの，「賃金構造基本統計調査」（厚生労働省）の2004年データから計算した一般労働者20～44歳の男女の月収の比である地域別の収入格差（男／女）が示してある．

収入合格率をみると，最も高いのが中部で，最も低いのが北海道・東北であることがわかる．関東が次いで低いことも特徴であろう．

さて，この収入合格率は地域の女性有配偶率をうまく説明しているであろう

第Ⅲ部　結婚を左右する要因

か.

図表7-4をみると，国勢調査による女性有配偶率のW字型をよくとらえているのは，むしろ賃金構造基本統計調査で計算した収入格差のほうである．収入合格率も有配偶率の傾向をおおむねとらえているが，北海道・東北と他地域との大小関係をとらえきれていない．つまり，有配偶確率に影響を与える要因として，客観的な指標である収入格差のほうが，女性の意識を考慮した収入合格率より適切のようにここではみえる．

ただし，ここでみたのはあくまで経済条件と有配偶率の2者の関係のみである．そこで，多変量解析でその他の要因をコントロールした場合でも，このような結果が導かれるのかを検証する必要がある．

その際，このままのデータでは5サンプルであり回帰には向かない．そこで，JGSS2005の個票データに地域ごとに収入格差と収入合格率をあてはめ，有配偶確率に影響を与えているかを確認する．そのために，図表7-4にはJGSS2005でみた地域別の20～44歳の女性有配偶率を示してある．有配偶率の地域間の多少について若干異なるが，概ね国勢調査の傾向をとらえられていると考えられる．

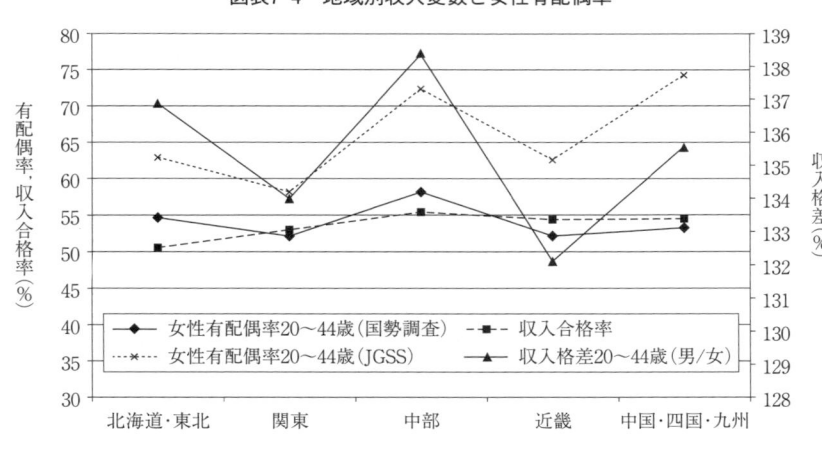

図表7-4　地域別収入変数と女性有配偶率

4　男女間の経済関係が女性の有配偶確率に与える影響

本節では，個票データを用いて，先に求めた収入合格率と収入格差が女性の有配偶確率に与える影響について推定をおこなう．推定モデルは以下の2つである．

モデル1
有配偶確率＝f（収入合格率，女性実質月収，年齢，最終学歴）
モデル2
有配偶確率＝f（収入格差，女性実質月収，年齢，最終学歴）

両モデルとも被説明変数である有配偶確率は，有配偶＝1，無配偶＝0とした変数である．

説明変数について，モデル1に収入合格率，モデル2に収入格差が入っている以外は両モデルとも同じ説明変数のセットになっている．ここで，収入合格率と収入格差は相対的な指標であるため，地域の女性の経済力の絶対水準として都道府県ごとの女性の実質月収を変数として推定モデルにいれた[7]．また，個人属性として年齢，最終学歴の影響もコントロールした．推定モデルはプロビットモデルである[8]．

推定の結果，意識を考慮した収入合格率のみ正で有意（5％水準）に推定された．すなわち，年収でみて，女性に受け入れられる男性が多い地域では，女性の有配偶確率も高くなる，ということである．一方，客観的な指標である収入格差については有意には推定されず，女性の有配偶確率に与える影響は確認されなかった．

図表7-5は，モデル1とモデル2の推定結果から，収入合格率と収入格差のいくつかの値での予測有配偶確率を示したものである[9]．やや変則的であるが，横軸に予測有配偶確率，左縦軸に収入合格率，右縦軸に収入格差を示してある．両収入変数とも，値の上昇とともに有配偶確率も増加していることがわかる．ただし，収入合格率のほうが，このデータ範囲内では有配偶確率を押し上げる

第Ⅲ部　結婚を左右する要因

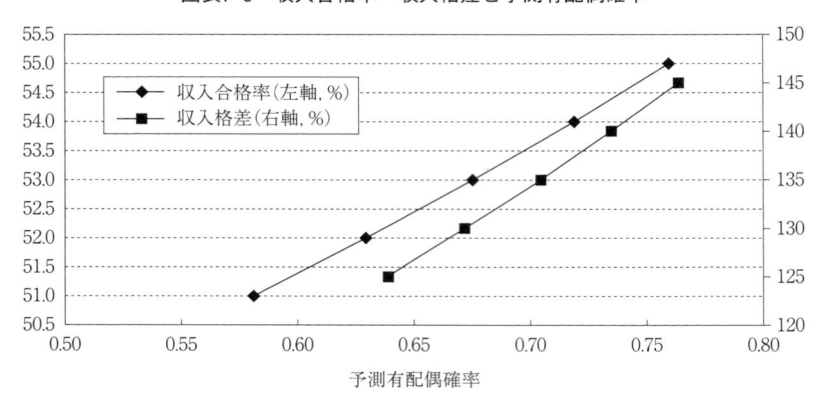

図表7-5　収入合格率・収入格差と予測有配偶確率

効果が大きいことがわかる．このことが有意性の差につながったと考えられる．

今回の推定では，収入格差が有意に推定されなかったのに対して，収入合格率が有意に推定された．したがって，小椋・ディークル（1992）のマクロ分析で影響が確認されなかった男女間の賃金格差の影響は，個票レベルにおいても確認されなかったことになる．それに対して，女性の意識を考慮した男女間の経済力の関係が女性の結婚確率に影響を与えることが確認された．したがって，当初の問題意識である，女性の求める経済水準を考慮した男女間の経済力の関係のほうがわが国の結婚行動の規定要因として適切であると，少なくとも今回の結果からはいえるだろう．

ただし，若干の留保もある．当初，国勢調査のデータとの関係からは，収入格差のほうが，女性の有配偶確率に対して有意に推定されると想定された．しかし，収入格差は有意に推定されず，収入合格率が有意になった．その原因として，他の重要な属性をコントロールした影響とも考えられるが，収入合格率のほうがJGSS2005固有の地域別有配偶率の特徴をとらえていた可能性がある．

図表7-4をみるとわかるように，JGSS2005の有配偶率はW字型を描きながら西日本に行くほど上がっている．それに対し，収入格差は同じW字型を描きながら西日本に行くほど低下している．一方，収入合格率はW字型を描かないものの，西に行くほど数値はわずかに高くなっており，このあたりがJGSS2005の有配偶確率をとらえた可能性がある．国勢調査の有配偶率にはそ

うした特徴はあまりみえない．したがって，今回の分析結果は他の個票データによって再検証される必要がある．

5 結婚の要因としての意識の重要性

　本章は男女間の経済力の関係が結婚に与える影響について分析した．特に女性が，結婚相手である男性に求める年収の水準を考慮に入れ，これが地域でどのように異なるのか，さらにそれが女性の有配偶確率に影響を与えるのかどうかを明らかにした．

　その結果，一般的に使われる客観的な数値から計算した男女の収入格差と本章独自の収入合格率は中部で最も高い数値になるなど，同じような地域的特徴を持ちながら，地域間の差という点では異なる特徴を持っていることがわかった．そして，少なくとも JGSS2005 を用いた分析においては，賃金構造基本統計調査を使用した男女間の収入格差が女性の有配偶確率に与える影響は確認されなかったのに対して，女性の意識を考慮した男女間の経済力の関係は女性の有配偶確率に影響を与えることが確認できた．

　すなわち，先行研究で影響が確認されていなかった男女間の経済力の関係がわが国においても影響を持つこと，その際，単純な客観的データではなく，地域ごとの女性の意識などを考慮する必要があることがわかった．意識はデータとして非常に曖昧なものであるが，結婚の実態をとらえるうえで，そういった側面を考慮することが重要であることが示されたといえる．

　最後に残された今後の課題を提示する．

　1つ目は，今回の分析ではデータ数の制約とはいえ地域の分け方が大まかであり，また地域のまとめ方も地理的で非常に単純であったことである．今後，地域をより細かくする他，地域のまとめ方について地域性を考慮したものにした場合でも，今回と同じような分析結果が得られるかを検証することが必要である．

　2つ目は，希望する経済水準のような結婚に関する条件や意識がどのように形成されるかを明らかにすることである．今回はこうした要因を外生的にとらえたが，結婚の意思決定をより正確にとらえ，政策的な提言につなげるために

は，こうした側面についてさらに分析をすすめる必要がある．

謝辞

　本章は，株式会社オーエムエムジーより奨学寄附金の援助を受けている．二次分析にあたり，東京大学社会科学研究所附属日本社会研究情報センター SSJ データアーカイブから「結婚相談・結婚情報サービスに関する調査」（経済産業省），「日本版 General Social Surveys <JGSS2005>」（大阪商業大学地域比較研究所・東京大学社会科学研究所）の個票データの提供を受けた．日本版 General Social Surveys（JGSS）は，大阪商業大学比較地域研究所が，文部科学省から学術フロンティア推進拠点としての指定を受けて（1999〜2008年度），東京大学社会科学研究所と共同で実施している研究プロジェクトである（研究代表：谷岡一郎・仁田道夫，代表幹事：岩井紀子，副代表幹事：保田時男）．東京大学社会科学研究所附属日本社会研究情報センター SSJ データアーカイブがデータの作成と配布を行っている．

　本章の執筆過程では，2007年度の二次分析研究会および二次分析研究報告会において，多くの方からコメントをいただいた．記して感謝する．

註

1）わが国においては，男女間というよりも，男性と女性の父親間の経済力の格差が重要であるとも考えられる．
2）第4節の推定では「日本版総合的社会調査」の2005年調査（JGSS2005）も使用する．
3）調査結果などの詳細については「少子化時代の結婚関連産業の在り方に関する調査研究　報告書」（http://www.meti.go.jp/press/20060502001/20060502001.html）を参照されたい．
4）ただし，本人の年収については，1. 100万円未満，2. 100〜300万円未満，3. 300〜400万円未満，4. 400〜600万円未満，5. 600〜800万円未満，6. 800〜1000万円未満，7. 1000万円以上，のように100万円きざみではない．そのため，後述の相手に求める年収の水準はこの7段階にまとめざるを得ない．
5）紙面の都合により，ここではクロス表は省略している．省略されたクロス表は水落（2008）に掲載されているので，そちらを参照されたい．
6）就業状態も省略して表記している．この調査での正確な選択肢は，「正規の社員・職員」（正規社員），「パート・アルバイト（フリーター）・嘱託」（パート等），「自営業主・家族従業者・内職」（自営業等）である．
7）「賃金構造基本統計調査（2004）」の決まって支給する現金給与額を消費者物価地域差指数で調整したものである．
8）プロビットモデルは，被説明変数が1と0のような2値をとる場合に用いられる代表的なモデルである．推定結果の詳細は水落（2008）を参照されたい．
9）使用したデータの最大値と最小値から，収入合格率は51, 52, 53, 54, 55の5点，収

入格差は 125, 130, 135, 140, 145 の 5 点で計算した.

文献

Keeley, M. C., 1979, "An Analysis of the Age Pattern of First Marriage," *International Economic Review*, 20 (2): 527-544.

大谷憲司, 1993,「婚前交渉, 結婚, 妊娠とパーソナリティ特性」『現代日本出生力分析』関西大学出版部: 167-201.

小椋正立・ロバート・ディークル, 1992,「1970 年以降の出生率の低下とその原因 県別, 年齢階層別データからのアプローチ」『日本経済研究』22: 46-76.

水落正明, 2008,「結婚市場と結婚条件」『家族形成に関する実証研究 II』(SSJDA Research Paper Series No.39) 東京大学社会科学研究所: 15-28.

第 8 章

結婚タイミングを決める要因は何か

朝井友紀子・水落正明

1 結婚相手を探す市場の存在

結婚を左右する学卒時の状況

　人がいつ結婚するか（結婚タイミング）は，さまざまな要因によって決まる．とりわけ近年の日本のように，雇用環境の悪化とそれに伴う若年雇用の非正規化など，労働市場の変化が著しい状況では，若年時の就業状態が結婚を規定する重要な要素として浮かび上がってくる[1]．実際に水落（2006）では，学卒直後に正社員として採用されていた男性のほうが，結婚タイミングが早いことが確認されている[2]．学卒直後の雇用確保政策の充実は男性の結婚を促進する可能性があるといえそうだ．

　しかしながら，結婚タイミングを左右するのは学卒時の就業状態だけとは限らない．樋口・阿部（1999）は，学卒時の景気変動や所得変動，労働市場の需給状態が女性の結婚に及ぼす影響をパネルデータを用いて検証している．具体的には，学卒時の女子失業率に関していえば，就職難のときに学校を卒業した女性は退職しやすく再就職しないまま結婚することが示されている．退職しやすいのは希望した企業に就職できなかったためと考えられる．他方，学卒時に好景気であり条件の良い職が得られると，結婚により仕事を放棄することの機会コストは高くなると解釈できる．ただし，学卒時ではなくパネルの各時点における失業率の効果をみてみると，失業率が高いほど女性の結婚を遅らせる

可能性が示されている．

　小椋・ディークル（1992）は，20～34歳の女性の結婚確率について分析し，とくに女性賃金の上昇は，25～29歳，30～34歳の女性について，概ね結婚確率を引き下げることを明らかにしている[3]．女性の賃金は女性の時間コストをあらわす変数であり，賃金が高いほど女性の時間コストは高くなり，結婚のインセンティブが低下すると考えられる．また，結婚や子育てのインフラに関わる住宅コストをあらわす変数として家賃や地価を推定式に投入し，家賃の高騰が若い女性を結婚へと向かわせる可能性を明らかにしている．これは結婚による規模の経済のインセンティブ[4]が女性を結婚に向かわせたと考えられる．

　これら先行研究からは，個人の就業状態のみならず，個人をとりまく周囲の状況も結婚行動に影響を及ぼすことが示唆される．特に樋口・阿部（1999）では，学卒時の周囲の状況の影響が明らかにされている．しかしながら，水落（2006）では周囲の状況の影響を検証していない．そこで本章では水落（2006）で確認された学卒時の就業状態が結婚タイミングに与える影響について，学卒時の周囲の状況を統制したうえでも影響があるかどうかを検証する．具体的には，若年人口性比と若年人口密度，そして平均初婚年齢を周囲の結婚市場の状況と考えその影響を検証する．学卒時に同一の結婚市場にいたとしても，個人の就業状態の違いにより，個々の結婚タイミングには違いが生じる可能性がある．また，仮に学卒時に同じ就業状態であったとしても，結婚市場の状況が異なれば結婚タイミングも異なる可能性がある．つまり，個人の状態と学卒時に個人が属する結婚市場の状況は，それぞれ独自の影響を個人の結婚行動に及ぼす可能性があり，そうしたメカニズムを男女別に検証することが本章の目的である．

結婚相手探しの仕組み

　結婚相手探しのメカニズムは，仕事探しの理論を応用して考えることができる．就職タイミングは，仕事探しをするかしないか，またどれくらいの期間探し続けるかにより決定される．結婚タイミングも同様に考えることができ，結婚相手探しをするかしないか（結婚市場へ参入するか否か），またどれくらいの期間探し続けるか（サーチ期間）により決定されるとみなせる[5]．

個人は結婚市場において留保水準[6]を設定し，その水準以上の相手があらわれた場合に結婚をする．一般的な市場と同様，結婚市場では男女は需要者でありまた供給者でもある．したがって需給のバランスによって留保水準も変化すると考えられる．たとえば相対的に男性が多いと女性が留保水準を上げる可能性がある．またその逆も同様である．

結婚市場の状況と結婚タイミング

結婚相手探しをする人は結婚市場に存在する相手候補の中から留保水準を目安にして相手を選ぶ．したがって結婚が成就するかどうかは，個人特性のみならず，どのような人が市場にいるのか，どれくらいいるのかが重要となる．Keeley (1977) の説明にしたがえば，人口密度の高い地域は，多くの男女にとって，より魅力的な結婚市場となる．すなわち，結婚市場における出会いの機会が多く，取引コストが低いため，市場に早く参入するインセンティブがある一方，相手を長く探し続けるインセンティブもある．したがって，人口密度が市場参入時期にそれほど差を生じさせず，サーチ期間を延ばす効果が大きいとき，結果として人口密度の高い地域では，結婚タイミングが遅くなる可能性がある．

同じく Keeley (1979) によると，相対的に女性の数が男性の数に対して少ない場合，結婚市場では女性が有利になる．女性は留保水準を高く設定し，より良い相手をみつけようとする．したがって人口性比は，男性と女性のどちらが相対的に結婚市場で有利であるかをあらわす指標とみなすことができる．女性の数が少なく結婚市場で有利である場合，サーチ期間を短くしても良い結婚相手がみつかるために，女性の結婚タイミングは早くなると考えられる．

また，Becker and Murphy (2000) は，個人の行動は周囲からのプレッシャー (Peer Pressure) により影響を受けると指摘する．個人は周囲の大勢と同じ行動をとりたがる．大勢と外れる行動をとることは周囲からの社会的評価を落とす可能性があり，効用が低いからである．結婚市場でいうならば，平均初婚年齢近くで結婚することが周囲からの評価を高める行動といえる．平均結婚年齢の低い地域では平均に近い年齢で早めに結婚する方が社会的評価を保てる．したがって，その地域に住む個人の結婚タイミングは平均結婚年齢の高い地域

と比較して早くなると考えられる．

個人の特性と結婚タイミング

　教育の効果については，高学歴であると高い経済力を得やすく，経済力の高さは男性の結婚相手としての魅力を増すために特に男性にとって結婚市場での相手探しを容易にする．一方女性にとっては，高学歴であることの離職に伴う高い機会コストを埋め合わせるだけの相手が少なくなり，サーチ期間を延ばして長い間相手を探そうとするインセンティブが働く．よって，高学歴になるほど，男性の結婚タイミングは早くなり，女性の結婚タイミングは遅くなると考えられる．

　就業状態については，男性が無職の場合には経済力がないために結婚市場に参入し相手探しをすること自体が難しい．また，自営業の場合には，仕事場で相手探しをすることが比較的難しいと予想される．それに比べて正規就業の場合には，結婚相手として魅力的であるため市場での相手探しが容易であり，仕事場で結婚相手を探すことも可能である．よって，男性が無職か自営業の場合には正規就業と比較して結婚タイミングは遅くなると考えられる．無職女性は結婚による機会コストが発生しないため，結婚することの抵抗が小さい．一方で，職場での出会いがないという不利な点があり，無職であることは結婚確率に関して正負両方向の影響が考えられることから，実際の影響がどちらに出るかはわからない．自営業の影響は男性と同様である．女性の正規就業は高学歴と同様に結婚の機会コストを高めるため，それを埋め合わせるだけの相手が少なくなり，サーチ期間を延ばして長い間相手を探そうとするインセンティブが高まる．しかし一方で，職場での結婚相手サーチを可能にすることから，出会いの機会は多いと考えられ，両方向の影響があるといえよう．よって，どちらの影響が出るかは分析してみないと判断は難しい．

2　結婚タイミングを左右するのは個人の特性か？　結婚市場か？

分析に使用するデータ
　分析に用いたのは『日本版 General Social Surveys（JGSS）』の 2001 年，

2002年調査のサンプルである．この2年分のデータをプールし，対象は20〜49歳の未婚，既婚をあわせた男女に限定した．最終学歴が在学中および中退のサンプルや，推定に使用する変数に欠損値のあるサンプルを除いた結果，分析に使用したサンプル数は女性1210人，男性1004人となった．

結婚市場を示す人口性比と人口密度は，1965年から2005年までの国勢調査における都道府県別20〜34歳の男女別人口から算出した．国勢調査のない年次は線形補間を行っている．この都道府県データを各サンプルの学卒年の居住都道府県に合わせて結合し，学卒時における結婚市場を表す変数とした．男性サンプルでは現在の居住都道府県，女性については15歳時の居住都道府県を学卒時の居住都道府県として使用している[7]．また平均初婚年齢は厚生労働省大臣官房統計情報部の『人口動態統計』（各年次）を使用している．人口性比は｛（20〜34歳男性人口）／（20〜34歳女性人口）｝×100，人口密度は（20〜34歳男女人口）／（可住地面積1ha）として計算した．樋口・阿部（1999）の研究では，分析における地域区分がおおまかであったため，社会経済構造の地域差を十分反映していなかった可能性がある．本章の試みは，こうした地域特性の重要性を指摘する意図もある．

結婚市場の地域特性

ここでは，結婚市場の特性をあらわす男女の平均初婚年齢，人口密度，そして人口性比について，都道府県別の傾向を概観する．図表8-1と図表8-2は1975年と2000年の各指標を都道府県別に示したものである[8]．都道府県別の違いに加え，都道府県別の差が時点間で異なるかをみてみたい．

図表8-1の平均初婚年齢をみてみると，各都道府県において年の経過とともに上昇する傾向にある．男女ともに東京，神奈川，千葉，山梨，長野，京都などの平均初婚年齢が全国平均と比較して高くなっている[9]．

図表8-2（上）の20〜34歳人口密度は東京，神奈川，大阪が飛びぬけて高い．それと比較し，北海道や東北地方では低くなっている．この傾向は1975年と2000年ともに同様であった．人口密度の高い地域では，結婚市場における男女の数が多く，サーチの取引コストが低くなるため，サーチ期間を延ばすことが容易である．したがって，結婚タイミングは遅くなると考えられる．参考ま

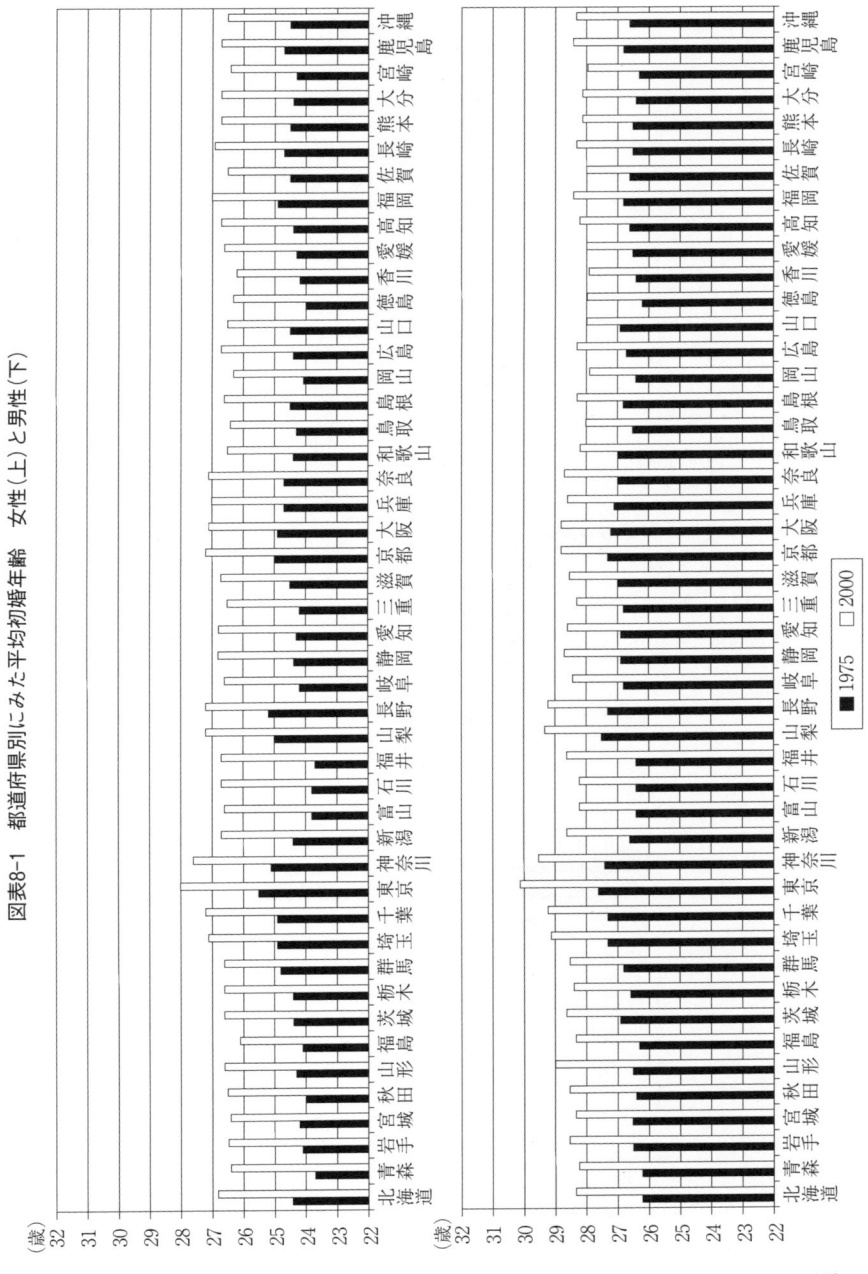

第 8 章　結婚タイミングを決める要因は何か

図表8-1　都道府県別にみた平均初婚年齢　女性（上）と男性（下）

■ 1975　□ 2000

第Ⅲ部　結婚を左右する要因

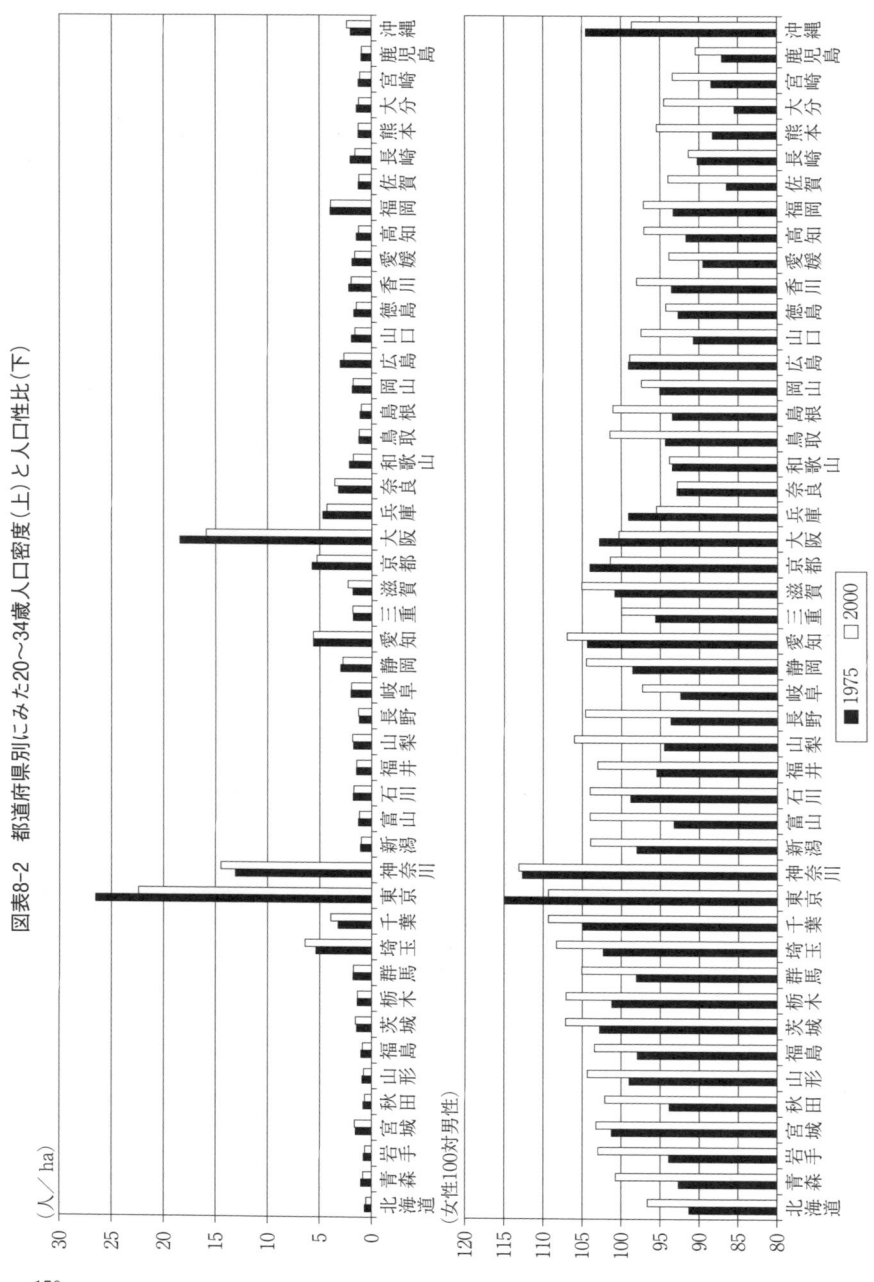

図表8-2　都道府県別にみた20〜34歳人口密度（上）と人口性比（下）

でに平均初婚年齢との関連をみてみると，人口密度の高い地域では概ね平均初婚年齢も高い傾向にあるといえるが，山梨，長野などの例外もある．

次に，図表8-2（下）の20〜34歳人口性比のうち1975年をみてみると東京，神奈川，千葉，愛知，京都，大阪などの大都市において100を超えている[10]．一方それ以外の都道府県では，女性の割合が多い傾向が見受けられる．2000年には地域ごとの差は縮まり，東北，関東，北陸，東海地方での100を超える傾向に対して，関西や特に九州では女性の割合が多くなっている．この20〜34歳人口性比は，当該地域において，いずれかの性が結婚市場において有利になることを意味し，有利な方の性の結婚タイミングは早くなると予測される．平均初婚年齢と人口性比を各都道府県で比べると，2000年では，男性の割合の多い東北，関東，北陸，東海で，男性の平均初婚年齢が全国平均よりも高めの傾向があり，女性の割合の多い関西や九州では平均初婚年齢が低めの傾向にあるが，東京，神奈川，千葉などは例外でありその関係は一様ではない．よって，周囲からのプレッシャーの結婚タイミングへの影響は検証してみないとわからない．

結婚タイミングの規定要因を探る

ここでは初婚年齢を被説明変数とした，Cox比例ハザードモデルを使用し，結婚タイミングの規定要因を探る．また被説明変数に既婚を"1"，未婚を"0"とした初婚経験も組み込まれている．未婚者については初婚がおこらなかった期間として調査時点の現在年齢を与えた．結婚タイミングの分析においては，結婚に至った人のみならず，未婚で結婚相手のサーチを行っている人も含めた分析が望ましい．既婚者のみを対象とした分析では，結婚できた人やしやすかった人の分析になってしまい，母集団を反映しない．Cox比例ハザードモデルは未婚者の情報も含めることができ，こうした問題を回避できる．

水落（2006）では，学卒直後の雇用状態ダミー変数のレファレンスを無職としていたが，就業カテゴリーの中で最も割合の多いものをレファレンスとした方が分析の安定性が高いと考えられる．よって，本章では正社員をレファレンスとしている．また，国勢調査データでは1975年以前の沖縄県のデータが欠損しているため，該当年次に結婚市場に参入した者のうち沖縄県在住者は結婚

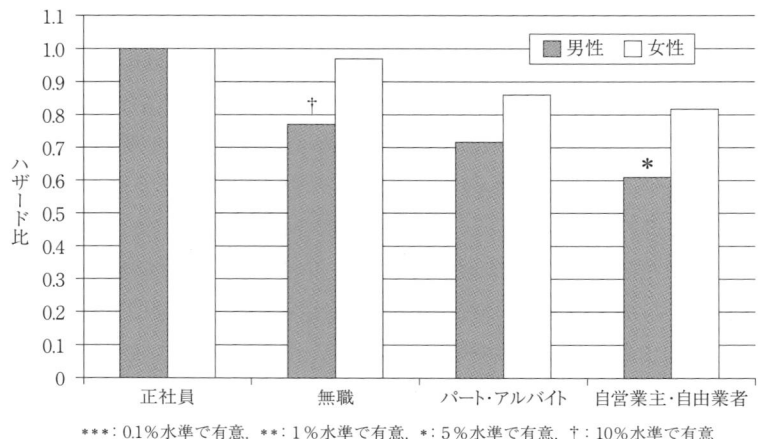

図表8-3　正社員に対する結婚ハザード比

***：0.1％水準で有意，**：1％水準で有意，*：5％水準で有意，†：10％水準で有意

市場変数が欠損している．よって，ハザードモデルによる分析では水落（2006）よりもサンプル数が若干減少しているが，あとでも述べるようにどちらの変更も水落（2006）の分析結果を大きく変えることはなく，男性正社員の方が他の就業カテゴリーと比較して結婚タイミングが早いという同じ結果が示された．

まず図表8-3の正社員に対する他の就業カテゴリーの結婚ハザードからみてみよう．ハザード比の見方は，正社員の1を基準として，1より小さければ正社員よりも結婚タイミングが遅いということである．またハザード比が1より大きければ正社員よりも結婚タイミングは早いことを意味している．男性の学卒直後の就業状態の影響をみると，レファレンスグループの正社員に対し，無職と自営業主・自由業者のハザードが低く有意である．また，結婚市場の状況を統制したうえでも学卒直後の雇用状態は結婚タイミングに有意な影響を示していた．つまり，学卒直後に無職であることは正社員と比較して，結婚タイミングを遅らせることが確認された．女性に関しては，学卒直後の就業状態はいずれも有意ではない．男性にとって，無職となることは正社員と比較して，結婚市場への参入のし難さを意味し，これはつまり男性にとっては学卒時における自身の雇用状況が結婚市場の状況よりも結婚を実現させるうえで非常に重要であるといえよう．ここから学卒直後の雇用確保政策充実の重要性が再確認さ

第8章 結婚タイミングを決める要因は何か

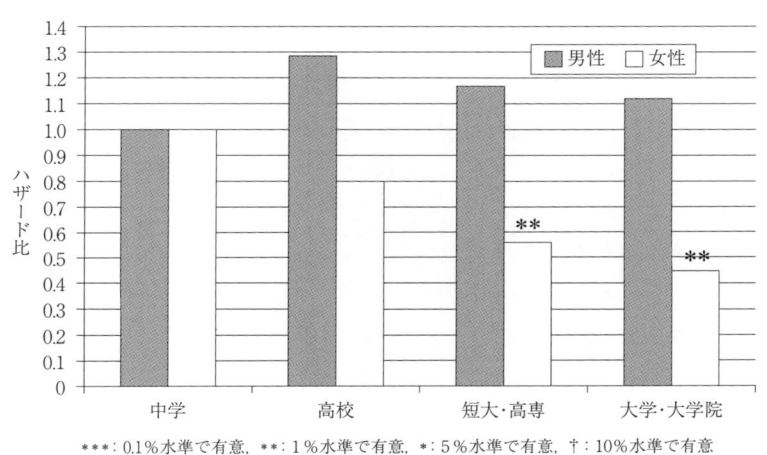

図表8-4 中卒者に対する結婚ハザード比

ハザード比（男性／女性）

学歴	男性	女性
中学	1.00	1.00
高校	1.29	0.80
短大・高専	1.17	0.56 **
大学・大学院	1.12	0.45 **

***：0.1％水準で有意, **：1％水準で有意, *：5％水準で有意, †：10％水準で有意

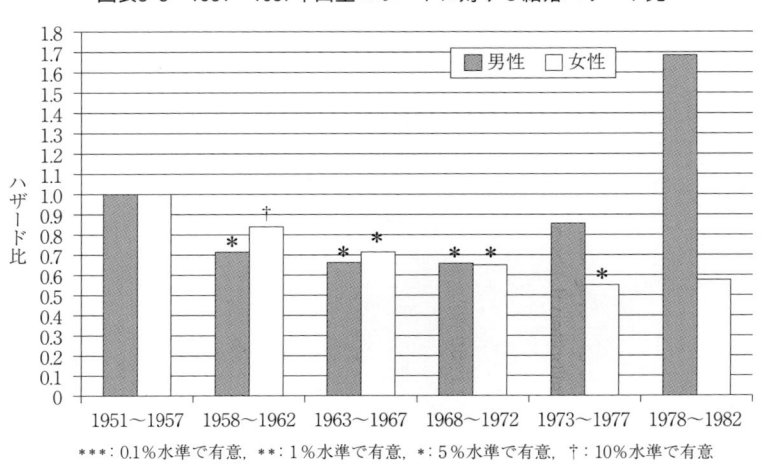

図表8-5 1951〜1957年出生コホートに対する結婚ハザード比

ハザード比（男性／女性）

出生コホート	男性	女性
1951〜1957	1.00	1.00
1958〜1962	0.71 *	0.85 †
1963〜1967	0.66 *	0.72 *
1968〜1972	0.66 *	0.65 *
1973〜1977	0.86	0.56 *
1978〜1982	1.70	0.58

***：0.1％水準で有意, **：1％水準で有意, *：5％水準で有意, †：10％水準で有意

れた.

　図表 8-4 と図表 8-5 の学歴と出生コホート変数をみてみよう．男性の結果をみると，最近のコホートほど結婚ハザードが低くなる傾向がみられるが，1970年代など直近のコホートでは不安定な結果となっている．男性の学歴については有意なハザードがなかった．女性について，有意な係数に着目すると，最終学歴が高いほど，そして最近の出生コホートほど結婚ハザードが低くなっていることがわかった．つまり，男女とも新しい出生コホートほど結婚タイミングが遅く，また高学歴の女性ほど結婚タイミングが遅いといえよう．

　最後に，図 8-6 の結婚市場変数をみてみよう．女性について 20～34 歳人口密度が高いほど，結婚ハザードが低くなっている．女性については若年時の就業状態よりも結婚市場の影響が大きいということがわかる．人口密度の高い結婚市場では，出会いの機会が多いため，取引コストが低く長期間サーチすることが可能となる．その結果，人口密度の高い大都市では，結婚タイミングが遅れると解釈できる．20～34 歳人口性比が有意な結果を示さなかったのは，皆婚が前提とされていない（結婚意思のない男性が多数存在）ことを反映していると考えられる．平均初婚年齢に関しては係数の符号は期待通りであったが，有意な影響はみられなかった．一方，男性については結婚市場変数の有意な影響は確認されなかった[11]．

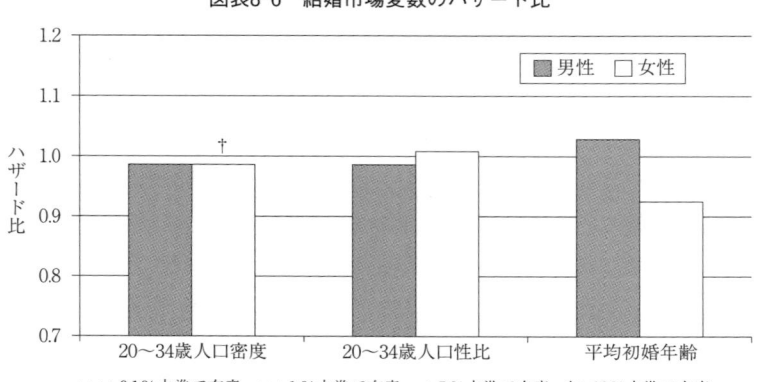

図表8-6　結婚市場変数のハザード比

***：0.1％水準で有意, **：1％水準で有意, *：5％水準で有意, †：10％水準で有意

3 男女で異なる個人特性と結婚市場の影響

　本章では，水落（2006）で指摘された学卒時の就業状態が結婚タイミングに与える影響を，結婚市場の状況を統制したうえで再検証した．同時に個人特性の影響を取り除いたうえでも結婚市場変数は有意な影響を示すのかを検証した．
　まず，女性は学歴が高いほど結婚タイミングが遅いことがわかった．このことは高学歴が結婚することの機会コストを上げていることを示している．また，女性の結婚タイミングは学歴に加え，20～34歳人口密度に影響を受けることがわかった．20～34歳人口密度は高いほど結婚タイミングを遅らせる影響があった．これは，若年人口が多い都道府県ほど結婚市場において出会いの機会が多く，相手を探しやすいために取引コストが低いということを示している．また，出会いの容易さはまだ次により良い人があらわれるかもしれないという期待を上昇させ，長く探すインセンティブを高めると考えられる．一方，男性が学卒時に無職や自営業となることは正社員と比較して，結婚タイミングが遅くなることがわかった．これは，男性にとっては経済力の高さが結婚相手としての魅力をあらわしている．また，結婚市場の状況の男性の結婚タイミングへの有意な影響は確認されなかったが，水落（2006）で確認された学卒時の就業状態が結婚タイミングに与える影響について，学卒時の周囲の状況を統制したうえでも有意な影響が確認された．
　なぜ女性の結婚タイミングは学卒時の結婚市場の状況に影響を受けるのであろうか？　なぜ男性には結婚市場からの有意な影響が確認されなかったのであろうか？　無職の男性が結婚しにくいという現実は，未だ一家の稼ぎ手としての責任を期待される中で，男性が職を持つことは，結婚市場に参入するための必要最低条件であることを示唆している．それに対し，女性が無職や自営業であることの結婚タイミングへの効果は，職場で相手探しができないというマイナスの側面と離職の機会コストがないというプラスの側面があることから，その影響が相殺されたと考えられる．無職であると結婚市場への参入自体が難しくなる男性に対して，そのような制約を受けない女性は，学卒時に居住していた都道府県の結婚市場の状況から影響を受けると考えられる．したがって，女

性にとっては，学卒時の結婚市場にどのような相手がどれだけいるか（出会いの機会），また取引コストが高いか低いかが結婚のタイミングにとって重要となるのである．

　また，男性については，自営業であることは正社員と比べて結婚タイミングを遅らせる結果となったが，これは自営業であると仕事場で相手を探すことが比較的難しいという事情が考えられる．職縁結婚が衰退しつつあることが岩澤・三田（2005）で指摘されているが，仕事場は未だ結婚市場としての役割を担っていると考えられる．

　　謝辞
　　二次分析に当たり，東京大学社会科学研究所附属日本社会研究情報センターSSJデータアーカイブから「日本版総合的社会調査」（大阪商業大学地域比較研究所・東京大学社会科学研究所）の個票データの提供を受けた．日本版 General Social Surveys（JGSS）は，大阪商業大学比較地域研究所が，文部科学省から学術フロンティア推進拠点としての指定を受けて（1999〜2008年度），東京大学社会科学研究所と共同で実施している研究プロジェクトである（研究代表：谷岡一郎・仁田道夫，代表幹事：岩井紀子，幹事：保田時男）．東京大学社会科学研究所附属日本社会研究情報センター SSJ データアーカイブがデータの作成と配布を行っている．

　　また，国立社会保障・人口問題研究所の小池司朗氏から都道府県別データの内容に関して有益なアドバイスをいただいた．ここに厚く御礼を申し上げる．

註
1）本章は水落（2006），朝井（2007）を加筆・修正したものである．
2）同様の研究に大谷（1989），永瀬（2002）がある．大谷（1989）では，無職をレファレンスに女性が常勤であった場合，その後の初婚確率が低下し，晩婚化が促進されるという結果が得られている．また，男性ではホワイトカラーをレファレンスに，ブルーカラーの場合は初婚確率が高く，無職の場合は初婚確率が低くなるという結果が示されている．一方，永瀬（2002）では，正社員は非正社員よりも結婚確率が高くなるという結果が得られ，マッチングの場としての職場というものの影響力が，以前は強かったのではないかと述べられている．
3）ここでいう被説明変数である結婚確率とは国勢調査に基づく，ある年次の有配偶率とその前回の国勢調査の1つ下の年齢階層の有配偶率から，5年間の結婚確率を算出したものである．
4）結婚をし，夫婦で一緒に住むことは，それぞれ単身で生活する場合に比べて，生活に要する1人あたり費用が低減するため，節約できるというインセンティブがある．たと

えば，2人で暮らすと家賃が割安になることは容易に想像できるであろう．
5) ただし今回の分析では結婚年齢を被説明変数とするため，結婚市場への参入とサーチ期間の影響を分けることはできない．詳細は Becker (1973); Keeley (1977); Keeley (1979) などを参照されたい．
6) たとえば結婚相手に求める学歴や収入などの条件で，それを下回る相手とは結婚をしないと判断する水準である．
7) JGSS には現在の居住都道府県と 15 歳時の居住都道府県という変数があるが，学卒時の都道府県変数はない．国立社会保障・人口問題研究所「人口移動調査」によると，女性は結婚による居住地の移動が多いため，15 歳時の居住都道府県を学卒時の居住都道府県と仮定する．また，男性は職業上の理由で移動する確率が女性よりも高いため，学卒時にはすでに移動を行っていると考えることができる．よって，男性サンプルでは現在の居住都道府県を学卒時の居住都道府県と仮定している．
8) 分析では 1965 年から 2002 年のデータを使用したが，沖縄の平均初婚年齢データが 1975 年以降しか存在しないため，図表 8-1 と図表 8-2 では 1975 年および 2000 年のデータを示すこととした．
9) 1975 年の全国における平均初婚年齢は男性 27.0 歳，女性 24.7 歳，2000 年は男性 28.8 歳，女性 27.0 歳である．
10) これは大都市において，男性の就業者数が女性就業者数よりも多いことによると考えられる．男性が仕事を求めて大都市へ動く，もしくは企業側が男性を多く需要していることが原因と考えられる．国立社会保障・人口問題研究所による『人口移動調査』においても，男性の前住地から現住地への移動理由の多くが，職業上の理由となっている．
11) 3つの結婚市場変数を同時に3つではなく1つずつ推定式に導入したところ，男女で人口密度と平均初婚年齢がともに有意であり，符号の方向も仮説通りであった．人口性比に関しては，男性のみで有意であった．また，3つの説明変数間に強い相関はなかった．今回の分析では，結婚市場変数の影響が弱いものであったが，1つずつ導入するとそれぞれ有意であったことをここに加筆しておく．

文献

Becker, Gary S., 1981, *A Treatise on the Family*, Cambridge, Harvard University Press.
Becker, Gary S. and Kevin M. Murphy, 2000, *Social economics : market behavior in a social environment*, Belknap Press of Harvard University Press.
Keeley, Michael C., 1977, "The Economics of Family Formation," *Economic Inquiry*, 15 (2) : 238-250.
Keeley, Michael C., 1979, "An Analysis of the Age Pattern of First Marriage," *International Economic Review*, 20 (2) : 527-544.
朝井友紀子，2007,「日本における初婚のイベントヒストリー分析—周囲の社会経済状況が初婚に及ぼす影響」SSJDA RPS37 : 12-31.
岩澤美帆・三田房美，2005,「職縁結婚の盛衰と未婚化の進展」日本労働研究雑誌，535 : 16-28.
大谷憲司，1989,「初婚確率と第1子出生確率の Proportional Hazards Model 分析」『人

第Ⅲ部　結婚を左右する要因

　　　口問題研究』45（2）：46-50.
小椋正立・ロバート　ディークル，1992,「1970年以降の出生率の低下とその原因　県別，年齢社会経済的地位別データからのアプローチ」『日本経済研究』22：46-76.
永瀬伸子，2002,「若年層の雇用の非正規化と結婚行動」『人口問題研究』58（2）：22-35.
樋口美雄・阿部正浩，1999,「経済変動と女性の結婚・出産・就業の年齢別初婚確率　固定要因と変動要因の分析」樋口美雄・岩田正美編著『パネルデータからみた現代女性　結婚・出産・就業・消費・貯蓄』東洋経済新報社：25-65.
水落正明，2006,「学卒直後の雇用状態が結婚タイミングに与える影響」『生活経済学研究』22-23：167-176.

第 9 章

友人力と結婚

田中慶子

1 「選べる」時代の出会いの困難

　あらためていうまでもなく，結婚相手をみつけること，つまり配偶者の選択とは「世界中の人から（とりあえず）1人を選択する」ことである．多くの人は，配偶者を決定する前に，まず配偶者候補となる恋人と「出会い」を経験し（別れを経験しながら），1人を選択する．「出会い」は，想定上は世界中の人を最大値としている．もちろん，現実には，同じ言語，同じ国，近い年齢や学歴，居住地…等々，いくつかの「制約」にもとづいて選別され，実際に出会う人は限定されている．かつての出会いは，典型的には，「家」同士が決めた結婚のように，当事者ではなく第三者によって結婚相手が決められる，あるいは，見合い結婚のように，すでに周囲によって条件を見定められた，決められた出会いであった．第三者（親族や地域の人々）を介した出会いとは，当事者に選択の余地は多くなく，また第三者からのプレッシャーもあり，「結婚」へと確実につながっていくものであった．また，現在ほど配偶者選択の過程で「恋愛」のプロセス，とくに「恋愛感情」が重視されることはなかった（山田 1994）[1]．

　わが国では 1960 年代後半を境に，「見合い結婚から恋愛結婚」へと，配偶者選択のプロセスが大きく変化した．そして恋愛結婚において，出会いのきっかけは職場が最も多かったが，1980 年代を境に友人をきっかけとした出会いに変化した（岩澤・三田 2005）．つまり，1980 年代までは，親族関係や職場とい

った2次的なネットワークが「結婚」にむすびつく出会いのきっかけを供給していた．同時に職場内での昇進や，血縁・地縁における「世間体」などが，若者を「結婚」へと向かわせる大きな圧力となっていた．そして，当時の時代状況は，男女ともに「結婚」によって得られるメリット（たとえば社会的信用や経済的安定，家事労働など）も大きかった．1980年代までは，第三者による相手の選択というフィルターを経て出会い，かつ第三者による後押しもある中での出会いであったといってよいであろう．

また，結婚においても，高度経済成長期の「皆婚」状況を経て以降，特に女性に対して強い結婚規範が存在していた．1つは「適齢期」であり，「クリスマスケーキ」といわれるように，20歳代半ばで結婚すること，いま1つは女性にとっての「上方婚」で，年齢や学歴（年収）など，自分よりも高い人と結婚することが期待されていた．このように1980年代までは，出会いから結婚まで，非常に限られた選択肢の中から，大きな制約を受けている個人の限られた条件でおこなわれた選択であった．

しかし，すでに指摘されているように，1990年代以降，未婚化の趨勢は顕著であり，1990年代以降，1970年代出生コーホート以降の結婚行動に大きな変化がみられる．男女平等意識の高まりや性意識の変化など，1990年代は出会いや結婚を取り巻く環境に大きな変化があったことは確かである．とくに近年ではインターネットの普及などで，まさしく世界中（それは大げさでも，インターネットが使え，言語が理解できる）の人と出会いの機会が存在する．また「婚活」といわれ，見合いや結婚情報サービスなどを介するなど，出会いのきっかけも増えている（山田・白河 2008）．

ところが，1990年代以降の変化をみると，必ずしも未婚者の「出会い」や「結婚」が自由にそして活発になったわけではないようだ．恋人がいる人の比率は，男女とも約半数で推移しており，第3章でみたように出会いの機会が少ない人が一定数存在する．また，パートナーがいる場合でも，結婚に至るまでの交際期間が長期化しており，背後に結婚に踏み切れない人が多いことが示唆される．だが夫婦の年齢差は縮小しており，女性が年下という規範は弱まっていることが予想される（国立社会保障・人口問題研究所 2006）．

現在のこのような出会いや結婚をめぐる状況は，未婚者にとって，一方で自

分の自由意思にもとづく配偶者選択が可能となったことを意味するが，他方で，（結婚したければ）もっぱら自分で相手を探し，恋愛を経て，結婚しなくてならない，すなわち（進学や就職と同様に）結婚が自己選択・自己決定・自己責任が重視されるものへと変化したことを示しているだろう．個人のライフコースに相対的に多様な選択肢（出会いの機会，結婚のタイミング）が開かれ，個人の「選好」が重視されるようになる．個人に意思決定や行動の自由を与えると同時に選択のコストを大きくし，選択自体が難しくなっている．特に，いまだ「一本道」のライフコースで，結婚による損失があまり大きくない男性に比べ，結婚がライフコース上の重大な岐路となる（ことを知っている）女性にとっては，より重大な問題となる．

　このような状況において，配偶者との出会いのために改めて第三者の重要性が浮上してくる．ただしここでの第三者とは，親族や職場の上司などのタテの関係ではなく，先輩や同僚，学生時代の友達などナナメやヨコの関係にあたる，いわゆる「友人」である．すでに述べたように出会いのきっかけは友人を介したものが多いことから，友人が出会いの機会を提供する可能性が高いためである．また「合コン」のように，友人の友人は，学歴や趣味など共通要素が多い場合が多く，友人を媒介とすることは，出会う相手を保証する側面もある．出会いにおいて，友人の存在はますます重要になってくる．では，たとえば多くの友人がいる，異性の友人が多い人など，出会いが多いと思われる人は，結婚へと向かいやすいのだろうか．本章ではいわゆる適齢期の女性の「友人」関係に注目し，パネルデータによって，未婚期の友人関係が，その後の結婚にどのような影響があるのかをあきらかにする．

2　友人関係は結婚へつながるのか　—先行研究と仮説

　20歳代（の未婚者）にとって，友人とはどのような存在なのであろうか．一般には，入学や卒業，就職という重大なライフイベントの中で，人間関係が大きく変化する時期であり，一方で親から恋人（配偶者）へと「重要な他者」が移行する時期でもある．これまで，20歳代未婚者の人間関係や友人関係についての研究は，学校や職場での人間関係が中心であり，友人関係を把握する場

合も，求職や転職といった就業の問題や，大学生のみを対象とした研究など，課題や対象が限定されていることが多く，全般的な実態が十分におさえられているとはいいがたい．

　ところが「出会い」や恋人との関係も含めた人間関係について，近年のいわゆる「若者論」では，例えば「ひきこもり」や「草食系」など，若者の心理的な「未成熟」や対人関係能力の低下が指摘される．以前と比べ若者の対人スキルが低下し，人間関係が狭小化し，「出会い」を求めない，もしくは出会っても関係を形成・維持していくことが困難である人が多いという主張である．本来ならば青年期以降は，友人や異性へと「重要な他者」が移行していく時期である．「パートナーシップ」が優先される欧米社会では同棲や非法律婚という形態であってもパートナー関係を形成しているが，日本では，子どもが成人しても，親子・家族関係が「親密」であり，家族内の人間関係，とくに母親との関係が異性との関係形成を阻害しているといわれる（たとえば，宮本ほか 1997 など）．また，若者の「恋愛」（親密性および生活の共同）に対する欲求水準の低下が指摘される．高度経済成長期の結婚を支えたようなモデル，すなわち「ロマンティックラヴ」を異性に求める若者像自体を懐疑的にとらえ，恋愛や結婚の重要性が人生において相対的に低い若者像である（宮台 2008）．このように現代の若者は，相対的に人間関係・異性との関係は不活発もしくは停滞気味であることを指摘する声は多い．

　では，実際に 20 歳代（適齢期）において友人との関係はどのような状況なのだろうか．また友人関係と結婚とは関係があるのだろうか．友人関係を含む人間関係の状況と，結婚との関係を直接的に検証した研究は多くない．人口学的なマクロレベルの知見では，人口密度と結婚経験率は逆U字型となること，男性就業率が高い地域では，結婚経験率も高いこと，地域で男性比が高いと，男性の結婚経験率は低く，女性の経験率は高いことが確認されている（北村・宮崎 2009）．パネルデータを用いた研究としては，現在は友人が出会いの重要な資源であり，結婚へ向けた活動としても，交際相手をみつけるのに有効なのは，ネットワーキング型結婚活動であることが明らかとなっている（三輪 2008）．

　「結婚」の範囲を少し広げて結婚についての意向や意欲との関係についてみ

てみると，野沢慎司（2005）と釜野さおり（2004；2008）の研究は，数少ない実証研究として重要である．いずれの研究も友人関係が結婚意向に一定のインパクトを持つことを示している．

　まず野沢は，あらためて「ネットワーク現象としての結婚」という視点が重要となっていることを指摘する．すなわち，結婚は，かつてはネットワーク内の社会的な圧力と深い関わりのある現象だったが，すっかり「個人化」してしまったわけではなく，若年世代には同世代の友人ネットワークが重要な意味を持つようになった．強く連帯した同質的な仲間集団的な友人関係は，本人が明確に意識していないレベルで，何らかの「圧力」をもたらしている可能性があるという．野沢は，都内在住の未婚者のパーソナル・ネットワークと結婚意欲との関連について，次の4点を指摘している．(1) 親子間の支援関係は結婚意欲を高める．(2) 友人中心のネットワークは恋人のいない女性の結婚意欲を低減させる．(3) 恋人を含む密度の高いネットワークは女性の結婚意欲を高める．(4) 同僚中心のネットワークは男性の結婚意欲を低める．つまり，とくに同世代の友人ネットワークが重要になっていること，強く連帯した同質的な仲間集団的な友人関係や，職場での人間関係が，結婚への「圧力」となりうることをあきらかにしている．

　一方，釜野（2004）はインタビュー調査によって，友人の結婚生活がよくみえると結婚意向が高まることを指摘している．量的調査からもその傾向は支持されており，結婚している友人を幸せだととらえている人は，（社会経済的属性や意識をコントロールしても）結婚意欲が高いという（釜野 2008）．

　これらの研究から，どのような友人と付き合いがあるかによって，結婚意欲に影響があることが予想される．しかし，幸せな友人の結婚生活をみたから結婚意欲が高まり結婚につながるのか，もしくは，そもそも結婚意欲が高いから，結婚している友人との交際が多いのかは明らかではなく，未婚期における結婚意向と友人関係が，その後，「結婚」につながるのかを検証することが必要であろう．

　残念ながら，データの制約上，友人の配偶関係はわからないため，ここでは次のようなメカニズムを想定した2つの仮説を検証する．

1) 未婚期に友人数が多いほど，結婚しやすい
   【パーソナル・ネットワークの大きさ→結婚】
2) 異性の友人が多い（比率が高い）ほど，結婚しやすい
   【配偶者候補の選択肢の多さ→結婚】

3　検証の手続き

データ

（財）家計経済研究所の「消費生活に関するパネル調査」を用いる．分析対象は，2003年時点で24〜28歳の未婚，有職である者，かつ，2003年〜2007年までの計5回の調査すべてに回答した女性である．

変数

友人数は，「現在つき合いのある友人の人数を，以下のきっかけごとにお答え下さい．ここでいう「友人」とは，あなたと1対1の関係でつき合いがある（会ったり，電話で話したり，文通したりする）友人をいいます．グループ交際の場合は含みません．また，出会った「きっかけ」が重複する場合は，主なきっかけでお答え下さい」という質問に対し，①幼なじみや，学校時代にできた友人，学校を卒業してからできた友人のうち②仕事を通して，③趣味やボランティアを通して，④友人を通して，⑤子どもを通して，⑥以前の夫を通して，⑦近所に住んでいることがきっかけで，⑧その他，8つのきっかけごとに，男女別に人数を記入する方式で尋ねている．合計人数の範囲が，0〜236人と幅広いため，分析には各回ごとに標準偏差＋2以上をはずれ値とし，3回以上はずれ値となる者は分析から除外した．その結果，分析対象者は282人となった．

方法

最初に，2003年時点のデータから，どのような人が友人数，とくに異性の友人が多いのか，学歴，居住地の都市度，親との居住等，先行研究で指摘された属性による違いを確認する．

次に，2003年時点の結婚意向が，その後の結婚に結びついたか否かに注目する．そこで，回答者を次のような5つのグループに分類した．A）2003年時点で結婚の意向があり[2]，2007年時点で未婚：144人（51.1%）【未婚・希望】と略記する，以下同様），B）25〜27歳で結婚：29人（10.3%）【標準前】，C）28〜29歳で結婚：37人（13.1%）【標準】，D）30〜33歳で結婚：26人（9.2%）【標準後】，E）2003年時点で結婚に否定的意向で[3]，2007年時点で未婚：46人（16.3%）【未婚・否定的】．ここでは，5年後の「結果」によるグループごとに，年齢（加齢）や学卒経過年による友人数の変化を観察し，友人数が結婚にどのような影響をもつのかを明らかにする．

4　加齢・結婚による友人関係の変化

基礎的集計

最初に，友人数の分布を確認しよう．2003年時点の友人数は，平均22.6人（標準偏差20.7）うち男性6.2人（標準偏差8.8），女性16.4人（標準偏差13.3）である．

年齢ごとの平均友人数（男女計）をみてみると，全体として加齢に伴い，友人数は減少している（図表9-1）[4]．20歳代後半では平均20人ほどであったが，

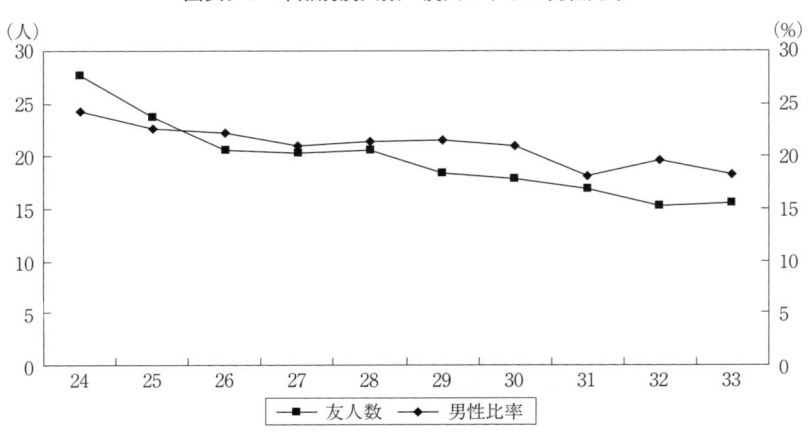

図表9-1　年齢別友人数・友人のうちの男性比率

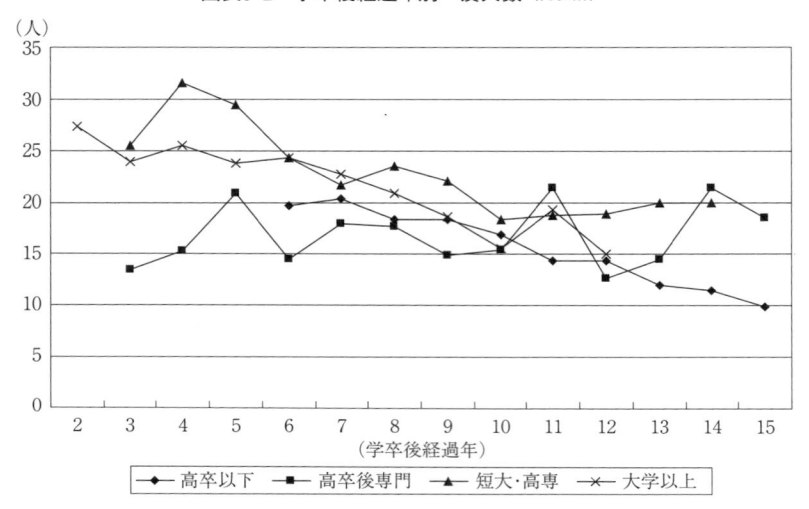

図表9-2　学卒後経過年別　友人数（男女計）

　凡例：◆ 高卒以下　■ 高卒後専門　▲ 短大・高専　✕ 大学以上

30歳代になると15〜16人となっている．友人のうち，異性の友人が占める比率についても，加齢に伴い20歳代後半の20〜21％から30歳代では19％前後と男性の比率は低下している（図表9-1）[5]．

では，どのような女性が，友人が多いのだろうか．学歴，居住地の都市度，親との居住別に友人数および男性比率を比較したところ，統計的に有意な違いがあったのは，学歴別の友人数のみであった（図表は省略）．平均人数は，中学・高校17.1人，（高卒後）専門学校19.3人，短大・高専27.6人，大学25.2人と，短大・高専出身者がもっとも友人数が多く，次いで大学，専門学校の順となっている．学卒経過年を基準として友人数の推移をみても，短大卒の女性は，（多少の変動があるものの）学卒後も相対的に友人数が多いまま推移してきたことを確認できる（図表9-2）[6]．

5年後の配偶状態別　友人数

以下では，学歴をコントロールした上で，先述の5つのグループ（未婚・希望，25〜27歳で結婚，28〜29歳で結婚，30〜33歳で結婚，未婚で結婚に否定的）の友人数を比較する．

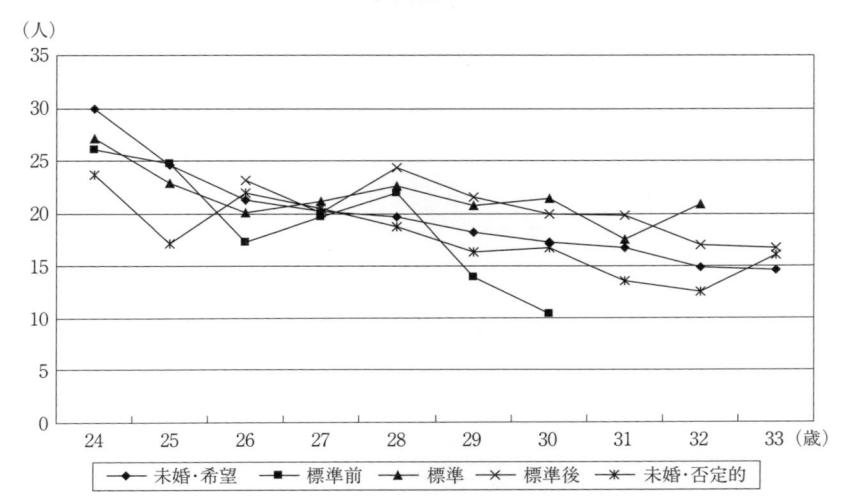

図表9-3　配偶状態別　年齢ごとの友人数（統制後）

（凡例：未婚・希望、標準前、標準、標準後、未婚・否定的）

2003年時点で男性友人が0人と回答した人は，全体で19.4％いた．グループごとにみてみると，順に18.9％，17.2％，13.5％，16.0％，29.5％となっており，2007年時点で未婚の人の方が，その5年前の時点で男性の友人は1人もいないという人の割合が高い．

図表9-3に，グループごとに加齢に伴う友人数の推移を示した．全体として未婚期間が長い女性のほうが，友人数が多い傾向がみられ，平均して高位にいるのは30歳代で結婚した（標準後の）女性である．また，結婚グループでは，結婚後，1，2年で友人数が大きく減る傾向もみられる．20歳代中盤の「適齢期」に限定すると，どのグループでもあまり差がみられない．ただし，結婚に対して否定的な女性は，30歳代に入ると他のグループと比べると友人数が少なくなっている．

次に，友人に占める異性の比率について，「適齢期」（25, 26歳）に注目すると，2年の平均では（図表9-4），28〜29歳という平均初婚年齢あたりで結婚した人が，もっとも男性の比率が高くなっている．また，未婚・希望の場合，30歳代にさしかかる頃から比率がゆるやかに上昇している．一方，未婚・否定の場合でも，男性比率は，中程度以上の位置を維持している．未婚で結婚に否定

第Ⅲ部　結婚を左右する要因

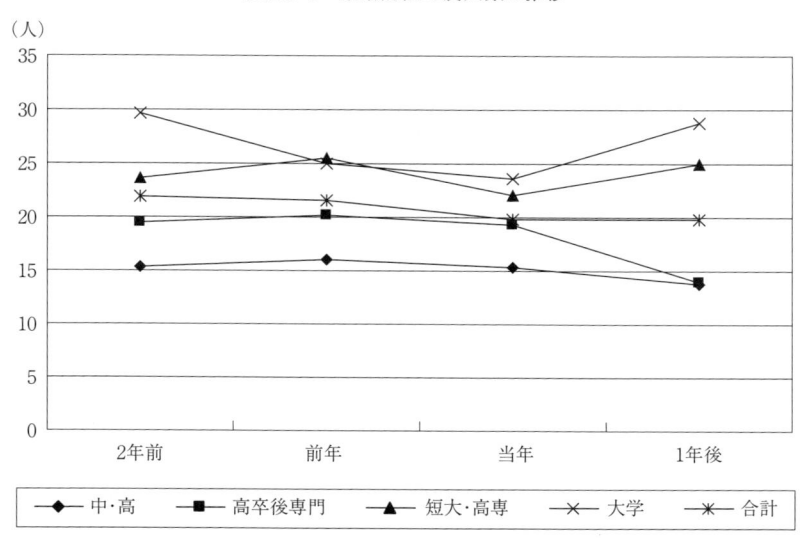

図表9-4　配偶状態別　年齢別友人に占める男性比率

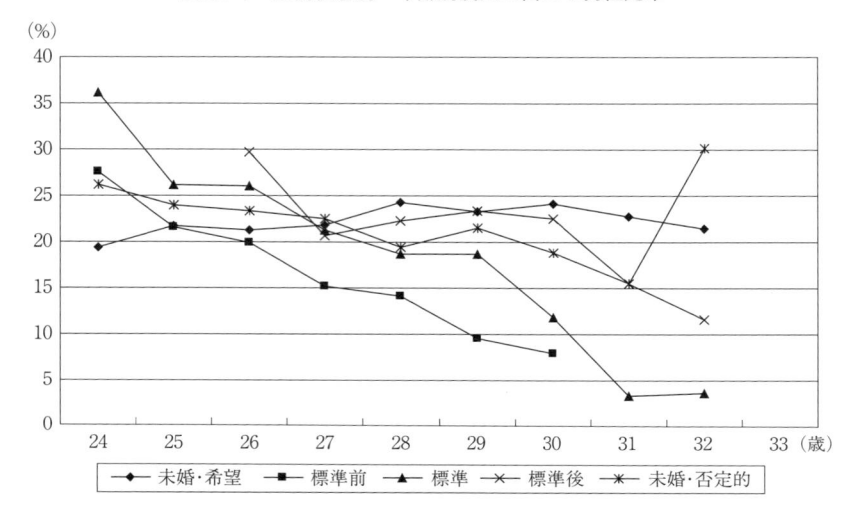

―◆―未婚・希望　―■―標準前　―▲―標準　―✕―標準後　―※―未婚・否定的

図表9-5　結婚前後の友人数の推移

―◆―中・高　―■―高卒後専門　―▲―短大・高専　―✕―大学　―※―合計

図表9-6　結婚前後の友人に占める男性比率の推移

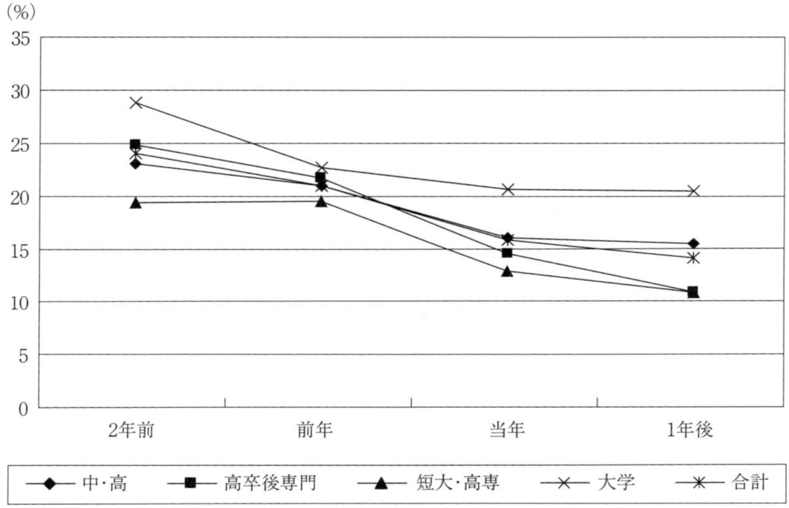
(%)
35
30
25
20
15
10
5
0
2年前
前年
当年
1年後
中·高
高卒後専門
短大·高専
大学
合計

的であった女性は，異性も含めた小さな人間関係を形成していく様子が伺える．

結婚前後の友人数

では，実際に結婚の前後で友人数はどのように変化したのだろうか．ここでは，調査期間中に結婚した人を対象に，回答者の学歴別に結婚2年前，1年前，当年，1年後の友人数の変化をおった（図表9-5）．これをみると，若干だが結婚前年は友人数が増え，結婚後にも増えている．ただし2年前や当年は大きな違いはなく，友人をきっかけとした出会いというより，配偶者のネットワークへ接合されていった結果，増加していることが予想される．異性比率についても，2年前は高く，結婚当年まで右肩下がりとなっている（図表9-6）．

以上のように，2007年時点の配偶状態のグループごとに友人数の推移を比較すると，改めてライフイベントの影響とともに，「結婚したら夫以外の異性とは仲良くしない」というジェンダー規範が浮き彫りになっている．

5　友人力の効果と限界

　本章では,「適齢期」の友人関係が, 結婚にどのような影響があるのかを検証することを目的とし, パネルデータを用いて, 加齢やライフイベントによる友人数の変化を確認し, 次の知見を得た. 1つは, 5年間で結婚したグループとくらべても, 未婚・結婚希望の場合, 異性の友人を含む多くの人と交際している. 第2に学歴によって友人数（量）が異なり, 短大卒女性がもっとも多い. 第3に, 友人数は, 結婚によって大きく減少すること, 結婚前年には友人が増え, 結婚を経て, 減少していることである. これらの結果は, 結婚に対して,「友人力」すなわち友人数やそのうちの異性比が多いという, 人間関係がある程度充実していることの重要性を示している. だが, 結婚を希望し, 20歳代半ばで結婚した人にとっては, 適齢期前の友人関係は結婚に一定の影響はあるものの, 30歳代で未婚の人にとっては周囲に友人がいても「結婚」への圧力にはなっておらず,「出会い」や結婚にむすびついていないことを示しているだろう. 30歳代未婚者の出会いの問題は, 20歳代のそれとは異なる対策が必要となることが示唆される.

註
1) もちろん, かつても「恋愛」して結婚した夫婦がいたことを否定しているわけではない. あくまでも相対的に「恋愛感情」に依拠した結婚よりも,（相手への感情の有無にかかわらず）適齢期に結婚することが優先される状況であったことをさしている.
2)「まもなく結婚することが決まっている」「すぐにでもしたい」「今はしたくないが, いずれはしたい」と回答した者.
3) 結婚（法律にもとづくもの）は「必ずしもしたくない」「したくない」と回答した者.
4) 該当数が, 5人以下の場合, 結果の公表は差し控える. また, グラフの両端（図表9-1ならば, 24歳と33歳）は該当数が少ないため, 結果には留保が必要である.
5) ここでは全体の結果を示している. 後述するように, 5年間の間で未婚と結婚した者が混在しているため, 純粋な加齢の影響ではないことに注意が必要である.
6) 学歴と2007年時点での婚姻上の地位を確認したところ, 統計的に有意な差はないため, 結婚などライフイベントの影響以外の「学歴の文化」ともいうべき要因があると思われる.

文献

岩澤美帆・三田房美, 2005,「職縁結婚の盛衰と未婚化の進展」『日本労働研究雑誌』535: 16-28.
釜野さおり, 2008,「身近な人の結婚のとらえ方と結婚・子育てとの接触状況——結婚観と結婚意欲に関する分析」『人口問題研究』64-2: 54-75.
釜野さおり, 2004,「独身男女の描く結婚像」目黒依子・西岡八郎編,『少子化のジェンダー分析』勁草書房: 78-106.
北村行伸・宮崎毅, 2009,「結婚の地域格差と結婚促進策」『日本経済研究』60: 79-102.
国立社会保障・人口問題研究所, 2006,「第13回出生動向基本調査——独身者調査」.
野沢慎司, 2005,「未婚者の結婚意欲とパーソナル・ネットワーク」財団法人家計経済研究所編『若年世代の現在と未来』国立印刷局: 45-66.
宮台真司, 2008,『14歳の社会学——これからを生きる君に』世界文化社.
宮本みち子・山田昌弘・岩上真珠, 1997,『未婚化社会の親子関係』有斐閣.
三輪哲, 2008,「『結婚活動』の実態と効果」東京大学社会科学研究所『結婚・健康・地域——働き方とライフスタイルの変化に関する全国調査（JLPS）2008」の結果から』（パネル調査プロジェクト　ディスカッションペーパーシリーズ 18）: 1-3.
山田昌弘, 1994,『近代家族のゆくえ』新曜社.
山田昌弘・白河桃子, 2008,『「婚活」時代』ディスカヴァー・トゥエンティワン.

第 10 章

未婚化社会における再婚の増加の意味

永井暁子

1　最近の離婚・再婚事情

　序章でふれたように，近年の未婚率の上昇，とくに生涯未婚率の上昇は著しい．

　明治期において離婚率が高かったことは周知のとおりであり，離婚率が低く婚姻が安定的であったのは 1960 年代後半からの 20 数年の間でしかない．戦後に限定してみてみると，有配偶者に対する離婚率は男性の場合，1930 年で 4.11‰（有配偶男性 1,000 人に対して 4.11 人が離婚），1950 年 3.30‰，1960 年 1.92‰，1970 年 2.28‰，1980 年 3.03‰，1990 年 3.31‰，2000 年 5.90‰，2005 年 5.86‰ となっている．1990 年代以降の上昇が目立つが，2000 年以降，離婚率は 6‰ 弱を維持している．

　離婚率全体には急激な上昇がみられないが，とくに注目されるのは，19 歳以下と 20 歳代前半の離婚率の急上昇である．1980 年の 19 歳以下の男性 10.11‰，1990 年 22.51‰，2000 年 40.27‰，2005 年 43.34‰，同様に 20 歳代前半でも，1980 年 14.74‰，1990 年 26.25‰，2000 年 43.37‰，2005 年 46.91‰ と上昇している．

　しかし，結婚しないことに社会的関心があつまり，また離婚について以前よりも寛容になったためか，離婚率の上昇はさほど大きな話題にはなっていない[1]．むしろ離婚後の生活，ひとり親世帯やステップファミリーの抱える生活問題・

家族関係形成上の困難，子どもの発達への影響の有無などに，関心がシフトしてきているようだ[2]．また，1980年代中頃までは20歳代で結婚する者が多くを占め，2000年代では20歳代で結婚する方が少数派であることを考え合わせれば，20歳代前半での結婚の意味も，結婚する人の属性[3]も異なることは容易に推測できる．

離婚が多くなれば再婚も増加する．未婚率が上昇していく中で，結婚に占める再婚の割合は上昇し，現在，1年間に結婚したカップルの4分の1以上を再婚者が占める．男性はやや低下する傾向にあり，女性は上昇する傾向にあるが，現在でも男性の再婚率に比べると，いまだに女性の再婚率はかなり低いのが現状である（図表10-1）．2005年で30歳から34歳の離死別男性1000人のうち196.25人が再婚し，同年齢の離死別女性では100.88人が再婚，年齢が高い層ほど再婚率は低下し，40歳から44歳男性71.47‰，女性26.58‰，50歳から54歳男性25.97‰，女性9.33‰となる．

ところで，未婚率が上昇していく中で再婚の割合が増加するということは何を意味しているのだろうか．離婚，再婚という現象から，結婚について改めて考えてみよう．

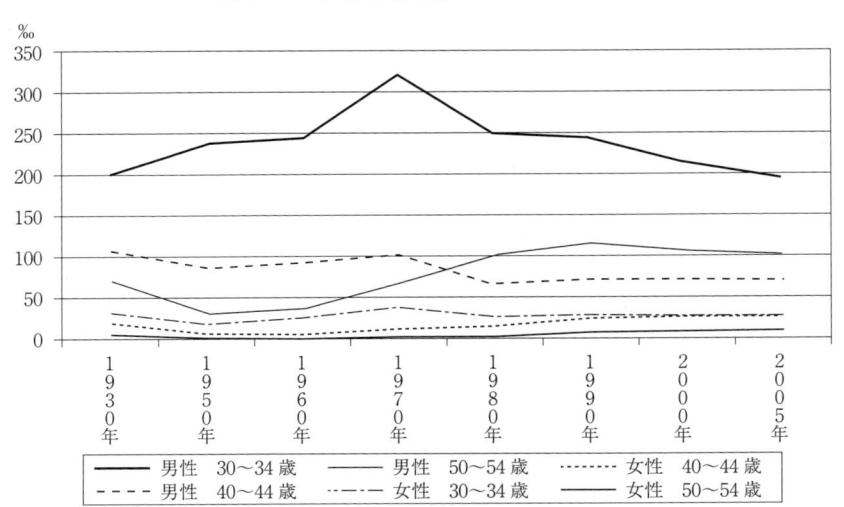

図表10-1　性別年齢別離死別者の再婚率

出所：国立社会保障・人口問題研究所（2010）

2　広まる再婚市場と時間差一夫多妻制

　法学者のローランド・ヴィットマンが1989年9月の講演において離婚者の再婚のチャンスとリスクについて講演する中で，破綻原理[4]の適用は離婚を容易にし，現在では終生にわたる一夫一婦制が指導的観念であるとは考えられず，それどころか現実は時間差のある一夫多妻制，あるいは一妻多夫制の状況にあると表現している（ヴィットマン 1990：132）．
　ヴィットマンのいう現実としての一夫一婦制の揺らぎは，個々人に同じチャンスを与えているのだろうか．日本における生涯未婚率の上昇，離婚率の上昇，(離婚者の中の) 再婚率の上昇，男女の再婚率の差をみるかぎり，結婚する人としない人に分かれる傾向が強まっていると考えられ，実質的には一夫多妻制ともいえる状況である．実際に，いくつかの調査データでは，(未婚者の) 恋人の有無，配偶者の有無について，男性よりも女性の方が「有」の割合が高くなっている[5]．つまり素直に解釈すれば，1人の男性に対して複数の女性がパートナーとして存在している計算となる．
　『「婚活」時代』の筆者の1人である白河は，モテ資産をもった男性たちだけがモテまくっている状況を，やはり時間差一夫多妻制と称している（山田・白河 2008：66-67）．その理由として，現代の女性は魅力的ではない男性と結婚するという選択肢を強いられなくなったことをあげている．その前提には，男性よりも女性の方が魅力的な人物が多いという条件をおいているということだろう．これらについて検証するのは非常に難しいが，それが事実であるとしたら，魅力がある男性が増えないことには，時間差のある一夫多妻制はより顕著なものとなるだろう．それにともなって離死別者は結婚市場の中で大きな位置を占めることになり，また，未婚者に比べて結婚相手として必ずしもポイントが低いとはかぎらないことを意味している．
　このような見方は結婚市場の視点であり，当のプレイヤーである離死別者，特に離別者は新たな結婚に対して抵抗はないのだろうか．なぜ再婚に向かうのだろうか．再婚のメリットは何なのか．諸外国の中でもカップル文化が強い国では，シングルでいることは日常生活においても職業生活においてさえ不便を

第10章 未婚化社会における再婚の増加の意味

生じるが，そのようなカップル文化がない日本においても，なぜ再婚に向かうのだろうか．結婚にはどれほどの魅力があるのだろうか．

以降では，日本版GSS（JGSS）の2000年，2001年，2002年のデータを用いる．JGSSデータ3年分のプールデータは8,526ケースにのぼる．それらのケースの結婚歴は，初婚継続71.1%，死別再婚0.4%，離死別再婚（離別経験者および離別死別ともに経験した者のうちの再婚者）2%，未婚14.9%，死別8.3%，離死別（離別経験者および離別死別ともに経験した者）3.3%であった．離別経験者は全体の6%程度と少ないが，このデータを用いて，以下では①離死別経験者のうちどんな人が再婚しているのか，②再婚は個人に幸福をもたらすのかについて分析を行ってみよう．

3　誰が再婚しているのか

どんな人が離婚後再婚しているのだろう．男女別にみてみると，離別後の男性の48%が調査時点で再婚しているのに対し，離別女性では30%が再婚したに過ぎず，依然として男性の方が再婚する割合は高い．女性の再婚者が増えてきたとはいえ，これまでにも指摘されているように，男性の方が再婚に至る割合が高いことを示している．

離死別者に対して再婚の意思を問う質問がJGSS2000-2002にはないので，『人口動態経済社会面調査』をみてみると，1972年調査では離死別者のうち「よい縁談があれば再婚したいか」に女性の82.5%が「再婚したくない」と回答しているのに対し，1997年では「再婚する意思はない」と回答した者は36.3%に低下している．男女の希望の違いは縮小してきているが，1997年時点でも男性の方が再婚したいと考えている者の割合は高い．男女の再婚割合の違いは，そもそも再婚を望むか否かによる違いがある．

JGSS2000-2002データにおいて離婚から再婚までの期間は平均4.4年で，なかでも多いのは1年16.5%，2年18.6%，3年12.8%である．そして再婚者のうち63.8%が離婚後4年以内に再婚している[6]．離婚から再婚までの期間の長短には男女の違いはない．

次に離婚時の平均年齢をみてみると，男性36.4歳，女性34.5歳であり，結婚

第Ⅲ部　結婚を左右する要因

図表10-2　性別・離婚時の年齢別　再婚者の割合

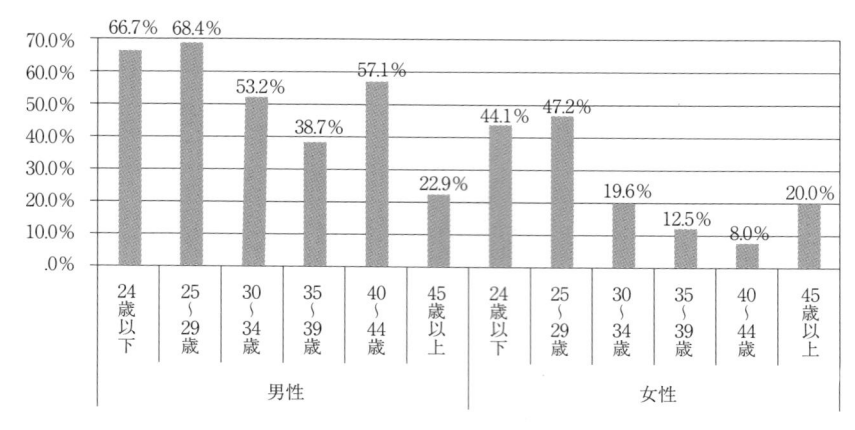

男性
- 24歳以下：66.7%
- 25〜29歳：68.4%
- 30〜34歳：53.2%
- 35〜39歳：38.7%
- 40〜44歳：57.1%
- 45歳以上：22.9%

女性
- 24歳以下：44.1%
- 25〜29歳：47.2%
- 30〜34歳：19.6%
- 35〜39歳：12.5%
- 40〜44歳：8.0%
- 45歳以上：20.0%

データ：JGSSデータ 2000-2002
分析対象：60歳未満の離婚経験者

時の男女の年齢の違いをほぼ反映している．男女ともに20歳代に離婚した者の再婚割合は非常に高く，30歳代で低下し，40歳代で上昇している（図表10-2)[7]．

さらに女性については，離婚時の子どもの有無が再婚するか否かに影響している（図表10-3）．女性は離婚時に子どもがいると再婚する割合が低下してい

図表10-3　性別・離婚時の子どもの有無別　再婚者の割合

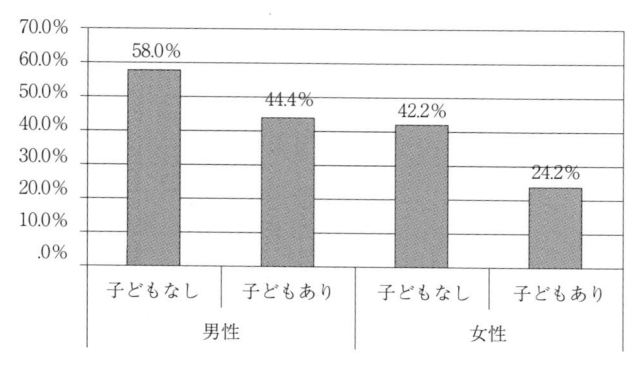

男性
- 子どもなし：58.0%
- 子どもあり：44.4%

女性
- 子どもなし：42.2%
- 子どもあり：24.2%

データ：JGSSデータ 2000-2002
分析対象：60歳未満の離婚経験者

ることがわかる．男性についてもグラフ上は子どもがいることにより再婚の割合は低下してみえるが，年齢の効果を入れると子どもがいることの影響は消えてしまい，男性は離婚時に子どもがいることは再婚の割合に影響を与えていないことがわかる．

一方，男女ともに学歴による再婚の可能性には違いがみられなかった．一度結婚できた者は白河がいうところの「モテ資産」を備えているために，初婚時には有利に働くと考えられる学歴が再婚時には効果を持たない，あるいは「モテ資産」により結婚に不利だとされる条件を無効にしているのかもしれない．

4　再婚で幸せになれるか

再婚についてはこれまでに再婚率，再婚の増加と出生率との関係，再婚とメンタルヘルスや幸福感などとの関連，離婚・再婚による子どもへの影響や必要な対応，再婚後の家族関係の形成などをテーマとして研究が行われてきている[8]．ここでは再婚を通して結婚のメリットについて考えてみたい．

まず，経済的メリットについて考えてみよう．伝統的には，経済階層との再婚の関連について検討がなされていた．おもにアメリカの研究によるが，若い年齢層では経済階層が低い男性が再婚しているが，年齢が高くなるほど，女性にとって経済的メリットが少なくなるために経済階層の低い男性の再婚率は低下しているとされている（野々山 1985）．また，日本においても 1985 年時点では子どもがいる女性は子どもがいない女性よりも再婚率が高く，その理由として再婚による経済的生活保障を再婚に求めるからであるとされていた（野々山 1985）．

さらに稲葉（2003）によれば，多くの調査で配偶者の存在（結婚といいかえてもよい）は，男性にとってより大きな心理的なメリットをもたらしているとされている．その理由として，養育役割仮説（養育役割が女性に偏り，ストレスフルである養育役割が女性にとって結婚の心理的メリットを小さなものにする），②サポートギャップ仮説（女性は他者に優しくすることを内面化しているため，女性から男性へのサポートの方が多い），③配偶者依存仮説（男性は他者に弱みを見せないように社会化されているため，唯一頼れる配偶者への依存が大きい），④ネッ

第Ⅲ部　結婚を左右する要因

図表10-4　性別結婚歴別幸福度

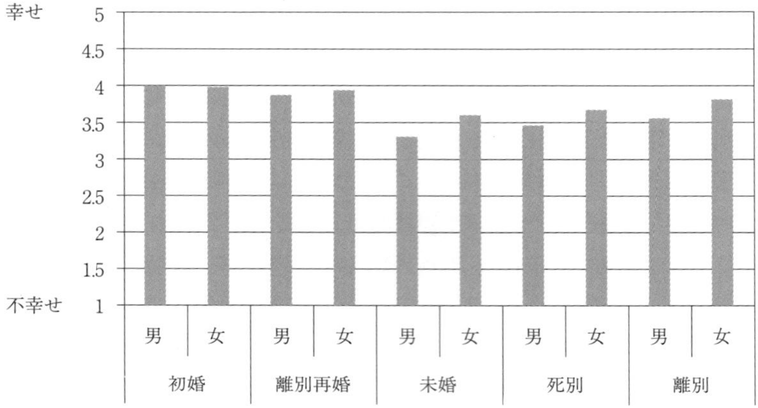

データ：JGSS2000-2002
分析対象：60歳未満

ワーク構造仮説（現在の社会構造では女性が他者にケアを提供し，対人ネットワークは同性が中心だと仮定すると，女性は結婚にかかわらず，サポートに恵まれており，男性は結婚によってサポートを得る）が挙げられている．日本社会の特質の中では，未婚男性の中でもとくに長男にディストレスが高いことが指摘され，「家規範」のもとで「家」を継承できていないことがストレッサーとなることもある（稲葉 2002）．

　JGSS データにおいて，結婚歴別に幸福度をみると，パートナーがいる方が幸せであることがわかる（図表10-4）．初婚継続者と再婚者の間に幸福度の大きな違いはなく，未婚者の幸福度が最も低い．結婚していないことは，特に男性にとって不幸である．性別と結婚歴の交互作用をみてみると，結婚しているかいないかは男女で異なる影響をもたらしている．女性は，未婚や離別のままでもさほど幸福度が低くはない．女性の方がパートナーの有無による幸福度の違いは少ないのである．

5　再婚という選択

　これまでの研究では，結婚歴による個人のウェルビーイングを評価する尺度

として，生活満足度，幸福度，あるいはディストレスなど多様な尺度が使用されてきた．尺度が異なれば一概にはその結果を比較することはできないが，JGSSデータにおいて結婚歴別に幸福度をみる限り，結婚は男性にメリットをもたらしているようである．そのメリットが何かは，データの制約からここで直接検証することはできない．しかし，男性が女性よりも平均的に所得が高いことと考え合わせれば，男性が結婚により経済的メリットを受けているとは考えにくいため，男性は結婚により心理的メリットを享受しているといってよいだろう．そして，結婚しない／できないことは，男性にはデメリットであるが，配偶者がいないことによる経済的デメリットを受ける可能性が高い女性にはそれほどデメリットにはなっていないということから，さらに3つの解釈の可能性があるだろう．①結婚によりもたらされるメリットは心理的メリットが大きいということ，②女性には結婚によりもたらされる心理的メリットに代替するもの（友人からのサポートなど）があるということ，③男性には結婚に代替するサポートがないということである．

　本章で見てきたように離死別者は増加し，今後も再婚の割合は高まるだろう．しかし，それ以上に未婚化の進展が著しい．女性の方が男性よりも魅力的な人が多いかどうかは検証できないが，女性の方が男性よりも結婚に代替するものを持っている可能性が高く，それゆえさらに男性として魅力的とされる「基準」は高止まりになりそうである．その意味で，離死別者は，結婚意向のある者にとっては重要な供給源である．

　一方で，前述したように再婚に関する研究は日本では多いとは言えない．離婚，再婚が多い他国では，再婚は多くの関心を集めている．例えば，アメリカでは学術的にも関心が高く1970年に刊行された *Journal of divorce* は，1990年のVol.14から *Journal of divorce and remarriage* とタイトルをかえて刊行されている．そこでのテーマは，離婚後の生活，特に再婚の安定性，そして離婚や再婚の子どもへの影響などが取り上げられ，ステップファミリーやブレンデッドファミリーといわれる新たな家族形成は，初婚時の家族形成に比べてはるかに難しいことが指摘されている．今後結婚の研究が進む中で，再婚という選択の後の家族関係の形成についての研究の重要性が高まるだろう．

第Ⅲ部　結婚を左右する要因

謝辞

　二次分析に当たり，東京大学社会科学研究所附属日本社会研究情報センターSSJ データアーカイブから「日本版総合的社会調査」（大阪商業大学地域比較研究所・東京大学社会科学研究所）の個票データの提供を受けた．日本版 General Social Surveys（JGSS）は，大阪商業大学比較地域研究所が，文部科学省から学術フロンティア推進拠点としての指定を受けて（1999〜2008 年度），東京大学社会科学研究所と共同で実施している研究プロジェクトである（研究代表：谷岡一郎・仁田道夫，代表幹事：岩井紀子，幹事：保田時男）．東京大学社会科学研究所附属日本社会研究情報センター SSJ データアーカイブがデータの作成と配布を行っている．

註

1) 1979 年の離婚を容認する人の割合（「結婚しても相手に満足できない時は離婚すればよい」に「共鳴できる」＋「ある程度理解できる」の割合）は 22.8％，1997 年の許容する人の割合（同じ質問に対して「賛成」＋「どちらかといえば賛成」の割合）54.2％，2009 年は 50.1％である（総理府広報室 1979，1997，内閣府大臣官房政府広報室 2009）．ただし，できちゃった婚（寿婚）からの離婚，20 歳代前半の離婚については，批判的な表現がしばしばみられる．
2) 離婚後に生活への関心のシフトは，欧米諸国に比べれば，遅ればせといった感は否めない．
3) 大学進学者の割合は 1980 年 37.4％，2000 年 50.0％と上昇しており，結婚のタイミングにも大きな影響を与えている（文部省 1980，文部科学省 2000）．
4) 有責主義とは異なる立場であり，実質的に結婚生活が破たんしていれば，結婚生活の破たんのきっかけを作ったと考えられる側からの離婚請求も認める立場．
5) 未婚率は男性の方が高いことは，国勢調査などからもわかる．恋人の有無についても男性の方が女性よりも割合が低いことが多い．たとえばこども未来財団（2009）の調査では男性よりも女性の方が恋人がいる割合は高い．
6) 平成 17 年度人口動態統計によると，5 年未満に再婚したものは 67.6％，離婚から再婚までの平均期間は 4.51 年でこのデータとほぼ同じ結果である．
7) 図表 10-2，図表 10-3 の分析結果は以下のとおり．

女性

	B	標準誤差	Wald	自由度	有意確率	Exp(B)
離婚時年齢	-.117	.031	13.959	1	.000	.890
離婚時子の有無（有＝1）	-1.196	.427	7.835	1	.005	.302
教育年数	-.546	.448	1.482	1	.223	.579
定数	4.105	1.043	15.503	1	.000	60.649

-2 対数尤度 183.025，Cox-Snell R2 乗 .170，Nagelkerke R2 乗 .240

第 10 章　未婚化社会における再婚の増加の意味

男性

	B	標準誤差	Wald	自由度	有意確率	Exp(B)
離婚時年齢	-.080	.032	6.289	1	.012	.923
離婚時子の有無（有 = 1）	-.149	.383	.151	1	.698	.862
教育年数	.551	.443	1.547	1	.214	1.735
定数	2.761	1.101	6.293	1	.012	15.811

-2 対数尤度 163.548，Cox-Snell R2 乗 .065，Nagelkerke R2 乗 .087
分析対象：60 歳未満の離婚経験者

8）おもに，*Journal of marriage and family*, *Journal of divorce and remarriage* による．

文献

G. アラン（仲村祥一・細辻恵子訳），1993,『友情の社会学』世界思想社．
安藏伸治，2002,「離婚の推移とその要因―アメリカと日本の離婚について」『統計』10 月号：16-22.
安藏伸治，2003,「離婚とその要因―わが国における離婚に関する要因分析」大阪商業大学比較地域研究所・東京大学社会科学研究所編『日本版 General Social Surveys 研究論文集 [2] JGSS で見た日本人の意識と行動』：25-45.
安藏伸治，2004,「少子社会の結婚― JGSS-2000，JGSS-2001，および JGSS-2002 を用いて」大阪商業大学比較地域研究所・東京大学社会科学研究所編『日本版 General Social Surveys 研究論文集 [3] JGSS で見た日本人の意識と行動』：13-28.
稲葉昭英，2002,「結婚とディストレス」『社会学評論』53(2)：214-229.
稲葉昭英，2003,「結婚・再婚とメンタルヘルス」『ケース研究』通号 276 号：3-23.
ローラント・ヴィットマン（本沢巳代子訳），1990,「離婚者の再婚のチャンスとリスク―扶養義務の競合問題について」『家庭裁判月報』42(4)：130-145.
国立社会保障・人口問題研究所，2010,「人口統計資料集」．
　（http://www.ipss.go.jp/syoushika/tohkei/Popular/Popular2010.asp?chap=0）
厚生省大臣官房統計情報部，1972,『昭和 47 年度人口動態社会経済面調査』．
厚生省大臣官房統計情報部，1997,『平成 9 年度人口動態社会経済面調査』．
厚生労働省大臣官房統計情報部，2005,『平成 17 年度人口動態統計』．
こども未来財団，2009,『若者の家族形成に関する調査研究報告書』．
社会保障審議会人口構造の変化に関する特別部会，2009,「「「出生等に対する希望を反映した人口試算」の公表に当たっての人口構造の変化に関する議論の整理」
　（http://www8.cao.go.jp/shoushi/kaigi/ouen/k_1/19html/sn-1-2.html#index3）
総理府広報室，1979,『婦人（I 部）に関する世論調査』．
総理府広報室，1997,『男女共同参画社会に関する世論調査』．
内閣府大臣官房政府広報室，2009,『男女共同参画社会に関する世論調査』．
野沢慎司・茨木尚子・早野俊明・SAJ 編著，2006,『Q&A ステップファミリーの基礎知識 子連れ再婚家族と支援者のために』明石書店．
野々山久也，1985,『離婚の社会学―アメリカ家族の研究を軸として』日本評論社．
文部省，1980,『学校基本調査報告書』．
文部科学省，2000,『学校基本調査報告書』．

第Ⅲ部　結婚を左右する要因

山田昌弘・白河桃子，2008，『「婚活」時代』ディスカヴァー・トゥエンティワン．

終　章

結婚の「壁」はどこに存在するのか？

佐藤博樹

　結婚を希望していてもパートナーと出会うことや結婚することを難しくしている結婚へ至る「壁」の存在，つまり未婚化を促進させている要因はどこにあるのか．結婚の「壁」は，結婚を希望する個人の側にあるのか，あるいは社会の側にあるのか，あるいは両者によるものなのか．結婚の「壁」を乗り越えるために必要な取り組みはどのようなものなのか．「婚活」は，結婚の「壁」を乗り越える方法として有効なものなのか．こうした問いに関係して各章で明らかになった点を紹介し，最後に本書全体による政策的なインプリケーションを簡単にまとめておこう．

1　第Ⅰ部　「出会い」への期待と機会

　第1章「現代日本の未婚者の群像」は，独身理由に基づいて未婚者を類型化するとともに，結婚活動の実態と成果・効果を分析した．未婚者は独身理由によって5つの類型，すなわち類型1（時期尚早），類型2（交際中で時期待ち），類型3（結婚しようとしていない），類型4（経済的事情），類型5（出会いがない）に分けることができ，このうち最大多数は類型5となる．類型5の未婚者は，結婚意欲が非常に高くかつ経済的事情などの面で結婚の制約条件はないが，相手がいないために未婚に留まっている．この類型の若者が，結婚相手と出会うためには結婚活動への参加が必要となる．

　そこで結婚活動への取り組み状況を確認するために，①自然状況に近い場面で相手を探す「生活・偶発型」（「授業・サークル」，「趣味・習い事」，「街中や旅

先」），②友人など近い人を通したつながりを通して相手を探す「ネットワーキング型」（「友人・知人の紹介」，「同僚・上司の紹介」，「合コン」），③結婚を目標としたより直接的な結婚活動というべき「フォーマル紹介型」（「結婚仲介サービス」，「お見合い」，「お見合いパーティー」，「親・きょうだいの紹介」，「親族の紹介」），④「その他」の4種類の活動を取り上げると，調査期間1年間の間にこうした結婚活動のいずれかを行った未婚者は約4割となり，結婚活動を行っているものがかなりの比重となる．

さらに，未婚でかつ交際相手がいなかった者に限定して結婚活動の効果を分析すると，調査期間1年間に新たに成立した交際のうちの4割はそうした活動によるものであることがわかる．つまり，結婚活動をする場合としない場合を比較すると，一定の留意は必要であるが，結婚活動をしたほうが概ね男女の出会いに結びつく成果が得られやすいことが確認できる．

第2章「職縁結婚の盛衰からみる良縁追及の隘路」は，先進社会になるほど，満足のいく結婚を達成する方法として，結婚後の夫婦の歩み寄りも良縁に依存しやすくなることを指摘した上で，「皆婚社会」と言われた戦後日本社会において，未婚化が進展した背景要因として，男女の出会いの「場」の変化を明らかにした．1960年代後半から70年代始めの高度経済成長期に見合い結婚が大幅に減少したが，70年代にはその減少を補填するものとして職縁結婚が増加した．職縁結婚では企業が，配偶者を効率的に選ぶことができる結婚市場を用意することによって，男性社員が勤務先の女性社員や仕事関係先の女性社員と結婚することをサポートした．しかし，1970年代に隆盛を誇った職縁結婚は，1980年代以降は縮小することになった．一般職の女性が担っていた業務は派遣活用など外部化が進み，また社内のサークル活動などインフォーマルな活動も衰退するなど，未婚の男女が同一企業内で出会いの機会を得ることが難しくなった．職場の同僚とのつきあいも，部分的あるいは形式的なつきあいを望むものが80年代を通じて増えるなど，職場は配偶者選択の特別な場所ではなくなることになった．他方で，職縁による出会いの減少を補填する職縁以外による男女の出会いの機会が増えておらず，そのことが未婚化を促進することになった．

職縁以外の出会いが増えていない理由として，職縁を通じた配偶者探索コス

トに比べて，職縁以外で出会いを求める結婚活動は，自らの選択と負担で取り組まなくてはならないため，心理的，時間的，金銭的などの負担が高く，結婚活動の広がりを阻害していることがある．つまり，職縁や地縁や血縁など社会的に支払われてきた出会いの機会を作るためのコストを，当事者自らが負担しなければならない時代になったことが，未婚化の背景にあると言える．

　第3章「なぜ恋人にめぐりあえないのか？：経済的要因・出会いの経路・対人関係能力の側面から」は，20歳代の未婚者男女を対象にして，結婚の前提条件である「恋愛」が生まれない要因，つまり恋人に出会えない要因を分析した．パートや派遣など非正規雇用に従事している人など経済的に不安定な人は結婚を先延ばしにするばかりでなく，「恋愛」にさえ至ることが難しい状況にある．他方，大企業勤務や専門・管理職のように，経済面ではアドバンテージのある立場にある男性も「恋人がいない」傾向にある．「異性や交際相手とのコミュニケーション」に自信がなく，こうした男性にとっては，コミュニケーション能力に代表される対人関係能力が出会いにとって重要となる．

　長時間労働は，特に男性に関して未婚化の原因になっていると指摘されることが多いが，今回の分析によると，男性に関しては，残業削減や実労働時間の短縮が必ずしも恋愛の増加にはつながらない可能性が示された．残業など仕事が忙しくても，出会いを作ることができる男性は恋愛をするのであり，「時間的なアクセス機会」は他の要因に比べて未婚化の大きな要因ではない可能性がある．

　月に1～2回程度友人とつきあう対人関係能力を持つことは，男性にとって，恋人をつくるうえで必要なものとなる．男性同士の友人つきあいであっても，友人つきあいをするほうが，ほとんどしないよりは，対人関係能力を磨くのに役立ち，それが恋人との出会いにも役立つことになる．対人関係能力が低く女性とうまくつきあえない男性は，まず男同士のつきあいで対人関係能力を鍛えることが有益なものとなる．また，民間の結婚関連産業などによる対人関係能力育成プログラムなどは，恋人との出会いに役立つ可能性があることを示唆する．

終　章　結婚の「壁」はどこに存在するのか？

2　第Ⅱ部　揺らぐ結婚意識

　第4章「同棲経験者の結婚意欲」は，増加傾向にある同棲が，結婚に結びつくものなのか，同棲経験と結婚意欲との関連を，交際相手がいる人の結婚意欲と比較することで分析した．日本では同棲経験者が少なく人口動向に及ぼす影響は少ないと考えられてきたが，近年は徐々にではあるが同棲経験者が増加し，また同棲に対する意識も変わりつつあり，特に若い世代では同棲に対する寛容度が高くなっている．

　こうした中で，同棲中の人の経済社会的特徴を見ると，男性では，学歴は交際有（同棲無）の人と同程度で，就業状況については交際有（同棲無）よりやや安定しているのに対して，女性では，交際有（同棲無）の人より低学歴で就業状況も不安定となる．結婚観では，同棲経験者は，男女が同居する場合でも必ずしも結婚という形をとらなくてもよいと考える人が多く，結婚前の性交渉についてもより高い寛容性を示している．同棲経験者は，交際の内容（交際相手との同居や性交渉）について，交際有（同棲無）の人に比べて革新的である．しかし結婚後の家族観に関しては保守的な面も持ち合わせており，必ずしもより革新的な価値観を持つ人が同棲を経験しているとはいえないことが注目される．

　現在同棲中の人は，交際有（同棲無）の人と同程度に高い結婚意欲を持っているが，これは，同居をしているか否かよりも，現在交際相手がいるという事実が，結婚意欲の高さにつながっている可能性があり，留意が必要となる．また，現在同棲中の人の結婚意欲は，現在交際相手がいる人と同程度の高さであることや，同棲経験者は結婚前の同居や性交渉についての寛容性が高いことから，同棲の多くが，交際の延長線上の同居であるとも考えられる．他方，過去に同棲経験を持つ人は現在の交際相手の有無にかかわらず，結婚意欲が低いことも明らかになったため，同棲経験者が増加することによって未婚化が促進される可能性も示唆される．

　第5章「結婚願望は弱くなったか」は，女性を対象として，結婚意識が結婚にどのような影響を与えるのか分析した．晩婚化・非婚化が少子化に大きな影

響を及ぼしていることはよく知られているが，他方で，意識の面では結婚願望を大半の未婚者が持っており，結婚に対する需要はあまり衰えていないとの主張もある．国立社会保障・人口問題研究所が行った「第13回出生動向基本調査」の独身者調査の結果で未婚女性の結婚意識を見ると，「いずれ結婚するつもり」の割合は1982年の94.2％から2005年の90.0％へとわずかに減少した程度である．ただし，結婚願望のある未婚女性の結婚に対する考え方を見ると，「理想的な相手が見つかるまでは結婚しなくてもかまわない」とする消極的な回答割合が1987年の44.5％から2005年には49.0％とやや増加している．つまり，未婚女性の約9割が結婚願望を持っている状況はここ20年以上にわたってあまり変化はないが，結婚願望がある女性であっても，結婚に対して積極的でない割合がやや増加しており，結婚願望が弱くなっていることが晩婚化や非婚化の背景にあるとも考えられる．

　そこで，パネルデータを用いて，1994年と1998年時点で25～28歳だった2つのコーホートについて分析した結果，結婚に関する意識が結婚の決定に影響を与えていることが明らかになった．具体的には，いずれのコーホートにおいても強い結婚願望を持っている女性の，その後の結婚確率が高くなることがわかった．ただし，コーホート別に行った推定結果によれば，結婚願望の結婚に与える影響が変化していること，具体的には「いずれは結婚するつもり」という結婚願望が結婚を促す効果が，近年のコーホートで弱くなっていることが確認された．言い換えれば，同じ結婚願望を持っていたとしても実際には，結婚がより生じにくい状況になっているというのである．したがって，結婚願望を持っている女性が大半であることから，晩婚化・非婚化についてそれほど心配することはないという楽観的な見方には注意が必要となる．

　第6章「結婚についての意識のズレと誤解」は，未婚化の進展と結婚意識との関係を分析した．未婚化を引き起こす要因として，男女の間や未婚者と既婚者の間で結婚に対して抱いているイメージになんらかのズレが生じていることによる可能性がある．結婚というものがどういうものかについては，経験してみなければ分からないため，未婚者が持っている結婚のイメージと，既婚者が考えている実際の結婚とのずれがあることによる．例えば，現に結婚している人は，結婚が幸福なものだと感じているが，他方で，未婚者は結婚に対して過

剰に警戒しているという可能性が高い．また，結婚において何が大事だと考えるかということについても，未婚者と既婚者の間にズレがある．特に「趣味や興味が一致していること」を未婚者は大事だと考えるが，既婚者はそう考えていないという点に大きなズレがある．「友達のような夫婦」を未婚者は幸福な結婚だとイメージするが，いったん結婚するとそういったことが大事でなく，また趣味や興味は結婚してから一致させていけばよいということになるのかもしれない．

さらに，未婚の男女間のミスマッチも無視できない．男性は結婚と子どもと結びつけて考える傾向が強いのに対して，女性は配偶者である夫との関係を重視している．女性の上昇婚願望が強い日本において，それに応えることができる男性が減っているという問題とは別に，未婚の男女のあいだに存在するこうした様々なギャップが，結婚への障壁，あるいは結婚後の生活の障害になっていることが考えられる．

男女および未既婚の間の認識のズレは，結婚についての情報の不完全性・非対称性を意味しており，これが強く存在している度合いに応じて，結婚を巡って人々が適切な判断を下すことができなくなってしまうことになろう．未婚の男女がお互いの結婚観について話し合うことや，既婚者が未婚者に対して結婚生活に関する情報を提供できる仕組みを制度的に作っていくことなどもこうした認識のズレの解消に有効となろう．

3　第Ⅲ部　結婚を左右する要因

第7章「男性に求められる経済力と結婚」は，男女間の経済力の関係が結婚に与える影響について分析した．経済学的な観点から結婚を見ると，男女間で経済力の格差が大きいほど分業による結婚のメリットが増加し，結婚を促進する効果が大きくなると考えられる．したがって，近年の晩婚化・非婚化の背景には，女性の社会進出などによる男女間の経済格差の縮小があると考えられる．ただし，これまでの研究ではこうした影響は観察されてこなかった．そこで，独身者に関する調査データを用いて，地域ごとに女性が男性に対してどの程度の経済水準を求めており，どの程度の男性がその水準をクリアーし，そうした

状況が女性の結婚確率にどのような影響を与えているのか，意識面を考慮した分析を行った．

その結果，男性に求める収入に関する条件については，女性のうち約81％が一定の水準を求め，気にしないとする割合は約16％にとどまることが分かった．そこで，地域ごとに女性が求める収入水準を上回る男性の割合を計算し，その値を他の個票データに接続し，女性の有配偶確率に与える影響について分析した．その際，「賃金構造基本統計調査」を使用した客観的な男女間の収入格差の影響と比較した．推定の結果,「賃金構造基本統計調査」による収入格差が女性の有配偶確率に与える影響は，ここでも確認されなかった．他方で，女性が配偶者に求める収入水準を考慮した男女間の経済力の関係では，女性の有配偶確率に影響を与えることが確認できた．したがって，男女間の経済力の関係が女性の有配偶確率に与える影響を分析する際には，単純な客観的データではなく，意識の面を考慮する必要がある．

第8章「結婚タイミングを決める要因は何か」は，学卒時の就業状態など個人的な要因と，学卒時の結婚市場の状況が，結婚タイミングに与える影響を分析し，以下の結果を得た．女性は，学歴が高いほど結婚タイミングが遅くなる．このことは高学歴女性にとって結婚することの機会コストが高いことを示している．さらに，20〜34歳の人口密度が高いほど女性の結婚タイミングが遅くなることも分かった．これは，若年人口が多い都道府県ほど結婚市場において出会いの機会が多く，相手を探しやすいために取引コストが低いことを意味している．また，出会いの容易さは，まだ次により良い人が現れるかもしれないという期待を上昇させ，結婚相手を長く探すインセンティブを高めると考えられる．

男性は，学卒時の就業状態として，無職や自営業となった場合，正社員と比較して結婚タイミングが遅くなる．これは，男性にとっては，経済力の高さが結婚相手としての魅力を表していることによる．他方，女性は，学卒時の就業状態でなく，学卒時に居住していた都道府県の結婚市場の状況から影響を受けることになる．女性にとっては，学卒時の結婚市場にどのような相手がどれだけいるか（出会いの機会），また取引コストが高いか低いかが結婚のタイミングにとって重要となる．

終　章　結婚の「壁」はどこに存在するのか？

　第9章「友人力と結婚」は，いわゆる適齢期の女性の「友人」関係に注目し，パネルデータによって，未婚期の友人関係が，その後の結婚にどのような影響があるのかを分析した．未婚者は，自分の自由意思にもとづく配偶者選択が可能であるが，他方で，結婚を希望する場合には，自分で相手を探し，恋愛をし，結婚しなくてならない時代となった．このことは，個人に意思決定や行動の自由を与えると同時に，選択のコストを大きくして選択自体を難しくすることにもなる．特に，ライフコースが単線型で，結婚による損失があまり大きくない男性に比べて，結婚がライフコース選択の岐路となる女性にとっては，より重大な問題となる．

　このような状況において，出会いのために改めて第三者の役割の重要性が浮上することになる．第三者とは，親族や職場の上司などのタテの関係ではなく，先輩や同僚，学生時代の友達などナナメやヨコの関係にあたる「友人」である．これは男女の出会いのきっかけでは友人を介したものが多いことによる．また「合コン」のように，友人の友人は，学歴や趣味など共通要素が多く，友人を媒介とすることは，出会う相手を保証する側面もある．実際に，同性や異性などの友人が多い人は，結婚へと向かいやすいのか．そこでいわゆる適齢期の女性の「友人」関係に注目し，パネルデータによって，未婚期の友人関係が，その後の結婚にどのような影響があるのかを分析した．

　分析結果によると，結婚を希望し，20歳代半ばで結婚した人にとっては，結婚に対する友人の影響が確認できるものの，30歳代で現在未婚の人にとっては周囲の友人がいてもその友人が結婚に結びつく影響は大きくない．この結果によると，30歳代未婚者の出会いの問題は，20歳代のそれとは異なる対策が必要となることが示唆される．

　第10章「未婚化社会における再婚の増加の意味」は，最近増加傾向にある離婚と再婚という現象から，結婚の効果を分析する．JGSSデータにおいて結婚歴別に幸福度をみる限り，結婚は男性にメリットをもたらしている結果が得られた．男性が女性よりも平均的に所得が高いことと考えると，男性が結婚により経済的メリットを受けているとは考えにくいため，男性は結婚によって心理的メリットを享受していると考えられる．

　他方，結婚しない／できないことは，男性にはデメリットとなるが，女性の

場合は，配偶者がいないことによる経済的デメリットを受ける可能性が高いものの，幸福度で見る限り大きなデメリットになっていない．この結果から，①男性では結婚によりもたらされるメリットとして心理的なものが大きく，他方，②女性では結婚しないことが経済的デメリットとなるが，幸福度ではデメリットとなっていないのは，結婚によってもたらされる心理的メリットを代替するものとして，女性には友人などによるサポートなどが結婚以外にも存在することにより，③男性では結婚を代替するサポートがないことによるなどが示唆される．

以上の各章の分析から結婚の「壁」の解消に必要な政策あるいは未婚者個人の取り組み課題をまとめると以下のようになろう．

未婚化の進展の背景には，職場が男女の出会いの場でなくなり，他方で，職場外での出会いの場が十分に形成されていないことがある．こうしたことから，未婚者の多くは，パートナーと出会う機会がないことを未婚に留まっている理由としている．従って，結婚を希望するのであれば，積極的に異性との出会いの機会を作る努力が未婚者に求められることになる．

他方で，未婚者の結婚希望の緩やかな低下が確認でき，そのことが最近の未婚化の原因の1つとなっている可能性も否定できず，未婚者の多くが結婚願望を持っていることから，晩婚化・非婚化についてそれほど心配することはないという楽観的な見方には注意が必要となる．今後さらに，未婚者の結婚希望の動向をフォローすることが重要である．

未婚者の異性との出会いを難しくしている要因から，出会いを増やすための政策的な課題としては，正規雇用など安定的な仕事に従事できるようにすることや，女性の社会進出を促進すると同時に男女の経済的格差を解消することを挙げることができる．

未婚者自身も，とりわけ男性では，異性との出会いのためには対人関係能力を高めることが不可欠であり，男性同士の友人とのつきあいであっても対人関係能力を磨くのに役立つことから，友人とのつきあいなどを増やす努力が必要となり，また結婚関連産業などによる対人関係能力の改善・支援プログラムなどの活用も有益となろう．女性も，受け身でいるのではなく，積極的な取り組

終　章　結婚の「壁」はどこに存在するのか？

みを行う努力をすることが男性との出会いの機会を増やす上で役立つことになる．

　未婚者の中でパートナーと出会うための結婚活動を行っている者も増えており，現代日本において，婚活はパートナーと出会う上で無視できないものとなっている．他方で，婚活に取り組んでいる未婚者が増えてきているものの，婚活は自分の選択とコスト負担で行う必要があり，そのことが婚活の広がりを限定的なものとしている可能性が高い．そのため婚活を行うことに関する心理的なコストの削減や，婚活を気軽に参加できる機会とするための工夫も必要となろう．

　また，男女および未既婚のあいだの様々な結婚に関する認識のズレの存在が，未婚化の背景にあることから，未婚の男女がお互いの結婚観について話し合うことや，既婚者が未婚者に対して結婚生活に関する情報を提供できる仕組みを制度的に作っていくことなども，未婚化の解消策となろう．

　本書で明らかにされたように，結婚の「壁」は，個人の意識や行動から社会構造にいたるまで，あらゆるレベルにおいて存在する．少子化の主要因を非婚化・晩婚化に求める立場にたつならば，結婚を阻む「壁」をできるだけ取り除くことが重要な政策課題となることが理解されよう．結婚は私事としてのみとらえられるものではなく，社会のゆくえをも左右しうるものであることから，結婚の「壁」を真摯に検討した学術的な成果を積み重ねるとともに，それらを政策へとつなげることが今後いっそう重要性を増していくだろう．

索　引

あ行

アノミー　123
育児　8, 55, 104, 116, 119, 129
ヴァレリー・オッペンハイマー　37
上野千鶴子　42, 53
オッズ　28, 29, 30, 31, 35, 36, 62, 72, 104, 105, 117, 118, 119, 120, 125
オッズ比　29, 30, 31, 35, 36, 62, 104, 105, 117, 118, 119, 120
お見合い婚　110

か行

格差社会　112
家事　3, 39, 55, 95, 116, 117, 118, 119, 120, 122, 133, 134, 160
上方婚　26, 40, 160
距離的アクセス機会　55, 60, 66
距離的および時間的なアクセス機会　58
距離的なアクセス機会　57, 58, 59, 64, 67
傾向スコア　31, 35
経済格差　129, 188
経済的資源　58
経済的デメリット　179, 191
経済的メリット　177, 179, 190
ゲーリー・ベッカー　39
結婚意向　26, 27, 163, 165, 179
結婚意識　6, 75, 97, 98, 99, 100, 101, 102, 103, 104, 105, 107, 108, 186, 187
結婚市場　33, 36, 39, 40, 41, 42, 46, 47, 48, 51, 72, 103, 111, 124, 130, 143, 145, 146, 147, 148, 151, 152, 154, 155, 156, 157, 174, 184, 189
結婚意欲　33, 38, 48, 50, 52, 77, 80, 81, 82, 83, 88, 89, 90, 92, 93, 94, 99, 163, 171, 183, 186

結婚活動　15, 21, 22, 23, 24, 25, 26, 27, 28, 29, 30, 31, 32, 33, 34, 35, 36, 162, 171, 183, 184, 185, 192
結婚願望　97, 98, 99, 101, 103, 104, 105, 106, 107, 108, 109, 186, 187, 191
結婚関連産業　9, 36, 69, 73, 142, 185, 191
結婚後の協調（post-marital socialization）　37
結婚タイミング　37, 52, 70, 144, 145, 146, 147, 148, 151, 152, 154, 155, 156, 158, 189
結婚難（marriage squeeze）　1, 10, 40
結婚によって心理的メリット　190
結婚により経済的メリット　179, 190
結婚の「壁」の解消　191
結婚のメリット　55, 92, 129, 130, 177, 188
幸福度　178, 179, 190, 191
コーホート　8, 50, 51, 79, 99, 100, 101, 102, 103, 104, 105, 106, 107, 108, 160, 187
コミュニケーション能力　34, 57, 58, 67, 68, 185
婚姻率　4, 41, 48, 55, 56, 66, 70, 72, 111, 115

さ行

再婚率　78, 173, 174, 177
Cox比例ハザードモデル　151
時間的（な）アクセス機会　55, 57, 58, 59, 60, 65, 66, 67, 68, 185
仕事探しの理論　145
事実婚　79, 84
収入合格率　137, 138, 139, 140, 141, 142
収入条件　131, 132, 137
自由恋愛　110, 111, 124
出生動向基本調査　6, 14, 36, 41, 43, 44, 48, 50, 52, 69, 70, 95, 97, 171, 187
生涯未婚率　4, 13, 172, 174

索　引

少子化　i, 1, 2, 3, 5, 8, 9, 36, 45, 46, 51, 52, 54, 58, 69, 73, 78, 94, 95, 97, 114, 116, 125, 126, 142, 171, 186, 192
少子化社会に関する国際意識調査　8, 9, 45, 46, 51, 52, 114, 116
消費生活に関するパネル調査　8, 9, 73, 98, 108, 109, 164
職縁　1, 27, 36, 37, 38, 41, 44, 45, 46, 47, 48, 51, 70, 73, 156, 157, 171, 184, 185
職探し理論（job-search theory）　38
心理的（な）メリット　177, 179, 190, 191
生活満足度　50, 51, 179
全国家族計画世論調査　48
ソーシャル・キャピタル（社会関係資本）　47

た行
対応分析　18, 19, 35
対人関係能力　54, 55, 57, 58, 59, 60, 61, 65, 66, 67, 68, 69, 71, 73, 162, 185, 191
男女間の経済格差　129, 188
地域の結婚市場　130
長時間労働　68, 72, 185
ディクソン　40
東京大学社会科学研究所の社会調査・データアーカイブ研究センター　i
同棲
　　結婚先駆け型　80, 81
　　結婚代替型　79, 80, 81, 94
　　試行段階型　80, 81
　　独身代替型　80, 81, 82, 94
同棲経験者　77, 78, 79, 82, 83, 84, 88, 89, 90, 93, 94, 114, 186
同類婚（assortative mating）　39, 42, 51, 52
独身理由　14, 16, 17, 18, 19, 20, 21, 32, 33, 34, 35, 183
独立性の検定　71, 101
取引コスト　146, 148, 154, 155, 156, 189

な行
「似合い」の相手（assortative mating）　42
2項ロジスティック回帰分析　59
2次的なネットワーク　160
2次分析研究会　i, ii
「日本人の意識」調査　47

は行
配偶者選択（mate selection）　37
ハザード比　152
パネルデータ　9, 51, 71, 73, 94, 98, 99, 108, 125, 144, 158, 161, 162, 170, 187, 190
バブル期　107
パラサイトシングル　18, 36
晩婚化　i, 2, 3, 5, 6, 9, 13, 18, 37, 38, 39, 40, 48, 50, 53, 54, 56, 57, 66, 67, 78, 97, 98, 104, 107, 111, 125, 156, 186, 187, 188, 191, 192
Peer Pressure　146
プロビットモデル　139, 142

ま行
見合い結婚　1, 38, 42, 43, 44, 45, 46, 47, 48, 159, 184
未婚化　i, 1, 2, 3, 5, 6, 8, 9, 13, 18, 21, 36, 40, 41, 49, 51, 54, 57, 66, 67, 68, 69, 73, 94, 125, 157, 160, 171, 172, 179, 183, 184, 185, 186, 187, 190, 191, 192
未婚者と既婚者の間にズレ　188
未婚者を類型化　183
未婚率　4, 13, 16, 21, 39, 49, 114, 122, 172, 173, 174, 180
ミスマッチ　40, 49, 56, 111, 113, 116, 119, 124, 188

や行
友縁　27, 28
友人関係　5, 114, 161, 162, 163, 165, 170, 190
友人力　159, 170, 190

ら行

ランダム効果モデル　104
離婚率　49, 172, 174

留保水準　104, 146
恋愛結婚　14, 33, 41, 42, 43, 44, 47, 53, 57, 110, 159

【編著者紹介】

佐藤博樹（さとう　ひろき・東京大学社会科学研究所教授）
　1953 年生まれ
　一橋大学大学院社会学研究科博士課程単位取得退学
　専攻：人的資源管理
　主著：『人を活かす企業が伸びる』（共編，勁草書房，2008 年），『不安定雇用という虚像——パート・フリーター・派遣の実像』（共著，勁草書房，2007 年）

永井暁子（ながい　あきこ・日本女子大学人間社会学部准教授）
　1965 年生まれ
　東京都立大学大学院社会科学研究科博士課程単位取得満期修了
　専攻：家族社会学
　主著：『対等な夫婦は幸せか』（共編，勁草書房，2007 年），『希望学』（共著，中公新書ラクレ，2006 年）

三輪哲（みわ　さとし・東北大学大学院教育学研究科准教授）
　1972 年生まれ
　東北大学大学院文学研究科博士後期課程単位取得退学／博士（文学）
　専攻：社会階層論，計量社会学
　主著：Deciphering Stratification and Inequality : Japan and Beyond（共著，Trans Pacific Press，2007 年），「階層移動からみた日本社会——長期的趨勢と国際比較」（共著，『社会学評論』59 巻 4 号，日本社会学会，2009 年）

【執筆者紹介】 (50 音順)

朝井友紀子（あさい　ゆきこ・東京大学社会科学研究所助教）
　1982 年生まれ
　慶應義塾大学大学院経済学研究科博士後期課程単位取得退学
　専攻：人口統計学，家族と労働
　主著：「欧州企業における働き方とワーク・ライフ・バランス」（佐藤博樹・武石恵美子編著『ワーク・ライフ・バランスと働き方改革』勁草書房，2011 年），「2007 年の育児休業職場復帰給付金増額が出産後の就業確率に及ぼす効果に関する実証研究」（『日本労働研究雑誌』644 号，2014 年）

岩澤美帆（いわさわ　みほ・国立社会保障・人口問題研究所人口動向研究部第 1 室長）
　1971 年生まれ
　東京大学大学院総合文化研究科博士課程単位取得退学／博士（学術）
　専攻：社会人口学
　主著：『人口減少時代の日本社会』（共著，原書房，2007 年），『現代人口学の射程』（共著，ミネルヴァ書房，2007 年）「失われた結婚，増大する結婚——初婚タイプ別初婚表を用いた 1970 年代

以降の未婚化と初婚構造の分析」(『人口問題研究』第 69 巻 第 2 号, 2013 年)

田中慶子（たなか　けいこ・公益財団法人家計経済研究所研究員）
　1974 年生まれ
　東京都立大学大学院社会科学研究科博士課程単位取得退学
　専攻：家族社会学
　主著：『〈若者と親〉の社会学』（共著, 青弓社, 2010），「『パラサイト・シングル』仮説の検証」（『家族関係学』第 22 号, 2003）

筒井淳也（つつい　じゅんや・立命館大学産業社会学部准教授）
　1970 年生まれ
　一橋大学大学院社会学研究科博士後期課程満期退学／博士（社会学）
　専攻：家族社会学
　主著：『親密性の社会学』（世界思想社, 2008 年），『制度と再帰性の社会学』（ハーベスト社, 2006 年）

中村真由美（なかむら　まゆみ・富山大学経済学部准教授）
　1967 年生まれ
　シカゴ大学大学院博士後期課程修了／Ph.D（社会学）
　専攻：ジェンダーと社会階層
　主著：「女性医師が専門科を選択する要因について——インタビュー調査の結果から」（『労働社会学研究』第 11 号, 2010 年），「結婚の際に男性に求められる資質の変化——対人関係能力と結婚との関係」（永井暁子・松田茂樹編『対等な夫婦は幸せか』勁草書房, 2007 年）

不破麻紀子（ふわ　まきこ・首都大学東京都市教養学部准教授）
　1967 年生まれ
　カリフォルニア大学アーバイン校大学院社会学部博士後期課程修了／Ph.D（社会学）
　専攻：家族社会学, ジェンダーの比較社会学
　主著：「家事分担に対する不公平感の国際比較分析」（共著, 『家族社会学研究』第 22 巻 1 号, 2010 年），"Housework and Social Policy"（共著, *Social Science Research* v37(2), 2007 年）

水落正明（みずおち　まさあき・南山大学総合政策学部准教授）
　1972 年生まれ
　東北大学大学院経済学研究科博士後期課程修了／博士（経済学）
　専攻：労働経済学, 社会保障論
　主著：『Stata で計量経済学入門』（共著, ミネルヴァ書房, 2007 年），「育児資源の利用可能性が出生力および女性の就業に与える影響」（共著, 『日本経済研究』No.51, 2005 年）

結婚の壁　非婚・晩婚の構造

2010年10月25日　第1版第1刷発行
2014年1月10日　第1版第3刷発行

編著者　佐藤博樹
　　　　永井暁子
　　　　三輪哲

発行者　井村寿人

発行所　株式会社　勁草書房
112-0005　東京都文京区水道2-1-1　振替　00150-2-175253
　　　（編集）電話 03-3815-5277／FAX 03-3814-6968
　　　（営業）電話 03-3814-6861／FAX 03-3814-6854
本文組版 プログレス・日本フィニッシュ・青木製本

©SATO Hiroki, NAGAI Akiko, MIWA Satoshi　2010

ISBN978-4-326-60230-8　Printed in Japan

JCOPY ＜(社)出版者著作権管理機構 委託出版物＞
本書の無断複写は著作権法上での例外を除き禁じられています。
複写される場合は、そのつど事前に、(社)出版者著作権管理機構
（電話 03-3513-6969、FAX 03-3513-6979、e-mail: info@jcopy.or.jp）
の許諾を得てください。

＊落丁本・乱丁本はお取替いたします。

http://www.keisoshobo.co.jp

著者	タイトル	価格
佐藤博樹 編 武石恵美子	人を活かす企業が伸びる 人事戦略としてのワーク・ライフ・バランス	2800円
佐藤博樹 小泉静子	不安定雇用という虚像 パート・フリーター・派遣の実像	2000円
佐藤博樹編著	変わる働き方とキャリア・デザイン	2600円
佐藤博樹 編 玄田有史	成長と人材 伸びる企業の人材戦略	2800円
佐藤博樹 大木栄一 堀田聰子	ヘルパーの能力開発と雇用管理 職場定着と能力発揮に向けて	2600円
武石恵美子	雇用システムと女性のキャリア	3200円
永井暁子 編 松田茂樹	対等な夫婦は幸せか	2400円
松田茂樹	何が育児を支えるのか	2800円
松田茂樹他	揺らぐ子育て基盤 少子化社会の現状と困難	2700円
池本美香	失われる子育ての時間	2200円
木本喜美子	女性労働とマネジメント	3500円
矢澤澄子他	都市環境と子育て	2800円
首藤若菜	統合される男女の職場	5400円
目黒依子他編	少子化のジェンダー分析	3500円
本田由紀編	女性の就業と親子関係	3100円

＊表示価格は2014年1月現在。消費税は含まれておりません。